ein Ullstein Buch

ÜBER DAS BUCH:

Vor den Augen des Lesers entrollt sich ein fesselndes Panorama: Rom, von der Gründung durch Romulus und Remus über den Raub der Sabinerinnen, die Punischen Kriege, den Einfall der Cimbern und Teutonen bis zur Herrschaft der Soldatenkaiser und zu den Christenverfolgungen. Auch die Hauptakteure können sich sehen lassen: Julius Caesar, Augustus, Caligula, Nero, Titus und Hadrian bis hin zu Commodus, dessen Thronbesteigung den Untergang Roms einläutete. Die wechselvolle und dramatische Geschichte eines Weltreiches, von Joachim Fernau spannend erzählt.

FERNAU ÜBER FERNAU:

»Ich bin 1909 geboren, in Bromberg, falls Ihnen dieser Name noch etwas sagt. Und in Hirschberg im Riesengebirge, sofern Sie wissen, wo das liegt, habe ich das Humanistische Gymnasium absolviert. In Berlin habe ich an der Universität genascht, ohne Abschluß, und Malunterricht genommen und, noch schwankend, ob ich das Schreiben oder das Malen zu meinem Beruf machen sollte, mir als Journalist meinen Unterhalt verdient, bis der Staat mir diese Sorge abnahm und mich von 1939 bis 1945 als Soldat in ›Vollpension‹ nahm. Inzwischen habe ich eine Reihe von Büchern veröffentlicht, die hübsche Auflagen haben. Man nennt mich (richtiger: schimpft mich) konservativ. Das stimmt, wenn man darunter einen Mann versteht, dem das Bewahren des Vernünftigen und Guten im Geistigen ebenso wie im Alltäglichen wichtiger ist als das Ändern um des Änderns und das Verwerfen um des ›Fortschritts‹ willen und der nicht um jeden Preis ›in‹ sein will, wie man heute so abscheulich zu sagen pflegt. In allen Büchern habe ich mich bemüht, wahrhaftig und unabhängig im Denken zu sein, vor allem in den geschichtlichen Werken... Meinen Wohnsitz habe ich in München. Manchmal, wenn ich eine andere Luft zum Atmen brauche, weiche ich nach Florenz aus. Wenn mich das Schreiben traurig macht, und das tut es oft, und um so öfter, je älter ich werde, verlege ich mich aufs Malen.«

Joachim Fernau starb am 24. November 1988.

Joachim Fernau

Caesar läßt grüßen

Die Geschichte der Römer

ein Ullstein Buch

ein Ullstein Buch
Nr. 20859
im Verlag Ullstein GmbH,
Frankfurt/M – Berlin

Umschlagentwurf:
Hansbernd Lindemann
Foto: Art & Co.

Printed in Germany 1989
Druck und Verarbeitung:
Ebner Ulm
ISBN 3 548 20859 2

Juni 1989
13.–20. Tsd.

Vom selben Autor
in der Reihe der
Ullstein Bücher:

Die treue Dakerin (20813)
Hauptmann Pax (20816)
Die Genies der Deutschen (20833)
Ein Frühling in Florenz (20896)
Und sie schämeten
sich nicht (20983)

CIP-Titelaufnahme
der Deutschen Bibliothek

Fernau, Joachim:
Caesar läßt grüßen: die Geschichte der
Römer / Joachim Fernau – 13.–20. Tsd. –
Frankfurt/M; Berlin: Ullstein, 1989
(Ullstein-Buch; Nr. 20859)
ISBN 3-548-20859-2
NE: GT

DAS ERSTE KAPITEL

der römischen Geschichte bestätigt wieder einmal verblüffend das Sprichwort »Rom ist nicht an einem Tage erbaut«. Aber es sieht am Schluß des Kapitels schon recht nett aus und hat auch bereits allerlei hinter sich: sieben Könige, den Raub der Sabinerinnen, die Cloaca maxima und den nie ganz aufgeklärten Diebstahl der griechischen Mythologie.

Ein Volk, das auf sich hält, hat seine Anfänge im Dunkel der Geschichte, um eines Tages daherzukommen wie Lohengrin mit dem Schwan. Uns Germanen mangelt diese Feinheit. Soviel man auch im Lexikon nachschlagen mag, immer saßen wir in den norddeutschen Tiefebenen und in Skandinavien. Kein Schwan weit und breit. Wir saßen einfach da, vor uns griffbereit einen Liter Met in einem Topf der »schnurkeramischen Becherkultur«, damit spätere Germanisten es einmal leichter mit der Datierung haben würden.
Wie jedermann einsehen wird, ist das ein magerer Anfang.
Zu dieser Zeit, um 950 vor Christus etwa, schaukelte ein Boot auf den Wellen des Mittelmeeres in Richtung Italien. Glückliches Rom! Halt ein mit der Schnurkeramik, das ist jetzt zweitrangig, hier kommt dein Begründer! Es sind die Äneasse, Vater und Sohn, die sich aus dem brennenden Troja gerettet haben und nun nach zweihundertjähriger Irrfahrt am Gestade von Latium landen.

König Latinus selbst empfing sie. Er weidete gerade seine Ziegen und hatte schon lange den Verdacht, daß sich etwas ereignen würde. Er rief ihnen das bekannte Schillerwort entgegen: »Spät kommt ihr, doch ihr kommt!« Worauf sie antworteten: »Wir hatten Gegenwind. Aber jetzt kann die römische Geschichte beginnen!«

Doch hier irrten sie.

Es dauerte noch geschlagene zweihundert Jahre, bis der erste Spatenstich getan wurde, und zwar bekanntlich von Romulus, von dem wir ein vorzügliches realistisches Porträt aus der Renaissance haben: er sitzt als Plastik zusammen mit seinem Zwillingsbruder Remus unter der berühmten »römischen Wölfin« und nimmt gerade sein Frühstück ein.

Romulus und Remus waren direkte Nachfahren von Äneas junior und der Tochter des Ziegen-Latinus. Aber sie waren etwas mysteriöse Nachkommen, denn einen Mann, der eigentlich — wäre alles mit rechten Dingen zugegangen — ihr Vater hätte sein müssen, gab es nicht. Nur die Mutter war echt: Tochter des guten alten Königs Numitor von Alba Longa (das noch die Äneasse gegründet hatten). Die Königstochter ging eines Tages im Walde so für sich hin und besichtigte gerade eine Grotte, da passierte es: Gott Mars trat aus dem Dunkel, ein Wort gab das andere, und nach neun Monaten erblickten Romulus und Remus das Licht der Welt.

Das Schlimme war, daß nicht mehr Vater Numitor auf dem Thron saß; sein Bruder, der ein wahrer Herodes gewesen sein muß, hatte ihn verdrängt. Dieser Mensch warf nur einen einzigen Blick auf die stämmigen Zwillinge, um zu wissen, daß sein Thron wackelte. Kurz entschlossen legte er sie in eine Schachtel und warf sie in den Tiber. Dieser jedoch spülte die Kleinen ans Ufer, wo sich eine Wölfin ihrer annahm, wie es diese Tiere eben zu tun pflegen.

Romulus und Remus gediehen trotz der einseitigen Nahrung prächtig und wurden kräftige Burschen. Sie wechselten alsbald von der Wölfin zu einem Hirten über, was ihnen keine Schwierigkeiten bereitete, da die Wohnverhältnisse sich ähnelten. Ein Vorteil jedoch war unüberschbar: Die Verständigung ging leichter, denn natürlich konnten alle drei Lateinisch.

Als es an der Zeit war, machten sie sich auf, stießen den betrügerischen Herodes vom Thron und setzten Großvater Numitor wieder ein. Nun waren sie die rechtmäßigen Erben. Aber sie wollten den alten Herrn nicht drängeln, sondern sich anderweitig umsehen.

Wie Romulus da so auf der Suche nach einem geeigneten Platz neben Remus herging, fand er, daß Zwillinge um fünfzig Prozent überbesetzt seien. Ende gut, alles gut, dachte er und erschlug Remus. Dann wischte er sich den Schweiß von der Stirn, nahm einen Spaten und gründete Rom. »Es war am 21. April 753«, sagt Varro.

*

Ein ausgezeichnetes Pedigree, wie man sieht. Hier haben wir nun alles, was gut und teuer ist: Die Irrfahrten des Odysseus, Amphion und Zethos, die ausgesetzt werden und Theben gründen, den Moses, der am Ufer gefunden wird, die Ziege Amalthea, die Zeus nährt, und Kain, der Abel erschlägt.

Auffallend ist die ganz ungriechische Nüchternheit und die völlige Beziehungslosigkeit zu den dämonischen Mächten. Schmucklos und ohne Glanz wird alles aneinandergereiht. In Hellas hätte Artemis ihre Lieblingswölfin geschickt, und der Hirte wäre der berühmte Centaur Dr. phil. Chiron gewesen, der schon Achill erzogen hat. Vielleicht wäre sogar Hermes persönlich bemüht worden. Dann dieser farblose Onkel-Bösewicht! Kein Grieche in seiner Position hätte es sich entgehen lassen, auch noch Blutschande mit seiner Großmutter zu treiben, Zeus zu lästern und irgendeine heilige Kuh zu töten und zu verbraten.

Nichts dergleichen hier. Ein einziges Mal tritt Mars, der Kriegsgott, auf, schwängert fahrig die Mutter der Zwillinge, sagt nicht »Danke schön« und nicht »Adieu«, läßt auch nichts springen, sondern ist eine Sekunde nach der unbefleckten Empfängnis nicht mehr da. Er ist weg. Ohne Blitz und ohne Donner. Mit Recht hätten die Griechen gesagt: »Das war nicht Mars, das war der Gärtner.«

In dieser Ungleichheit der beiden antiken Versionen offenbart sich bereits der ganze Unterschied zwischen Hellas und Rom. Zwei Welten.

Es erhebt sich nun die Frage, wann und von wem dieser kolossale Topf von Plagiaten eigentlich zusammengebraut worden ist. Merkwürdigerweise war diese Frage den modernen Romanisten immer gleichgültig. Mir aber ist sie es nicht. Ich möchte den oder die Fabulierer vor meinem geistigen Auge so gerne irgendwo sitzen sehen, vielleicht im Peristyl des Vergil'schen Landhauses in Nola, mit der Odyssee auf dem Schoß und einer schwarzen Brasil im Munde. Ich könnte mir den Erfinder auch, weitaus ungemütlicher, zweihundert Jahre früher in einem Wüstenzelt des Scipio Africanus vorstellen; zur Not noch einmal dreihundert Jahre früher in dem bäuerlichen Tablinum des Gaius Mucius Scae-

vola, wo es dann noch etwas nach verbrannter Rechter riechen würde. Man sitzt beisammen, hat gut gegessen, plaudert, trinkt, vertritt sich im Atrium ein bißchen die Füße, tätschelt die Sklavin, geht mal austreten, kehrt zurück, macht Scherze, ein Wort gibt das andere, und plötzlich hat jemand den Mythos Roms erfunden.
Nein?
Wieso nicht?
Weil Legenden und Mythen nur in langen Generationen im Volke wachsen?
Ja, ja! Aber hier ist ein Mythos nicht gewachsen, sondern gestohlen worden. Und zwar von offensichtlich gebildeten Männern, von Personen, die das griechische Gedankengut kannten zu einer Zeit, als »das Volk« noch nicht genau wußte, ob Hellas ein Land oder ein Fußballklub war.
Lassen Sie uns einmal rechnen: Die ersten wirklich geschichtlichen Griechen kamen kurz vor 700 angesegelt, Korinther, die auf Sizilien die Kolonie Syrakus gründeten, und Chalkidier, die in der Bucht des Vesuvs die Siedlung Cumae anlegten. Warum, das weiß der liebe Gott, denn Chalkidien (Halbinsel Saloniki) ist auch keine häßliche Gegend. Ihr vorgelagert ist bekanntlich die Insel Lemnos, auf der man viele sprachliche Übereinstimmungen des alten Lemnischen mit dem Etruskischen gefunden hat: vielleicht also wollten die Chalkidier mal ihre feinen Verwandten, die Etrusker, besuchen, die schon eine ganze Weile in Mittelitalien saßen. Zu dieser Zeit war der sagenhafte Romulus tot und der schon weniger sagenhafte Numa Pompilius König von Rom. Interessant ist nun, daß man sich von diesem König erzählt, er habe das religiöse Leben Roms »gestaltet«, die Gebräuche, Lehren und Riten festgelegt, die

Priesterkaste begründet und den Pontifex maximus eingeführt.
Sehen Sie: Diesen Mann habe ich im Verdacht, den gewaltigen Topf von Legenden angesetzt zu haben. Es paßt alles so gut ineinander. Auf alle Fälle möchte ich vor ihm tief meinen Hut ziehen, denn dann war er zwar ein Kleptomane, aber der wahre Homer der Römer.
Wenn Homer blind gewesen ist, Numa Pompilius war es bestimmt nicht. Was er geleistet hat, war Maßarbeit für die römische Mentalität. Er verhält sich zu dem Griechen wie Calvin zu Luther. Mit Luther endet man beim Frieden von Münster und Osnabrück, mit Calvin beim britischen Empire.

*

Nun hatten sie also ihren Mythos.
Das war aber auch so gut wie alles, was sie hatten. Sie saßen in fünfzig dürftigen Lehmhäusern auf dem Palatin, in fünfzig dürftigen Lehmhäusern auf dem Kapitol und in fünfzig Hütten auf dem Quirinal. Die Hügel boten eine ganz nette Aussicht, man zählte sieben. Manche sind heute kaum noch erkennbar, denn das Tal hat sich in zweieinhalbtausend Jahren durch Bauabbrüche und Aufschüttungen erheblich angehoben. Cicero hat später der Klugheit der Stadtgründer eine lange Hymne gesungen; sie hätten den besten Punkt ausgewählt, den sichersten, den gesündesten, den wasserreichsten und verkehrsgünstigsten. Hier gibt Cicero sich einer kleinen Täuschung hin. Das Tal war zu jener Zeit ein abscheulicher Fiebersumpf, den der Tiber alljährlich überschwemmte und der wahrscheinlich, weil man in den Niederungen die Toten beerdigte, auch noch

stank. Trinkwasser gab es überhaupt nicht; man mußte den Regen sammeln. Verkehrstechnisch lag Rom katastrophal. Der Tiber war am Palatin nicht leicht zu überqueren, die nächste Furt lag Meilen aufwärts. Nichts war bewundernswert, fast alles war miserabel. Die Wahrheit ist, daß sich die Stadtgründer (Einwanderer vom Meer her oder ein wandernder Latiner-Stamm) diesen Platz keineswegs ausgesucht haben. Sie kamen bloß nicht weiter. In den schönen Albanerbergen, wo heute die Sommerresidenz des Papstes liegt, und in den sabinischen Hügeln um Tivoli saßen schon andere. Frei war nur noch das Fieberloch mit seinen kümmerlichen sieben Hügeln.

Daß niemand ihnen diese Parzelle streitig machte, ist sicher; aber daß sie in einer Mausefalle saßen, war ebenso sicher. Tatsächlich scheinen sie schon sehr bald vereinnahmt worden zu sein, vermutlich ganz friedlich, denn — und nun kommt ein Faktum, das wir noch nicht lange kennen — Numa Pompilius war gar kein Römer, sondern ein Sabiner. Ob er überhaupt auf den römischen Hügeln residiert hat, ist zweifelhaft.

Die Geschichte Roms begann also recht dubios.

Aber nicht langweilig!

Kaum wachten sie des Morgens mit fünftausend Mükkenstichen auf, begannen schon die Sorgen. Sie tasteten mit der Hand nach rechts und nach links, und siehe da, keine Frau lag neben ihnen. Sie gingen ins Bad zum Zähneputzen: kein Wasser in der Leitung. Sie steckten den Kopf aus der Tür: der Tiber war über die Ufer gekommen. Sie warfen einen Blick ins Tal: der Großvater schwamm wieder mal oben. Wie sollen wir, dachten sie, jemals zu einem Weltreich kommen!

Am drückendsten war der Mangel an Frauen. Nur

wenige nannten eine ihr eigen. In Tag- und Nachtschichten kann man zwar manche Not lindern, aber Nachkommenschaft will immer noch ihr dreiviertel Jahr. Dazu kam, daß die Männer immer zahlreicher wurden, denn es sprach sich bald herum, daß die Römer alle Landstreicher und Verstoßenen mit offenen Armen aufnahmen in der richtigen Erkenntnis — die ja auch Amerika in seiner Pionierzeit hatte —, daß dieser Menschenschlag in rauhen Zeiten vielseitig verwendbar ist. Aber verstoßene Töchter waren leider nicht darunter.

Nun kann man, wie es die Römer getan haben, dreihundert Jahre auf eine Wasserleitung warten; auf eine Frau nicht. Eines Tages gingen daher die Nerven mit ihnen durch: bei einem Fest, zu dem sie die sabinischen Nachbarn geladen hatten, raubten sie kurzerhand deren Töchter.

Es ist der berühmte »Raub der Sabinerinnen«.

Die Sache ist jedoch nicht so recht klar. So verstehe ich zum Beispiel nicht, wie man »rauben« kann, wenn man sich in den eigenen vier Wänden befindet. Ich dachte immer, rauben hieße, sich mit der Beute auf und davonmachen, wenigstens um ein paar Ecken. Dann gibt es noch etwas, was ich mir nicht vorstellen kann: daß die Väter und Brüder, Männer eines großen, kriegerischen Stammes, nach Hause gingen, rüber über den Tiber, fünfundzwanzig Kilometer Fußmarsch, sich ausschliefen, und angeblich erst dann, fünfundzwanzig Kilometer zurück über den Tiber, wiederkamen, um sich zu rächen — woraus noch nicht einmal etwas wurde, weil, wie die römischen Historiker berichten, sich die Geraubten selbst dazwischenwarfen. Sie wollten nicht zurück; sie waren von den Römern begeistert.

Ich habe zehn Jahre unter ihren Nachfahren gelebt und werde Ihnen sagen, wie es wirklich war: Volksfest ja, aber kein Raub, keine Heldentat, kein Kampf. Die Siedlungen auf den römischen Hügeln waren für die Sabiner längst ein sehr angenehmer Vorposten für ihre eigene Sicherheit geworden. Sie wünschten nicht, daß die Römer ausstürben — und die Gefahr bestand. Sie erlaubten also eines Tages »Mischehen« und begingen die ersten Hochzeiten auf dem Palatin mit einem Fest. Und begeistert werden die Mädchen wirklich gewesen sein. In der ersten Halbzeit sind noch heute die italienischen Fußballer allen anderen überlegen.

Nun könnte uns der Raub oder Nichtraub von irgendwelchen Fräuleins ziemlich gleichgültig sein, wenn es sich um einen minimalen Prozentsatz im Verhältnis zur damaligen Bevölkerung Roms gehandelt hätte. Dem war aber ganz sicher nicht so. Und das bedeutet: Von nun an sind die latinischen Römer halbe Sabiner. Und wir werden bald sehen, daß sie ihr Erbgut noch einmal teilen, diesmal mit einem rätselhaften Volk fremder Rasse.

Aber das liegt noch in einiger Ferne.

Auf Numa Pompilius folgt ein anderer Sabiner als »König«, Tullus Hostilius. Unter ihm scheint die Übersiedlung vieler sabinischer Familien nach Rom Mode geworden zu sein. Sie bauten sich auf dem Quirinal, Viminal und Caelius an.

Unter dem dritten sabinischen König, Ancus Marcius, scheint Alba Longa, die alte latinische Hauptstadt, durch Kriegswirren zerstört oder zumindest gefährdet worden zu sein. Die Legende spricht davon, daß die ganze Stadt auf den Caelius hinüberwechselte. Dann war also Rom zum erstenmal wirklich Hauptstadt.

Es muß ganz schön voll da oben gewesen sein. Der Caelius ist ein netter welliger Hügel, heute noch. Wenn Sie vom Colosseum zu den Caracalla-Thermen gehen, liegt er auf halbem Wege zur linken Hand. Er ist etwa so groß wie die Theresienwiese in München, auf der das Oktoberfest stattfindet. Der Caelius wird damals so ähnlich ausgesehen haben.

So konnte das also nicht weitergehen, Rom platzte aus den Nähten.

Ancus Marcius entschloß sich zu einer radikalen Abhilfe, zu einem Projekt, das ihm kolossal erschienen sein muß: die Trockenlegung des Sumpfes. Sicher hat es viele, viele Jahre gedauert, bis es verwirklicht war. Er hätte noch ein bißchen warten sollen: das Volk, das es in drei Monaten geschafft hätte, war schon im Anmarsch.

Aber Ancus war nicht mehr der jüngste, er wollte das Werk seines Lebens noch unter Dach und Fach bringen. Er dränierte das Tal durch einen Kanal, die cloaca maxima, schüttete die Ufer des Tiber auf, schlug die erste Brücke über den Fluß, nahm drüben den Janiculus-Hügel dazu, setzte Wachtürme darauf, befestigte das Kapitol und kreiste das alles mit Palisaden ein. Man kann das Menschengewimmel, die schwitzenden, schleppenden, grabenden Römer geradezu sehen, Tag für Tag, jahrelang, und man fragt sich, was sie eigentlich vorher gemacht haben. Ich weiß es nicht.

Das alles sah nun schon sehr gut aus. Die Sioux hätten jetzt ohne weiteres kommen können.

Aber es kamen nicht Leute mit Flitzbögen, sondern Regimenter mit Marschmusik, Artillerie und Belagerungsmaschinen. Die rätselhaften Etrusker, von denen man schon allerhand gehört hatte, rollten aus ihrer

Heimat, der Toskana, südwärts. Ausgerechnet jetzt, wo es in Rom gemütlich werden sollte. So ein Blödsinn.
Wir befinden uns im Jahre 616 vor Christus. Ancus Marcius hatte fünfundzwanzig Jahre regiert, er muß ein ganz wackeres Alter erreicht haben, — alles ohne Krankenhaus und Zahnarzt. Wir wollen hoffen, daß er in Frieden gestorben ist, bevor die Etrusker erschienen.
Eines Morgens waren sie da.
Fünf Minuten später hatten die Römer einen etruskischen König. Tarquinius Priscus. Einen Herrn aus Tarquinii, einen »Lucomonen«, einen »Grafen« oder »Fürsten«.

*

Ich freue mich, Ihnen sagen zu können, daß der letzte Satz mit einiger Wahrscheinlichkeit historisch richtig ist. Das wissen wir noch nicht lange. Caesar und Livius haben es überhaupt nicht gewußt. Es war das zwanzigste Jahrhundert, das herausbekommen hat, daß die Könige keine Römer gewesen sind. Ich selbst habe sogar in den dreißiger Jahren noch das Gegenteil gelernt, und man hat mich angehalten, auch die genauen Zahlen auswendig zu lernen, statt (non scholae sed vitae discimus) der Telefonnummer der Tiller-Girls.
Wie Schliemann die Mykener ausgegraben hat, so sind in den letzten Jahrzehnten die Etrusker aus der Erde herausgeholt worden. Was uns die Römer hinterlassen haben, war keine Hilfe. Sie haben uns nicht einmal die Sprache aufbewahrt, obwohl sie sie noch bis zu Caesars Zeit verstanden.
Die »Etruskologie« ist eine Wissenschaft für sich geworden, mühselig, kostspielig und undankbar. Sie arbeitet mit dem Spaten und mit dem Sprachvergleich. Man hat Bauten freigelegt, Statuen ausgegraben, Gräber entdeckt

und Hausgeräte gefunden. Wir wissen recht gut, in welcher Umgebung sie gelebt haben, aber wir kennen nicht ihr Leben.

Die Inschriften schweigen; Sprachwissenschaftler sind bisher gescheitert. Einiges kann man erraten. Es wäre wohl auch nicht viel zu erwarten außer Namen und religiösem Palaver. Was würde aus unserer Zeit an Inschriften die Jahrtausende in der Erde überdauern? Einige Millionen Straßenschilder, Grabsteine und Aufdrucke auf Plastiktüten. Die Situation ist also ganz natürlich; belämmert[1], aber normal.

Nun könnten uns die Etrusker, abgesehen davon, daß sie heutzutage ihren Mann ernähren, ja egal sein, wenn sie damals nicht gebietsmäßig, kulturell und militärisch die wahren Herren der italienischen Halbinsel gewesen wären. Eher hätten wir uns Rom bis hierher sparen können und würden es auch, wenn wir von der grandiosen Geschichte der Etrusker nur mehr wüßten. Rom war ein Provinznest; eine Stadt wie Veji dagegen ein etruskisches Athen. Aber, so ist es, Rom lebt und Veji ist ein Acker. Schon Properz, der Friedrich Rückert Roms, hat es elegisch besungen:

»Ach, altes Veji! Auch du
warst einst ein Königreich,
und auf deinem Forum
stand ein Thron aus Gold.
Heute tönt zwischen Ruinen
das Horn des schläfrigen Hirten
und über den Gräbern
mähen sie die Felder.«

[1] Der Duden schreibt »belemmert« mit »e«, ohne dafür eine etymologische Erklärung angeben zu können. Ich glaube, daß es von lamentieren kommt: be-lamentiert.

Einst blickten zyklopische Mauern mit großen Torbögen aus Keilsteinen, Türme, steinerne Häuser, Tempel und Götterbilder von den Bergkuppen über das Land, als Rom noch an seiner ersten Tiberbrücke herumwurstelte. Die Etrusker legten ihre Städte gern auf Höhen; sogar am Meer suchten sie sich Hügel aus (sie waren große Seefahrer, aber geliebt haben sie das Meer nicht). Ihr Faesulae, das heutige Fiesole, lag hoch, auch Arretium (Arezzo), Perusia (Perugia), Clusium (Chiusi), Cortona, Volaterrae (Volterra), Urbsvetus (Orvieto), Vulci (Volce), Tarquinii (Tarquinia), Vetulonia (Poggio Colonna), Caere (Cervateri), Veji (bei Isola Farnese) und Volsinii (Bolsena).

Versunkene Welten. Manche dieser Märchenstädte haben im Mittelalter noch einmal ein neues Leben begonnen, verschwiegen über die alte Zeit, trotzig und unheimlich wie das heutige Volterra oder ironisch lächelnd wie Fiesole.

Mindestens zwölf von diesen Städten waren einst kleine Reiche mit Königen oder Aristokratien. Ich sage »Reiche« — sicherlich konnte man ihre Grenzen in fünf Stunden mit dem Fahrrad abfahren. Aber größer waren auch Athen, Korinth, Theben nicht. Wir müssen, entgegen unserer Schulweisheit, die Landkarte der Apennin-Halbinsel ganz ähnlich der griechischen sehen. Nicht nur die Landkarte mit ihrem Flickenteppich, auch die Kultur. Sie war griechisch-orientalisch und stand der gleichzeitigen ionischen bestimmt nicht viel nach. Plastiken wie der Gott von Veji (heute in Rom, Villa Giulio) zeigen griechisch-archaische Züge, das starre Lächeln, das wir so gut von den Koren der Akropolis kennen, die stilisierten Locken, den puppenhaften Ansatz der Glieder und die strengen Plisseefalten des Gewandes. Andere wunderschöne Beispiele sind die beiden liegenden Gestalten auf dem Sarkophag von Caere (Villa Giulio) und das Fabeltier aus Arezzo (Florenz). Und dann vor allem die böse, lauernde »Wölfin«, die also alles andere als römisch ist! Erst das 15. Jahrhundert fügte die zwei verniedlichten Knäblein hinzu. Einst war sie das faszinierende Symbol der Wachsamkeit und Gefährlichkeit.

Die noch heute erhaltenen etruskischen Stadttore von Volterra und Perugia mit ihren gewaltigen Bögen könnten nicht schöner in Hellas gewesen sein. Die Häuser hatten, wie die Votiv-Nachbildungen zeigen, hohe Walmdächer, mit Ziegeln gedeckt, zahlreiche Räume und ein offenes Atrium. Die Nekropolen waren riesig, denn jedes Grab erhielt einen Hügel oder eine in den Fels gehauene Kammer. Die Särge der Vornehmen waren aus Marmor oder Alabaster. Fresken, farbensprühend und lebensfroh, erzählen noch in den Totenkammern von den Freuden des Lebens, von Gelagen, Tänzen und Spielen, von Segelfahrten, von Jagden in den dichten Wäldern der Täler oder an den lichten, schon mit silbriggrünen Oliven bestandenen Hängen.

Als Tarquinius Priscus Rom eroberte und sich entschloß, gleich da zu bleiben, standen die Etrusker auf der Höhe ihrer Macht und ihrer Kultur. Für die Römer muß es gewesen sein, als ob sich eine Schleuse öffnete. Der Niveau-Unterschied war so groß, daß es wie eine Sturzwelle über sie hereinbrach. Da war zum Beispiel das Alphabet; nie vorher davon gehört! Keine Zauberei. Dann die Statuen! Unglaublich, daß Mars leibhaftig vor ihnen stand; daß man ihn berühren konnte. Vorher war er eine Lanze, ein Speer gewesen, den man in den Boden gerammt hatte. Man sah auch zum erstenmal eine Münze, sie war aus Kupfer, wog ein halbes Pfund und sollte zehn Schafe wert sein, weiß der Himmel, warum. Die Frauen sollten nicht nur Menschen genau wie die Männer sein — was an sich schon durch nichts bewiesen war —, sondern auch noch besonders zu ehren. Und dann dieser merkwürdige Tarquinius selbst. Abends saß er da und übersetzte persönlich die kanonischen etruskischen Bücher ins Lateinische!

Eines Tages kam ein elfenbeinerner Stuhl für ihn an, den er Thron nannte. Wenn er durch Rom ging, trug er, das Gesicht mit roter Farbe bemalt, einen purpurnen Mantel, was bei dem Schmutz ganz unpraktisch war, und vor ihm schritten aus unerfindlichen Gründen zwölf Leute; vielleicht, um ihm einen Pfad zu trampeln oder um die Schweine aus dem Wege zu jagen, denn die Männer trugen ein Rutenbündel und ein Beil in der Hand. Wer weiß, was in den Köpfen dieser Etrusker vorging. Täglich kamen jetzt welche mit Sack und Pack und siedelten sich auf den Hügeln an. Natürlich spielten sie sich auf. Ja, war man denn eine Kolonie? Na ja, was heißt Kolonie? Da gibt es feine Unterschiede. Natürlich ging »Besatzungsrecht« über »Grundgesetz«. Die neuen Eroberungen der Etrusker reichten bis fast nach Neapel hinunter und im Norden bis zum Po. Irgendein Punkt dazwischen war Rom. Ein Pünktchen.

Hier, an dieser Stelle, meine Freunde, möchte ich Sie vor einem großen Irrtum bewahren. Die Schullehre hat sich nie von der falschen Perspektive befreien können, Rom immer extra zu sehen. Das ist vollkommen unberechtigt! Die »Römische Geschichte« ist eigentlich nur der zweite Akt der Geschichte des antiken Italiens. Wie schief die Schulperspektive ist, ermißt man erst, wenn man das Beispiel auf Griechenland überträgt: Stellen Sie sich vor, wir würden die Geschichte von Hellas mit der Gründung des Dorfes Pella beginnen, wie es wuchs, wie es in erste Berührung mit den Nachbarn kam, wie König Archelaos es zu seiner Residenz machte, wie es Bürgerkriege durchtobten, wie es lebte, weinte, lachte. Spätestens hier werden Sie fragen: Wer oder was, zum Teufel, ist Pella? Ich kenne Athen und Sparta und ...«

Eben nicht! Athen und Sparta sollen Sie ebenso wenig kennen, wie wir vor kurzem noch Tarquinii und Volsinii kannten. Pella ist es, das Sie kennen, denn ab 359 tritt es mit Philipp von Macedonien in die Weltöffentlichkeit, steigt wie ein Komet hoch und schwillt 323 unter seinem Sohn Alexander dem Großen zu einem Weltreich an. *Das* entspricht Rom.

Aber vorher lebten Athen, Sparta, Theben, Korinth, und eines Tages werden wir auch Tarquinii, Veji und Volsinii kennen und werden anfangs Rom Rom sein lassen, desinteressiert an dem Unsinn, ob es eine cloaca maxima baute oder Sexualnot litt. Und erst, wenn über Volsinii die Götterdämmerung kommt, wie sie über Athen und Sparta gekommen ist, dann werden wir auf Rom überspringen und die Geburt und das Vergehen des Weltreichs als zweiten Teil des Dramas begreifen. Ein riesiger Teil natürlich, ein Furioso, ein Prestissimo, ohne das die ganze Sinfonie nur eine »Unvollendete« wäre. Aber ein letzter Satz allein, den die Historiker als Sinfonie ausgeben, ist ein Irrtum.

So stehen die Dinge.

*

Nachdem wir unsere Sicht korrigiert haben, können wir, ohne Schaden zu nehmen, zur Dorfchronik Roms zurückkehren.

Nein, per bacco, seit Tarquinius Priscus war es kein Dorf mehr! Er ließ einen Graben und eine massive Mauer um alle sieben Hügel ziehen, er holte Baumeister und Künstler aus Vulci und Veji und erbaute Jupiter den ersten prachtvollen Tempel auf dem Kapitol. Er holte Töpfer aus Caere und Vetulonia und lehrte die Römer die Kunst der Terrakotta. Er ließ die ersten Inschriften anbringen. Etruskisch. Er machte Rom zu einer Stadt, in der ein Herr leben konnte.

Auch der einfache Mann konnte leben. Die Hand der Etrusker war milde. Sie waren das Regieren über fremde Völker gewohnt, in ihrem Perugia saß umbrisch-sabellische Bevölkerung, im Norden überwogen Veneter und Ligurier.

Die latinisch-sabinischen Römer galten gewiß nicht als Menschen zweiter Klasse, aber nun fühlten sie sich so. Noch niemals hat man in der Welt verhindern können, daß ein geistig Unterlegener sich in der Rolle des Unterdrückten sieht. Dummköpfe haben immer eine Wut auf die anderen.

Die Situation war nun viel praktischer als früher: Man konnte jetzt die Fremden, die Stärkeren, die Klügeren, die Tüchtigeren hassen. Und die vornehmen alteingesessenen Familien, die vorher selbst beargwöhnt waren, konnten jetzt die Führer des schwelenden Widerstandes werden. Kein Zweifel: Das Auftreten der Etrusker war die Geburtsstunde des römischen Volksbewußtseins.

Das Volk hatte natürlich keine Chance. Tarquinius Priscus regierte seine angeblich siebenunddreißig Jährchen störungsfrei und berief, umsichtig wie er war, auch noch seinen Nachfolger: Servius Tullius, seines Zeichens Schwiegersohn.

Nun ist Schwiegersohn ein sehr schöner Beruf, wie wir

heute noch wissen. Wohl dem, der ihn ergriffen hat. Aber er ist nicht immer ein ausreichender. Da gibt es Onkel, Neffen, Vettern zweiten Grades, und alle haben im entscheidenden Moment Ohren, die von den entferntesten Orten bis nach Rom reichen. Als Tarquinius tot war, sah Schwiegersohn Servius Tullius zum erstenmal, wie groß die Verwandtschaft war. Er hatte gehofft, entsprechend den deutschen Schulbüchern für höhere Lehranstalten eine ruhige Kugel schieben zu können, ein bißchen am Jupitertempel weiterzubauen und die Anlagen etwas zu modernisieren. Jedoch er merkte bald, daß denselben Wunsch noch andere hegten.

Die Etruskologen haben nämlich in einem Grabmal in Vulci Bilder einer wilden Schlacht gefunden: auf der einen Seite kämpft ein Herr »Macstrna« und sein Heer, auf der anderen ein »Cneve Tarchunies Rumach« und sein Heer. Macstrna ist die etruskische Form von Mastarna, und Mastarna — das ist belegt — war der ursprüngliche Name von Schwiegersohn Servius Tullius. Der andere, Cneve Tarchunies Rumach, würde übersetzt »Gnaeus Tarquinius Romanus« geheißen haben. Er *war* nicht aus Tarquinii, sondern er *hieß* so. Er war aus Rom.

Sohn des toten Königs? Schwager des Servius?

Wer besaß Rom und wer wollte es besitzen?

Es sind Fragen, die uns keine grauen Haare wachsen lassen. Für die Betroffenen allerdings sehen solche Ereignisse anders aus. Die Römer bluteten in diesem Kampf ohne die Chance, sich heraushalten zu können. Die fremden Herren, die sich immer aufgespielt hatten und Rom schützen wollten, rissen es nun in die eigenen Konflikte hinein. Ein Unrecht, das schnell zu Buche schlägt.

Hier lieferten die Etrusker die erste handfeste Begründung für eine schwebende Sehnsucht der Römer nach »Freiheit«, einer eingebildeten Freiheit, die in Wahrheit weder fehlte, noch deren Fehlen sie sonst bemerkt hätten.

Mastarna-Servius Tullius bestieg den Thron, jenen Stuhl, den die Römer immer noch ein bißchen komisch fanden. Und er tat als erstes etwas, wozu er vorher bestimmt keine Lust gehabt hatte: er gab Rom eine neue Klassenordnung. Im politischen Sinne war es wohl überhaupt die erste.

Ursprünglich hatte sich alles auf der Basis der Gegebenheiten abgespielt: wer ein Pferd hatte, war Reiter, wer keins besaß, hatte Pech. Wer hundert Ziegen hatte (und hundert Ziegen zu verlieren hatte), stand vorn, wer nur eine schwangere Katze hatte, stand hinten. Dann gab es eine Einteilung in »tribus« (das spätere Wort »Tribun« kommt daher); es ist nicht ganz klar, was das war, vielleicht die drei Stämme, vielleicht drei Stadtteile. Die Zahl der wehrfähigen Männer wird wohl kaum mehr als ein- oder zweitausend betragen haben. Tausend können ein ganz schönes Spektakel machen, wem sage ich es! Aber es waren ja noch keine Berufsspektakelmacher, sondern ehrsame, arbeitsame, meistens müde Bürger. Und was gab es schon groß mitzureden, solange der etruskische König den Laden gut schmiß.

Schmiß er ihn gut?

Zweifellos. Ich will Ihnen hier etwas sagen, was heute natürlich nicht gelehrt wird, was aber von sachlichen Historikern unbestritten ist: die alte Königszeit muß bei den Römern ewig als schöne Legende in Erinnerung geblieben sein. Die Bereitschaft zur Monarchie, latent, ist beim Volke ständig dagewesen, so präsent, daß die heimlich Mächtigen, die oligarchischen Familien, ihr Leben damit zugebracht haben, die Königszeit zu diffamieren und den König als Buhmann an die Wand zu malen.

Auch damals unter Servius Tullius war es gewiß nicht »das Volk«, das sich da vordrängelte. Es *wurde* gedrängelt. Die aus dem Hintergrund drückten, waren die paar reichen, alteingesessenen latinischen Familien — man braucht sich nur die Neuordnung anzusehen: Die Bevölkerung wurde in fünf Steuer- und auch Stimmklassen eingeteilt, ähnlich wie man vorher schon die Militärdienstpflicht in fünf Gruppen aufgeteilt hatte: Gruppe I die Ritter (Reiter), gleichbedeutend mit reich, denn sie mußte allen Aufwand selbst bestreiten. Gruppe II bis IV das Fußvolk, gestaffelt nach Ausrüstung, das heißt also wieder nach den finanziellen Möglichkeiten, und Gruppe V die völlig Besitzlosen, die vom Heeresdienst befreit waren, was zugleich bedeutete, daß sie überlebten, wenn die anderen ins Gras bissen.

Das Ganze war in Hundertschaften, in Centurien, aufgeteilt, zumindest dem Namen nach, denn die 18 Centurien der Gruppe I zum Beispiel waren im Vergleich zu den anderen so schwach besetzt, wie die Oberprima von Eton gegenüber einer saftigen Volksschulklasse.

Das konnte den Infanteristen im Kriegsfalle völlig gleich sein, denn wenn sich zwei reiche Herrschaften eine Centurie nannten, so blieben sie eben doch nur zwei Herrschaften. Aber — und jetzt kommt das große Aber: Wenn die gleiche Centurieneinteilung im Politischen beibehalten wird und nicht jeder Bürger, sondern nur jede Centurie eine Stimme hat (und das war so), dann stimmt nicht mehr der Bürger ab, sondern das Bankkonto. Sie dürfen raten, von wem diese Erfindung ausging.

Die Geschichtsschreibung nennt sie der Einfachheit halber »Servianische Verfassung«, obwohl Servius Tullius sicher nichts weiter dazu beigetragen hat, als mit dem Kopf zu nicken.

Servius soll bis 534 v. Chr. — und das wären wieder schöne vierundvierzig Jahre — regiert haben. Es ist eine lange Zeit, und sie hatte manches in der »Weltlage« verändert.

Im Reich der Etrusker, besser gesagt, im Bundesgebiet der etruskischen Städte, stimmte einiges nicht mehr so wie früher. Die Po-Ebene konnte nicht gehalten werden: keltische Völkerschaften brachen über die Alpen herein und besetzten die fetten Städte bis herunter zu Felsina (Bologna); im Süden bekamen die Aeguer und Volsker, Verwandte der Latiner, den Rappel, stiegen von den Bergen des Apennin herunter und versuchten, ans Meer zu gelangen. Die griechischen Kolonisten um Neapel schlossen Geheimbündnisse gegen die etruskisch regierten Orte in ihrer Nähe und wiegelten die latinische Bevölkerung auf. Warum? Ja, warum. Vielleicht fürchteten sie, gefressen zu werden. Vielleicht wurden sie beständig zur See gereizt. Die Etrusker hatten bei den Griechen einen gepfefferten Ruf. Sie galten als Korsaren und man hielt sie auch für die Erfinder des gefürchteten Rammdorns am Schiffsbug. Ihre Rollkommandos kreuzten in der Tat beständig umher; die Namen der beiden Meere, Tyrrhenisches und Adriatisches, leiten sich von ihnen ab: Tyrrhenoi ist das griechische Wort für Etrusker, und Adria war ihr östlicher Haupthafen.

Daß die Griechen als geborene Lügner übertrieben, ist sicher, aber ihre permanente Wut über die Etrusker zeugt zumindest von einem erbitterten wirtschaftlichen Konkurrenzkampf. Es ging um nichts Geringeres als die Eisen-, Kupfer- und Bleiminen Italiens, Sardiniens und Elbas.

Dann gab es noch eine dritte Macht, die sich abstrampelte, nach vorn zu kommen: Karthago, an der Küste Afrikas.

So war die Lage, als Servius Tullius starb und Tarquinius Superbus den römischen Thron »bestieg«. Wie er das machte, wissen wir nicht. Vielleicht in aller Ruhe, wenn er ein Sohn des toten Königs oder ein Enkel des alten Tarquinius war.

Den Beinamen »Superbus«, der hier leider nichts mit dem französischen »vorzüglich« zu tun hat, sondern »hochfahrend« und »arrogant« heißt, hat ihm die spätere Republik verliehen, und der Verdacht liegt nahe, daß dies der erste Fall von Rufmord in der römischen Geschichte war. Der schlagende Beweis für den Hochmut dieses Mannes soll eine gewisse rustikale Sex-Affäre gewesen sein. Wenn sie nicht albern erfunden wäre, würde ich sie Ihnen sogar erzählen.

Ansonsten ist vierundzwanzig Jahre lang nichts von ihm bekannt.

Im fünfundzwanzigsten allerdings ereignete sich dafür etwas umso Sensationelleres: Die Monarchie wurde gestürzt, Tarquinius Superbus vertrieben.

Das hatte er nun von seinem Hochmut!

Das Jahr, in dem dieses Ereignis stattgefunden haben soll, war angeblich 510 v. Chr. Eine verdächtige Zahl. 510 wurde in Athen der »Tyrann« Hippias gestürzt und anderswo sicher auch noch jemand, wenn man mal nachblättern würde. Es scheint ein Weltspartag gewesen zu sein. Die moderne Geschichtsschreibung setzt das Ende der römischen Königszeit eine Generation später an. Die Begründung ist denkbar einleuchtend: Der Umsturz — Tarquinius war Etrusker — muß mit dem Zusammenbruch der Macht des etruskischen Bundes zusammengefallen sein. Denn — und das ist nun eine arge Enttäuschung für jeden braven Demokraten — die Römer wollten sich garnicht von der Monarchie befreien, sondern von der Fremdherrschaft. Die *Etrusker* wollten sie lossein. Und das hätten sie 510 noch nicht geschafft. Sie schlugen los, als für Tarquinius und seine am Vicus tuscus wohnende Kolonie weit und breit keine Hilfe mehr zu erwarten war.

Und was war das, was die Sekunde des Aufstandes bestimmte? Wir würden es gerne wissen. Tarquinius wurde weder gefangen noch getötet. Eine Abwesenheit von Rom? Wahrscheinlich. Es sieht so aus, als hätten sie dem König bei einer Rückkehr einfach die Tür nicht mehr aufgemacht.

Sollten Sie in der Schule einmal von einem »Vater der Republik« und Befreier Lucius Junius Brutus gehört haben, so dürfen Sie ihn möglichst schnell vergessen. »Brutus« und »direkter Vorfahre des Caesar-Mörders« — nein, das ist zuviel.

Für detektivisch Interessierte füge ich hinzu: Die Junier-Familie ist wohlbekannt, sie ist eine sogenannte plebejische. Ein Plebejer als erster Konsul der Republik ist aber für das alte Rom nicht nur völlig undenkbar, sondern auch verfassungswidrig.[1]

*

[1] Über Patrizier und Plebejer und ihre gesetzliche Stellung unterhalten wir uns noch ausführlich auf Seite 210.

Was eine frischgebackene Republik tut, ist klar: sie setzt als erstes einen Feiertag an.
Aber was tut ein soeben abgesetzter König, nachdem er ausgiebig geflucht hat?
Notgedrungen wird Tarquinius Superbus, da er ja nicht ewig vor dem verschlossenen Tor herumstehen konnte, sein Pferd gewendet haben und zunächst einmal auf eines seiner Bauerngüter in der Umgebung zurückgekehrt sein. Da saß er und sah dem Melker der »glücklichen Kühe« zu.
Der Anblick erinnerte ihn an sein verlorenes Staatsamt, und er beschloß, es sich wiederzuholen. Das Nächstliegende wäre gewesen, zu seinen Verwandten nach Tarquinii zu reiten. Er malte sich die Begrüßung aus und ließ den Gedanken wieder fallen.
Sehr gute Beziehungen hatte er zu Clusium. Den König Porsenna konnte er geradezu als Freund ansehen, denn er hatte noch nie etwas von ihm gewollt. Clusium lag bei Perugia. Nicht gerade ein Katzensprung, genau gesagt 161 Kilometer, wie er im Michelin hätte nachlesen können.
Vielleicht regnete es. Die Wege waren ein Morast. Vielleicht war es kalt. Sein Pelz hing in Rom. Je mehr er an das schöne Rom mit seinem herrlichen Kopfsteinpflaster und der fast gar nicht riechenden Cloaca maxima dachte, desto größer wurde seine Wut. Er warf alle Müdigkeit ab, den Brotbeutel über den Sattel und sich aufs Pferd.
Großartige Stadt, dieses Clusium. Er bewunderte es immer wieder. Rinnsteine, Kerzenkandelaber, Rathaussonnenuhr, zwei Ladenstraßen, Feinkostgeschäfte, Zerwirkgewölbe, Weinhandlungen, Schuhläden, Frisiersalons — ja, zum Kuckuck, das war Jet set.

Familie Porsenna war gerade beim Abendessen. Was für ein Unterschied zu seinen Latinern. Er konnte sich, als er in den Speiseraum dieses fast pompejanisch anmutenden Gartenhauses trat, gar nicht sattsehen. Neben Porsenna, der immer noch der alte bärtige Generalissimus war, saß auf einem Schemel Frau Porsenna (die Griechen hätten aufgeschrien!), ihm gegenüber lagen die Söhne und Töchter zu Tisch. Porsennas Oberkörper war wie gewöhnlich nackt; aber seine spitze Mütze hatte er auf. Ein Minirock ließ sein wundervolles ledernes Schuhwerk sehen, hohe Schnabelschuhe, wirklich eine Augenweide. Die langen Hemden der Damen waren mit Netzmustern bestickt. Auch sehr chic! Keine trug zu dieser Stunde Schmuck, schon gar nicht eine Fibel. Die war passé. Na ja, Rom lag wirklich »hinter den sieben Bergen bei den sieben Zwergen«.
Porsenna hörte sich den Emigrantenbericht aufmerksam an. Schon wieder eine Stadt verloren! Auch Ravenna und Rimini waren abgefallen. So? Tarquinius interessierte sich nicht für Ravenna und Rimini. Porsenna auch nicht sonderlich, aber es waren Umbrer, die einmarschiert waren, und Umbrer saßen im benachbarten Perugia. Er wollte damit nur sagen, die Zeiten seien schlecht. Und die finanzielle Lage auch. Seit der Seeschlacht bei Alalia waren Korsika und Sardinien mit ihren Gruben verloren. Porsenna schien richtig traurig, Tarquinius nicht helfen zu können.
Plötzlich aber konnte er ihm anscheinend doch helfen, seine Miene erhellte sich; ein glänzender Einfall schien ihm gekommen, er klopfte Tarquinius auf die Schulter, nannte ihn einen old fellow und versprach, so bald wie möglich gegen Rom zu ziehen.
Alle waren glücklich. Wirklich ein schöner Abend.

Wir wissen nicht wann, aber schließlich machte ein kleines erlesenes Etruskerheer sich auf den Weg und stand eine Woche später vor dem (natürlich rechtzeitig gewarnten) doch erschrockenen Rom. Gott, war das Städtchen klein, wenn man gerade aus Clusium kam. Na, das werden wir gleich haben.
Geschichtlich ist, daß Porsenna es tatsächlich auch gleich hatte. Aber da kennen Sie erstens ganz allgemein die Dichter schlecht, wenn Sie glauben, sie würden etwas in zwei Zeilen sagen, was man genau so gut in zwanzig Seiten beschreiben kann. Und zweitens sind Sie auf dem Holzwege, wenn Sie annehmen, die römischen frischgebackenen Republikaner hätten hier nicht märchenhafte Heldentaten vollbracht!
So entstand, zuerst bewußt als politische Lüge lanciert und dann geglaubt, ein Gemisch aus Sage und Historie. Die Mütter raunten es den Töchtern zu, die Hauslehrer lehrten es die Knaben, und die Kinder spielten es auf den Straßen.
Die Sage läßt Porsenna nicht weiter als bis auf die Tiberbrücke gelangen. Dort steht Herr Horatius Cocles, mutterseelenallein wie Kara Ben Nemsi Effendi in seinen besten Zeiten und erwartet, Schwert in der Faust, das Heer der Etrusker.
Hier bekommt nun Rom endlich auch seine Thermopylen! Ja, was sage ich: Leonidas fiel, Horatius Cocles Effendi aber steht! Und das dazu noch als Sichtbehinderter. Denn Cocles heißt »der Einäugige«.
Wieviel Leute hatte der Grieche? Tausend? Horatius Cocles hat niemand, nicht einmal einen Hadschi Halef Omar. So kämpft er gegen ein ganzes Heer und hält die Stellung, bis die Römer in seinem Rücken die Brücke abgebrochen und damit den Übergang unmög-

lich gemacht haben, was sie vorher dummerweise vergessen hatten.
Hinter dem Rücken von Horatius Cocles gähnt ein Loch; wie kommt er nun zurück zu den Seinen?
Früher konnte ich es mir nicht vorstellen; seit ich Karl May gelesen habe, erkläre ich es mir ganz einfach: Er wandte »das Geheimnis« an. Er legte die hohlen Hände an seine Ohren und flüsterte sich die einunddreißigste Sure zu. Dann wieherte er freudig auf und setzte mit einem Riesensprung über den Abgrund ans Ufer.
Sprachlos sahen es die überlebenden Etrusker. Sehr, sehr nachdenklich kehrten sie für heute in ihr Lager zurück.
Aber der nächste Tag brachte nichts Besseres.
Ahnungslos saß Porsenna beim Frühstück, indessen sein Sekretär gerade im Studio nebenan den Schreibtisch abstaubte und die Morgenpost ordnete, als es passierte: die Zeltbahn zum Studio teilte sich und ein Mann trat ein, den der Sekretär noch nie gesehen hatte. Dieser Mann hatte einen leuchtenden Blick im grundehrlichen, anständigen Gesicht, woraus der Sekretär schloß, daß es sich um einen Menschen der einzig arbeitenden Klasse handeln müsse. Er pfiff ihn also hemmungslos an, woraus der Betroffene wiederum den Schluß zog, einen typischen König vor sich zu haben.
Ein, zwei schnelle Sprünge, er zog das Messer und stieß zu. Der Sekretär fiel tot um.
Anstatt nun gleich zu verschwinden, schaute sich der Mann offenbar noch ein bißchen um, und prompt wurde er entdeckt und überwältigt.
Porsenna wollte sich gerade sein Schinken-mit-Ei vornehmen, da führte man ihm den Gefangenen vor. Bei der Aufnahme seiner Personalien stellte sich heraus,

daß es sich um einen Römer namens Gaius Mucius handelte.

Mucius gab auch stolz zu, daß ihm ein Malheur unterlaufen sei, sein Opfer sollte Porsenna sein. Dies alles bekannte er auf die Frage, die der König schillernd so formuliert hatte: »Was wolltest du mit dem Dolche, sprich! Die Stadt vom Tyrannen befrein? Das sollst du am Kreuze bereun!«

Eine Hohnlache schlug ihm entgegen. Und um zu zeigen, wie wenig sich ein Römer um eine solche Bagatelle wie das Ableben kümmere, trat Gaius Mucius zu dem Opferfeuer, das neben dem Frühstückstisch brannte, und legte die rechte Hand seelenruhig auf den Rost.

Jeden Augenblick erwartete Porsenna das »Au!«. Aber nichts dergleichen. Als ein feiner Duft von bistecca fiorentina aufstieg, merkte der König, daß er verspielt hatte. Voller Bewunderung gab er Mucius den Beinamen Scaevola (Linkshand) sowie die Freiheit.

Der Appetit auf alles Weitere war Porsenna vergangen. In jeder Beziehung. Er befahl den Rückzug. Rom war wieder frei.

*

Wahr ist, daß Rom wirklich, nachdem Porsenna es ohne große Schwierigkeiten genommen hatte, bald wieder frei wurde. Erinnern Sie sich, daß Porsenna eine famose Idee gehabt hatte? Es muß jetzt folgendes passiert sein: Anstatt Tarquinius wieder als König einzusetzen, verhandelte Porsenna mit den Römern. Worüber? Über eine Nicht-Einsetzung. Dies ist nur eine Vermutung, aber sie ist die einzige Erklärung für die unglaubliche und alle Historiker verwirrende Tatsache,

daß Tarquinius eben *nicht* zurückkehrte, Rom aber, wie wir wissen, eine so ungeheure Ablösung an Porsenna zahlte, daß es vollständig verarmte.
So einfach war der Plan gewesen. Und so heruntergekommen waren also schon die Etrusker.
Was Rom sich erkaufte, war die Befreiung von der Fremdherrschaft. Die Beseitigung der Monarchie war nur ein Abfallprodukt, das erst nachträglich zur Hauptsache wurde; so, wie man etwa Pechblende kauft und Uran mitbekommt. Ein edles Metall; aber es ist gefährlich. Es ist gewebezerstörend. Und es zerfällt in Halbwertzeiten!

IM ZWEITEN KAPITEL

hat man Gelegenheit, den gesunden Menschenverstand und bekannten Friedenswillen zu bewundern, der beim Mann aus dem Volke sofort durchbricht, wenn man ihn nur läßt: Die Römer stürzten sich auf das zerbröckelnde etruskische Reich und rissen sich ein paar schöne Städtchen heraus. Leider hatte die gleiche Idee noch ein anderer, ein ganz gemeiner Mensch, der nicht einmal vor Rom haltmachte.

Die Geschichte der römischen Republik beginnt. Sie beginnt zunächst ganz ereignislos. Es hegte damals auch niemand die utopische Vorstellung, man würde nun schwungvoll in die Weltgeschichte einsteigen. Womit denn? Daß die Uhr tickte und der Wecker schon eingestellt war, wissen immer erst die Nachfahren. In den Fällen, wo es schon die Zeitgenossen zu wissen glauben, ist es mit Sicherheit ein frommer Irrtum.

Rom war arm.

Aber Rom war gesund.

Gesund — nun ja, das sagt man so. Bedeutet es wirklich etwas?

Es bedeutet das Fundament für ein Volk und steht über allem Politischen, aber ich bin im Zweifel, ob man es Menschen des zwanzigsten Jahrhunderts noch klarmachen kann. Es sind einfache Dinge, so einfache, daß schon die Etrusker darüber gelächelt hätten. Die Römer hatten mit dreißig Jahren sicher noch alle Zähne. Drei Tage Hunger ertrugen sie spielend. Sie konnten in einer

Minute einschlafen, notfalls stehend. Sie brauchten nicht eine halbe Stunde auf dem Abort zu hocken. Sie steckten sich die Pfauenfedern an den Hut, statt in den Hals. Sie liebten ohne Schwierigkeiten und Nachhilfen. Ihre Augen waren in Ordnung. Brot roch ihrer Nase schöner als Rosenwasser. Sie hatten Schwielen an den Händen, was besser ist als Schwielen am Gesäß.

Der einfache Mann in Rom wird die Überlegenheit seines Drei-Minuten-Sitzes über die halbstündige Frequentierung eines etruskischen Wasserklosetts nicht eingesehen haben. Es ist für den von Natur aus begehrlichen Menschen ja auch hart, sich mit dem Gedanken vertraut zu machen, daß jeder Fortschritt verweichlicht und daß die Natur alles Verweichlichte früher oder später vernichtet.

Während in Hellas die Stadtstaaten einheitlich gewachsen waren, hatte Rom genug verführerische Vorbilder weit fortgeschrittener Kulturen um sich herum. Daß es dennoch viel länger gesund blieb als Athen oder Korinth, lag an zwei Dingen: an der Verarmung und an seiner »virtus«.

Die berühmte Virtus! Das Wort, in das nachträglich so viel hineingeheimnist worden ist! Die Schulübersetzung lautet »Tugend«. Tugend ist ein typischer Gummibegriff der Penne, feminin, blutleer, ärgerlich. Man sprach auch von »Stolz«, nicht schlecht, aber ein Begriff, in dem viel Negatives steckt. Man sprach von »Mannhaftigkeit«; ein schreckliches Wortgebilde, es klingt nach Belobigung durch Vorgesetzte. Man sprach von »Heldentum«; das ist ganz bestimmt falsch, Heldentum war eine *Folge* der Virtus. Man sprach von »Unanfechtbarkeit«; die Römer waren Menschen, also anfechtbar. Dennoch steckt etwas Richtiges darin.

Aber das Wort ist gar nicht so geheimnisvoll. Es läßt sich aus der römischen Geschichte eliminieren, wie es sich aus der englischen eliminieren ließe, und zwar aus der Zivilgeschichte viel besser als aus der heroischen. Es umfaßt zweierlei: die Selbstdisziplin und die ständige Identifizierung mit dem Staat. In zwei monologische Sätze übersetzt: »Ich möchte mich ungern vor mir selbst schämen« und »Wer, wenn nicht ich, ist Rom«.

*

Die Wurzeln der römischen virtus reichen in jene ersten Jahre der Republik zurück.

Aber virtus bedeutet noch nicht das Paradies oder die wunschlose Windstille.

Die Patrizier Roms hatten es jetzt schwerer mit der Masse der Bevölkerung als die Könige vorher, um so schwerer, als sie selbst nicht im Geruch der Selbstlosigkeit und des Darüberstehens waren, wie es ein König eben ist, auch wenn es nicht zutrifft. Ein Tarquinius Superbus machte keine Kettenläden auf, spekulierte nicht in Bauland und verlieh keine Gelder zu zwanzig Prozent. Aber viele Patrizier taten es. In der Monarchie, weit distanziert zum König, hatten sie sich, wenn auch privilegiert, zum Volk rechnen müssen und eifrig mitgemixt. Jetzt waren *sie* die Spitze, auf die man blickte. Und siehe, sie erwiesen sich an allen Ecken und Enden, in Handel und Wandel als das, was sie vorher gewesen waren, als handfeste Konkurrenten. Das schadet dem Nimbus. Nicht so sehr dem Nimbus der Patrizier (wenn sie so sein wollten, bitte), als dem Nimbus der »Spitze«. Es waren nicht die Schlechtesten aus dem Volk, die die Spitze als »nicht besetzt« empfanden.

Daraus einen frühen Klassenkampf zu konstruieren, wie es heute gelehrt wird, ist recht albern. Es gab kein drückendes Klassengefühl, es gab auch keine Verhältnisse, die als »himmelschreiend« empfunden wurden. Es gab, seit der Absetzung des Königs, Lücken im Gefüge, ein Vakuum in der Spitze. Die Patrizier wollten es durch einen Personenkreis, nämlich ihren, besetzen, die Plebejer durch etwas Abstraktes, durch Gesetze.

Das scheint uns heute selbstverständlich, damals war es etwas aufregend Neues. Es gab gar keine Gesetze. Alles hatte auf der »fides«, dem Vertrauen, beruht. Deshalb ist das Jahr 450 ein Markstein. Zehn Männer wurden beauftragt, die Grundgesetze zu formulieren; noch keine Staatsverfassung, wohl aber so etwas wie eine Niederschrift der bürgerlichen Grundrechte und -Pflichten. Eine schwierige Sache für brave Leute, die erst seit hundert Jahren lesen und schreiben konnten.

Die Zehn taten also das Klügste, was sie tun konnten, sie ließen sich erst einmal die Solonischen Gesetze kommen und sahen sie sich an. Daß es wirklich so gewesen ist, beweist das Wort ποινή, das sie wörtlich übernahmen. Poena heißt das »Strafmaß«, ein Begriff, den sie vorher umständlich hatten umschreiben müssen. Es ist ein hübscher, heiterer Gedanke, sich vorzustellen, daß dieses Wortgeschenk sie furchtbar gefreut hat.

Es schälten sich zwölf Gesetze heraus. Sie wurden in Bronzetafeln graviert und auf dem Forum aufgestellt. Juristisch waren sie keine Glanzleistung, aber sie waren eine Beruhigung. Was noch fehlte, ersetzte die »fides«, Treu und Glauben. Ehrfurchtsvoll haben noch zur Zeit Caesars die Kinder in der Schule die Zwölf Gesetze im Urtext auswendig gelernt.

Anstelle des Königs waren nun zwei Konsuln getreten. Consulare = beraten, Sorge tragen, beschließen. Sie waren auch die obersten Richter (später wurden es die Prätoren) und die obersten Feldherren. Sie durften nur ein Jahr im Amt bleiben. Ihnen zur Seite stand der Senat. Senex = der Mann im ehrwürdigen Alter. Die Senatoren wurden auf Lebenszeit gewählt. Sie waren der »Generalstab«; tatsächlich trugen sie auch, wie unsere Militärs, einen breiten Purpurstreifen auf der Toga. Beide Staatsämter, Konsulat und Senat, standen nur den Patriziern offen.

Das klingt heutzutage übel. Damals war es eine sehr vernünftige Regelung. Sicherlich hat es manchen Schuster oder Fischhändler gegeben, der sich mit einem wachen Verstand in einer Generation alles das rasch angeeignet hatte, was es in Politik und Wirtschaft so zu reden gab. Unterlegen aber war er ohne Zweifel in der fehlenden, langen Erziehung zum Beamtentum, in seiner mangelnden Kultur, in dem Fehlen aller auswärtigen Verbindungen, in dem mangelnden Verständnis für den Vorrang der Außenpolitik vor der Sozialpolitik und . . . im Fehlen des Geldes. Die Ämter waren unbezahlt. Sie *brachten* nicht Geld, sie *verschlangen* Geld. Den Konsuln und Senatoren stellte das Volk stets das Ansinnen, mit ihrem eigenen Vermögen einzugreifen. So weit war der Fischhändler nun wirklich nicht.

Aber etwas anderes konnte unser aufgeweckter Fischhändler seit neuestem werden, und das war ebenfalls unerhört: Volkstribun.

Seit Shakespeares Coriolan wissen alle Abonnenten eines Stadttheaters, was ein Volkstribun ist: ein aufgeregter Mann, der inmitten von Volk auf einer Kiste steht, seine Toga mit der Faust vor die Brust preßt und

»Niemals!« ruft, eventuell auch »Immer!«. Das Bild ist falsch: Es hat damals noch keine Kisten gegeben.

Es gab zwei (später zehn) Volkstribunen. Sie wurden von allen Plebejern, also allen Nicht-Patriziern gewählt, galten (das war sehr schwer durchzusetzen gewesen) als unverletzlich und sollten ein Korrektiv zu dem Beamtenprivileg des Adels bilden. Sie waren in den besten, das heißt frühen Zeiten ein Mittelding zwischen Amtsprüfern, Bücherrevisoren und Pflichtverteidigern. Sie konnten auch so etwas Ähnliches tun wie heute noch die amerikanischen Anwälte: einen Klienten durch die Habeas corpus-Akte befreien. Das war schon allerhand! Noch wirksamer war ihr berühmtes »Veto!«. Dieses »Ich erhebe Einspruch« stoppte, wenigstens für den Moment, jede Entscheidung. Eine schöne Bombe. Man könnte sagen: Das hatten die Patrizier nun davon! Ja, natürlich, das hatten sie davon. Aber weder der erste Schachzug noch der zweite war aus Haß geboren. Wenn die Plebejer aus Einsicht den ersten akzeptiert hatten, so akzeptierten jetzt die Patrizier aus Einsicht den anderen. Gern? Du lieber Gott! Was hat denn »gern« mit Einsicht zu tun. Gern kommt aus dem Bauch und ist kein Maßstab.

Eine ganz hübsche, kleine Verfassung hatte man sich da also aufgebaut. Das beste an ihr war, daß die anderen Städte sie *nicht* besaßen. Rom hatte alle Aussicht, unbehelligt zu bleiben.

*

Auch die anderen Latiner und die Bergvölker, die Volsker, die Aeguer und die Marser, alle waren in diesen Jahren unbehelligt, denn die etruskische Wölfin hatte sich auf die Hügel der Toskana zurückgezogen,

leckte sich die Wunden und hoffte, daß ihr die dritten Zähne wachsen würden.
Unbehelligt zu sein, ist eine gute Grundlage zum Frieden; aber es ist eine noch viel bessere Grundlage zum Kriege. Nichts geht über das Behagen, sich bei einem Pfeifchen am Kamin eine Überraschung für den Nachbarn auszudenken, weit weg vom eigenen Heim natürlich. Gut ist es, wenn ein Gebirge oder ein Ärmelkanal dazwischenliegt.
Die Volsker und Aeguer legten noch einen zweiten Palisadenzaun um ihre Dörfer und stiegen dann unternehmungslustig in die Ebene hinab; die einen, um die Kornernte etwas aufzubessern, die anderen, um endlich mal im Meer zu baden, beide zusammen, um sich etwas die Füße zu vertreten. Ihre Ausflüge führten sie bis in die Nähe Roms. Die Römer waren ziemlich überrascht, und das nicht nur innerlich, sondern leider auch militärisch.
Viel mehr wissen wir nicht. Aber nun schaltet sich wieder einmal in bekannter Hilfsbereitschaft die Sage ein. Lassen Sie sich erzählen!
Am Janiculus wohnte in seinem Häuschen mit etwas Feld ringsum Herr Lucius Quinctius Cincinnatus. Im Jahre 460 war er Konsul gewesen, jetzt galt sein Ehrgeiz nur noch der in Rom immer sehr hoch gehaltenen Mutter Erde. Man schrieb das Jahr 458, es war Frühling und Cincinnatus pflügte gerade — das wird betont — eigenhändig seinen Schrebergarten, da sprengte ein Bote heran und rief den schweißbedeckten wackeren Mann in die Volksversammlung, die er offenbar ganz übersehen hatte. Dort hörte er die Schreckensnachricht, daß römische Truppen, die zur Sicherung ausgezogen waren, von den Aeguern umzingelt seien und dem Un-

tergang entgegensähen. Und noch eine weitere Nachricht erwartete ihn, die nun nicht so sehr ihn als vielmehr uns verwundert: Cincinnatus wurde zum Diktator berufen! Bitte, kreiden Sie es nicht mir an, das ist geschichtlich.

Es ist nicht nur geschichtlich, es ist auch ein harter Brocken. Hier sehen Sie, wie primitiv die Römer doch noch waren, die in ihre Verfassung die Berufung eines Diktators für ein halbes Jahr in Notzeiten aufgenommen hatten in dem Glauben, ein einziger Mann ihres Vertrauens sei besser als die Quersumme aus zwei weniger Gescheiten. Die Quittung hat Rom ja auch bekommen, es ist untergegangen.

Im Moment allerdings noch nicht. Cincinnatus besiegte die Aeguer, befreite die eingeschlossenen Truppen und rettete Rom. Nachdem er das auf eine Weise, die uns leider nicht berichtet wird, getan hatte, kehrte er zu seinem Pflug zurück. 439, also neunzehn Jahre später, wurde er noch einmal Diktator, um, ausgerechnet als Diktator, einen antidemokratischen Staatsstreich zu verhindern. Er tat es, nahm dann seinen kleinen flachen Filzhut und ging abermals nach Hause. Bis ins späte Rom wurde er als Muster altrömischer virtus gefeiert.

Bei dieser Gelegenheit wollen wir gleich noch einen anderen, viel erstaunlicheren Fall erledigen. Als die Römer wieder einmal in ihrem Frieden aufgeschreckt sich ihrer Haut wehren mußten, kam es am Regillus-See beim heutigen Frascati zu einem schweren Kampf. Es stand lange auf des Messers Schneide, ja, der Sieg neigte sich schon den Feinden zu.

Das sind so die rechten Augenblicke zum Auftritt von Helden. Wo sie vorher waren, bleibt zumeist ungeklärt.

So auch hier. »Es erschienen« plötzlich zwei junge römische Krieger namens Castor und Pollux, alte Freunde noch von der Schulbank her, warfen sich in die Schlacht mit gigantischem Mut und rissen für Rom den Sieg an sich.

Ich sehe, wie Sie sich, verehrte Leser, verwirrt über die Stirn streichen, grübelnd, wo Sie den Namen Castor schon einmal gehört haben.

Im Griechischen. Dort schrieb er sich mit K und sein Freund hieß Polydeukes. Jung-Polydeukes' Vater war kein Geringerer als Zeus. Als der sterbliche Kastor in einem der ewigen mythologischen Kämpfe fiel, setzte Zeus ihn als Morgenstern und den etwas weniger sterblichen Polydeukes als Abendstern an den Himmel, zerstreut wie er oft war. Ich sage »zerstreut«, denn er hätte ja wissen müssen, daß die beiden Sterne nur ein einziger sind. Andererseits, das muß zugegeben werden, war Zeus hier, wie Götter oft sind, sehr tiefsinnig, denn mehr als eins werden können Liebende nicht.

Nun waren sie also römische Soldaten geworden. Ja, darf denn das sein? Sehen Sie: Dies ist einer der Gründe, warum am 4. März 1909, kurz vor meiner Geburt, das internationale »Copyright« eingeführt wurde.

*

Das war also alles recht schön verlaufen, es kehrte die Ruhe zurück und Rom konnte nun auch einmal selbst daran gehen, andere zu behelligen.

Da bot sich Verschiedenes an, alles zu erschwinglichen Preisen.

Einen Spaziergang weit lag Fidenae, einst latinisch, dann etruskisch, einst unternehmungslustig, jetzt müde.

Ein pensionsreifes Städtchen. Die Römer überrumpelten es (um 426), ließen es aber im Halbschlaf weitermurmeln. Keine große Affäre, doch ein netter Gewinn an Wald (der damals noch ganz Italien bedeckte), an Äckern und Bauern.

Dann dachte man an Caere, etruskische Stadt ein paar Kilometer vom Meer entfernt. War auch nicht mehr viel los in Caere. Allerdings, so auf dem Präsentierteller wie Fidenae lag es nicht. Das starke Veji war bedenklich nahe.

Der Senat fand, man müsse zugreifen. Die Plebs mit dem bekannt gesunden Menschenverstand scheint auch nicht pazifistischer gewesen zu sein, denn von einem »Veto« ist nichts bekannt, und so zogen die Römer nun gegen Caere. Sie nahmen es ohne besondere Vorkommnisse und verdoppelten abermals ihr Katasteramt.

Jetzt aber meldete sich Veji! Das war unangenehm. Andererseits nicht so unangenehm, wie es gewesen wäre, hätten sich Veji und Caere rechtzeitig verbündet. Noch einmal bewiesen die Römer ihre Jugendfrische, indem sie erstens sofort wieder einen Diktator wählten (den berühmten Furius Camillus, pater patriae), und zweitens den Angriff nicht abwarteten, sondern in Eilmärschen loszogen. Veji konnte gerade noch die Tore schließen. Die Belagerung zog sich hin, es wurde angeblich 396 erobert; wir wissen es nicht genau.

Sie werden sagen, das mache nichts. Ihnen genüge es. Mir auch, obwohl ich zugeben muß, daß das ein bißchen mager ist. Die Geschichte der Republik läuft nun schon hundert Jahre: Gewiß, sie hat innerpolitisch viel Interessantes und Avantgardistisches gebracht, aber Umzüge, Streiks und Sozialbestrebungen sind, glaube ich, doch nicht so abendfüllend. Die späteren Römer empfanden das ganz richtig als etwas dünn, als gefährlich nüchtern, denn auch die demokratischste Demokratie hat Heldisches nötig, um nicht einzuschlafen — und seien es »Helden der Arbeit«. Und so ergriffen die römischen Geschichtsschreiber die Gelegenheit, ließen Furius Camillus zehn Jahre lang vor Veji liegen und egalisierten damit den Weltrekord der Griechen vor Troja.

Vergessen Sie nicht: Wir schreiben 396, in Hellas ist längst Perikles tot, Sokrates tot, der Peloponnesische Krieg im Archiv, Herodot, Xenophon, Thukydides füllen ganze Bibliotheken, und in Rom ist man immer noch dabei, eine mythologische Vorgeschichte auf die Beine zu stellen! Was für eine rätselhafte Erscheinung bei diesem sachlichen Volk.

*

Was jetzt, und zwar sehr rasch folgte, schrieb die harte Wirklichkeit. Es ist ein Stück grausamer Rache des Schicksals, keine Dichtung diesmal, sondern »beste«, das heißt sinnloseste menschliche Geschichte.

387, also neun Jahre nach dem Fall von Veji, brachen die Gallier, genauer gesagt der keltische Volksstamm der Senonen, aus der Po-Ebene in die Toskana ein und überrannten sie wie sie wollten. Mit ihren Reitern und mit Streitwagen (!) rollten sie die ganze Perlenkette der alten schönen Etruskerstädte auf, ohne besonderes strategisches Ziel, systemlos und mehr wie ein Jux als ein Anliegen. Wenn sie brennen wollten, brannten sie; wenn ihnen nicht danach war, ließen sie es bleiben. Es waren große Kerle, blond, stark, furchtlos bis zum Kopfschütteln, lebenslustig, angeblich witzig, obwohl ich wissen möchte, wie ein Etrusker oder Römer noch so viel Sinn aufbrachte, das zu bemerken. Nun, vielleicht kannte man sie noch aus der Zeit, als sie ruhig jenseits des Apennin saßen. Sie zeigten sich auch in der Kleidung als lustige Leute, sie trugen Pluderhosen, weite Mäntel mit Kapuzen und im Kriege gehörnte Helme. Schnurrbärte, kolossal wie Roßschweife, galten als vornehm.

Sie besaßen weder genug Menschenmaterial noch genug Kultur oder politischen Zusammenhang, um mit der Eroberung irgendetwas anfangen zu können. Sie zogen nur weiter, weil es so einfach ging. Ihr Fürst und Führer war Brennus, ein Mann, den offenbar nichts nach Hause trieb.

Sie näherten sich Latium. Die Römer gerieten in höchste Besorgnis. Es gab eine Alternative: Rom befestigen oder eine Feldschlacht wagen. Man entschied sich für die Schlacht.

An der Allia, einem Nebenrinnsal des Tiber, stießen die Heere im Juli 387 aufeinander. Die Schlacht war kurz, sie endete mit der Niederlage der Römer. Nicht nur mit der Niederlage: mit der völligen Auflösung und kopflosen Flucht.

Die Römer haben auch später diesen Schock nie überwunden. Was aus dem Norden kam und blond war, blieb ihr Trauma. Auch heute noch wurzelt darin die Haßliebe der Italiener, oder sagen wir milder: ihre bewundernde Abneigung.

Die Katastrophe an der Allia muß komplett gewesen sein. Auf die Schreckensnachricht hin flüchteten Frauen, Greise und Kinder in die Wälder und Berge, die Männer in die Burg des Kapitols. Brennus fand eine offene Stadt vor, er ließ sie plündern und niederbrennen.

Nur an die Burg kam er nicht heran. Der Capitolinus war zwar nicht hoch, aber er brauchte nur nach Westen hin verteidigt zu werden, steile Wände bildeten die anderen Flanken. Die Kelten waren unerfahrene Belagerer. Sie werden Sturmangriffe versucht, sie werden probiert haben, im Dunkel der Nacht die Wände zu ersteigen. Erinnern Sie sich an die Sage von den »Gänsen des Kapitols«? Die Tempeltiere der Juno witterten den Feind und warnten durch ihr Geschnatter die Wachen. Vielleicht ist es mehr als eine Sage.
Brennus war zum Unterhandeln bereit. Er verlangte für sein Verschwinden eine enorme Summe. Als man an Gold und Silber, was das Kapitol barg, zusammentrug und wog, warf er auch noch sein Schwert auf die Waagschale und verlangte es aufgewogen. Was die Römer daraufhin schrien, ist der Welt verloren gegangen. Was Brennus antwortete, wurde ein geflügeltes Wort. Er rief »Vae victis«! Und das, obwohl er kein Latein konnte! Unter diesen Umständen formal und inhaltlich eine beachtliche Leistung.
Diese Lebensweisheit zurücklassend und das Gold mitnehmend zog Brennus ab. Die Römer wählten den inzwischen alten Furius Camillus, den Veji-Eroberer, zum fünften Male zum Diktator und ließen ihn Latium von den Resten der Kelten säubern. Das tat er. Anschließend wäre er sicher gern zu dem sprichwörtlichen Pflug zurückgekehrt, aber leider gab es ihn nicht mehr. Rom lag in Schutt und Asche. Einzig das Kapitol blickte unversehrt auf die Ruinen herab. Rom stand wieder vor dem Nullpunkt.

ist absolut kriegsfrei. Die Römer sind vollauf damit beschäftigt, ihre zerstörte Stadt neu aufzubauen. Ein erster Rundgang zeigt, was fünfzigtausend Steuerzahler auf die Beine stellen können, wenn die Generäle mal eine Weile still sind.

Nach einem Schicksalsschlag von solchen Ausmaßen scheiden sich stets die Geister. Die einen siechen dahin, die anderen wachsen. Es gab auch in Rom viele, die die Stadt so liegen lassen wollten, wie sie lag. Sie schlugen vor, in eines der Dornröschen-Dörfer der Etrusker zu ziehen und als Hippies zu enden.
Daß sie es doch nicht taten, sondern Rom an der alten Stelle wieder aufbauten, war eine Sternstunde des Abendlandes. Wie alle Sternstunden war sie im Kalender nicht rot angestrichen. Die Römer fluchten lediglich und sahen sie nicht anders an als wir das Jahr 1945. (Sie besaßen einen Vorteil: sie hatten keine Befreier.) Und so, wie wir es damals inmitten der Trümmer taten, drehten auch sie die Sanduhren auf Null zurück.
Jedermann schien nun wieder gleich zu sein. Das Haus des Schusters war genau so kaputt wie das Haus derer von Claudius. Das Kornfeld des kleinen Hörigen war genau so zertrampelt und ruiniert wie das der Cincinnatus oder der Camillus! Das ist stets ein Trost. Ich weiß nicht, warum; die menschliche Natur ist so. Der

Einbeinige wünscht sich keinen Selbstfahrer, er wünscht sich, daß alle nur noch ein Bein hätten.
Der Trost täuschte. Es stellte sich bald heraus, daß er nur gering war, denn zwischen der vernichteten Ernte des Hörigen und der des Herrn von Camillus bestand ein kleiner Unterschied. Auf dem Hörigen lag eine Bringeschuld von — sagen wir — fünfzig Zentnern. Auf Herrn von Camillus natürlich keine. Auch die Sache mit dem abgebrannten Haus erwies sich als komplizierter denn gedacht. Die Claudier, vom Großvater bis zum Enkel, standen zwar genau so wie der Schuster hungrig und mit durchlöcherten Sandalen auf der noch warmen Asche ihres einstigen Heimes, aber nicht mitverbrannt war die Schuldverschreibung, die der Schuster damals, als er sich sein Häuschen baute, eingegangen war.
Sie werden meinen, daß der Schuster mit einiger Gleichgültigkeit den Sekretär des Herrn Claudius und seine Forderung der fälligen Rate erwarten konnte, denn »wo nichts ist, hat der Kaiser sein Recht verloren«. Eine Pfändung drohte nicht. Leider drohte etwas viel Schlimmeres: Die Verurteilung zum Sklaven.
Nun darf man natürlich nicht an »Onkel Toms Hütte« denken. Die Römer waren keine Amerikaner. Sie wären zwar imstande gewesen, wie Lord Kitchener zehntausend Sudanesen vor die Kanone zu stellen und in die Luft zu schießen, nicht aber den einzelnen zu quälen. Damals noch. Sklaven hatte es in Rom schon lange gegeben, wahrscheinlich seit den ersten Eroberungen, zumindest seit der Republik. Denn seltsam: Demokratien haben nicht immer etwas gegen Sklaverei. Aber von der Versklavung Gefangener bis zur Versklavung

eigener Bürger ist ein großer Schritt. Was ging da eigentlich in den Köpfen der Römer vor? Ich glaube, man darf nicht wie in den Lehrbüchern über solche Dinge einfach hinweggehen, wenn man die Seele eines Volkes verstehen will.

Die Römer empfanden — eine andere Erklärung wüßte ich nicht — den wirtschaftlichen Bankrott eines Bürgers als Kapitulation vor dem bürgerlichen Leben. Mehr noch: als das Eingeständnis, nicht selbständig in der von ihnen so vergötterten römischen Gemeinschaft leben zu können. Mehr noch: als Zurückfallen in die kindliche Unmündigkeit. Genau so, und nicht etwa böser, sahen die Römer die Versklavung an. Es war für sie der Verlust der Verantwortlichkeit, der Verlust der Selbstbestimmung und Handlungsfreiheit. Daß der Herr eines Sklaven außerordentliche Gewalt hatte, entspricht nur seiner grundsätzlichen Stellung im altrömischen Recht. Er hatte dieselbe Gewalt auch über seine Angehörigen.

Aber nun, auf dem Trümmerfeld Roms, wo Bankrott und Ruin durch höhere Gewalt und nicht durch Versagen gekommen waren, hätten die Römer, sofern meine Erklärung stimmt, die furchtbare Konsequenz nicht ziehen dürfen. Zogen sie sie? Nein. Der Senat hob das Gesetz auf und verkündete eine neue Schuldregelung.

Einsichtig? Ohne Druck?

Einsichtig gewiß. Ob unter Druck? Es ist sehr schwer für einen Vater, mit dem Heftpflaster schneller zu sein als das Kind mit dem Schreien. Und deshalb ist es ziemlich töricht, von Klassenkampf und »Sieg« zu sprechen, wie das heute Mode ist. Der Klassenhaß, den es ja nicht von Natur aus gibt, war noch nicht erfunden.

Ich werde es Ihnen sagen, wenn es so weit ist.

Noch etwas anderes wünschten sich die kleinen Leute bei dieser Gelegenheit: etwas Land für ihre zweiten, dritten, vierten Söhne, für die ein Auskommen in der Stadt nun immer schwieriger wurde. Der Senat beschloß ein neues Agrargesetz, das diese Wünsche erfüllte und den alten Grundbesitzern nicht wehtat: man verschenkte erobertes Land.

Und dann krempelten sich alle die Ärmel auf und machten sich an die Arbeit. Wenige Jahrzehnte später war Rom wieder da!

Wer in jenen Tagen aus dem befreundeten Ostia von der Küste herauf oder aus dem verbündeten Tarracina über die Albaner Berge herab nach Rom zu Besuch kam, war nicht wenig perplex über den Anblick, den die Stadt schon von weitem bot, sofern sich die Staubwolke, die die Reiter und den Wagen mit den Damen begleitete, einmal lichtete. Noch war die Via Appia nicht die Via Appia, denn Herr Appius Claudius, der sie zur ersten gepflasterten Römerstraße machen sollte, war zu diesem Zeitpunkt noch ein kleines Kind, das an der Hand von zwei Sklaven über das Forum wakkelte, um die Welt zu besichtigen.

Ein wuchtiger Mauerring, wie ihn in früherer Zeit die Etrusker um ihre Städte zu ziehen pflegten, umschloß jetzt Rom mit all seinen Hügeln; über die Bekrönung blickte der Capitolinus mit der Burg und dem strahlenden Jupitertempel, blickten die Wipfel der hohen Pinien und der uralten Eichen des Aventinus und des Caelius.

Die Kutsche fuhr durch das Tor, doch sie kam nicht weit. Verkehrspolizei hielt sie an und dirigierte sie auf die Parkplätze, denn die Innenstadt war bis zum Eintritt der Dämmerung für alle Fahrzeuge, ausgenommen Baufuhrwerke, gesperrt. Man ließ also Wagen und Kutscher zurück, machte sich zu Fuß auf den Weg oder winkte eines der Sänftentaxis heran, die dort warteten, wie bei uns am Bahnhof.

An der Stadtmauer, zum Tiber hin, herrschte ein Gewimmel von Menschen in einem Gewirr von Gassen zwischen kleinen Häusern, die sich am Aventin vorbeiquetschten, voll von Läden und Buden. Hier war das Viertel der Fleischer, der Geflügelhändler, der Milchläden und der Gemüsestände. Hier kauften die kleinen Handwerker ein, die Dienerinnen der Wohlhabenden und die Sklaven der Patrizier. Man sah riesige Weidenkörbe voll Kohl, Bohnen, Zichorie, Zwiebeln und Feigen, gewaltige Tonkrüge voll Korn, Öl, Käse, viel Trauben, nicht viel Wein, der fast nur bei feierlicher Gelegenheit und niemals von Frauen getrunken wurde. In kühlen Steingewölben hingen in langen Reihen an Haken Gänse, Enten, Hühner und wilde Kaninchen. Auf den Tonbänken lagen Ziegen und Lämmer, in großen Bottichen eingesalzenes Schweinefleisch, nirgends oder sehr selten ein Stück Rind. Die Kühe waren zu kostbar, die Ochsen brauchte man als Traktor oder, wenn sie alt geworden waren, als Opfertiere. Man aß wenig Fleisch, man lebte bescheiden. Alle neun Tage zog das Landvolk zu den nundinae, den Märkten, deren Zyklus, wie heute unsere Wochen, dem Leben die Einschnitte gab. Sonntage existierten nicht, die einzigen Feiertage waren religiöse.

Es waren nicht viele. Die Staatsfeste galten den »großen« Göttern, Jupiter (Zeus), Juno (Hera), Minerva (Athene), Mars (Ares), Ceres (Demeter, die Fruchtbarkeit der Erde) und Saturn. Dieser Kronos-ähnliche

Gott war recht geheimnisumwittert. Das Beste an ihm waren seine Feste, die Saturnalien, die man zur Wintersonnenwende im Dezember wie einen Karneval feierte. Daneben verehrte man in den Häusern zahlreiche andere, nicht gerade erster Klasse, aber Spezialisten und Spezialistinnen für bestimmte Dinge, zum Beispiel für das Gären des Weines oder gegen Fieber oder gegen wilde Tiere. Die gute Göttin Fortuna gab es in vielen Auflagen, die Frauen hielten es mit der Fortuna muliebris, die jungen Burschen mit der Fortuna barbata, die so schöne Bärte wachsen ließ, die Geschäftsleute unterhielten ein Altärchen für die Fortuna respiciens, die Umsichtige. Und alle zusammen bemühten sich, mit den Laren, den Hausgeistern der Verstorbenen, in gutem Kontakt zu bleiben. An solchen Tagen versammelte sich die ganze Familie des Abends um das Herdfeuer, während der Herr des Hauses vor die Tür trat und eine Handvoll Bohnen opferte. Am nächsten Morgen waren die Bohnen weg (in den Bäuchen der gottlosen Mäuse).

Natürlich darf man diese Dinge nicht mit der Überheblichkeit des Christen sehen. Auch der Katholizismus ruft Maria in zahllosen Gestalten und Eigenschaften an, empfiehlt als Nothelfer den »heiligen« Florian gegen Feuersnot, den »heiligen« Christophorus gegen Reisegefahren, die Barbara gegen Unwetter, den Blasius gegen Halsweh. Wenn ich mich nicht irre, vierzehn Stück. Noch heute bekreuzigen sich die italienischen Fußballer und rufen ihren Hausgeist an, ehe sie das denkbar Banalste beginnen, das sich im Zusammenhang mit Gott denken läßt, nämlich einem Ball einen Tritt zu versetzen.

Das Verhältnis der Römer zu ihren Göttern war in der

alten Zeit merkwürdig unpersönlich — vielleicht ist das Wort nicht gut, denn sie sahen Jupiter natürlich als Person, sie sprachen auch mit ihm, sie redeten ihn an, sie stellten ihm Bitten und gaben ihm Versprechen. Aber sie sprachen mit ihm auf der Basis des »Sissignorsi«, auf der die Italiener unserer Tage mit Vorgesetzten reden, die eben nicht zu umgehen sind. Sie sprachen mit Mars wie mit ihrem Oberbefehlshaber, mit Merkur wie mit ihrem Bankdirektor und mit Ceres wie mit der Landwirtschaftsministerin. Man kannte die Dienstvorschriften, man stellte seinen Antrag auf Stempelpapier (wie heute noch), und bekam selten Antwort (wie heute noch). Man schimpfte nicht wie die Griechen, man lächelte nicht wie die Griechen. Und auch die Götter verzogen keine Miene.

Aus dieser Zeit ist kein einziges dichterisches oder auch nur annähernd literarisches Dokument auf uns überkommen. Der Grund ist einfach: niemand dichtete. Die Sprache war wahrscheinlich sehr nüchtern. Es scheint auch niemand etwas anderes gelesen zu haben als die Steuererklärung und das Adressbuch. Keiner zitierte Sophokles, keiner Pindar, keiner Anakreon, keiner Sappho. Romantik, Träumerei, Ekstase waren seit der Republik — und sie war stolz darauf — abgeholzt wie die Wälder von Latium, das nun schon weit um Rom herum kahl war.

In den Quartieren der kleinen Leute, dort an der Mauer entlang über den »Scherbenberg« hinaus bis zu den Tiberinseln und auch im Norden der Stadt, wo man dichtgedrängt zwischen Magazinen, Kasernen und Übungsplätzen wohnte, ging es lebhaft aber wahrscheinlich nicht lärmend zu. Auch ein Scherzwort wird einmal hinüber und herüber geflogen sein, aber ein frostiger Ernst — sagen wir: wie heute in den sogenannten sozialistischen Ländern — lag über allen Gesichtern. Von den beiden Geschwistern, der fetten Freude und der dürren Genugtuung, bevorzugte man die zweite, und ein vergnügter Lebenskünstler hätte es bei ihnen damals nicht weiter gebracht als bis zum Quästor.

Die Straßen wurden umso stiller und die Leute umso gesetzter, je näher man den »Villenvierteln« auf dem Palatin, Aventin und Caelius und dem Zentrum kam. Der direkte Weg zum Forum führte, wie heute noch, an der Kampfbahn (dem späteren Circus maximus) vorbei zwischen den Hügeln hindurch und mündete in der Via sacra.

Jetzt war man im Herzen Roms.

Kein sehr imposantes Herz übrigens. Kaum etwas von dem stand schon, was wir heute als Ruinen und Säulenreste bewundern.

Der Vesta-Tempel, auf den man als ersten an der Via sacra stieß, war ein kleiner Rundtempel, aus Pietät nach altväterlicher Weise strohgedeckt und ziemlich wacklig — auch aus Pietät. Das ist recht interessant. Es zeigt, daß diese Zeit sich schon »modern« fühlte und die jüngst vergangenen Epochen museal empfand. Das geht offenbar sehr schnell.

Im Vesta-Heiligtum stand der Staatsaltar mit dem Ewigen Feuer. Vier Damen (später sieben) hatten dreißig Jahre lang nichts weiter zu tun, als die Flamme immer schön am Leben zu erhalten. Da das Ganze eine sehr fromme Sache war, waren auch die Vestalinnen mächtig heilig. Damals wie heute umgab sie ein Schleier des Geheimnisses und eine Atmosphäre der Scheu. Sie wurden noch im Kindesalter ausgewählt und sehr sorgfältig und streng erzogen. Da sie den Inbegriff der Makellosigkeit darstellen sollten, wurden sie von dem gleich nebenan wohnenden Pontifex maximus bei dem geringsten Verstoß furchtbar bestraft. Ließen sie sich mit dem Feuer etwas zu Schulden kommen, wurden sie gepeitscht, ließen sie sich zu einer Unkeuschheit hinreißen, wurden sie lebendig eingemauert. Das eine wie das andere ein Jammer, denn die hehren Mädchen waren fast immer von großer Schönheit und klassischer Gestalt. Sie wirkten, wenn sie so über die Via sacra schritten, gekleidet in blendendes Weiß mit weißem Kopftuch und weißer Stirnbinde, hinreißend. Daß ihr Haar geschoren war, sah man zum Glück nicht.

Geschorenes Haar und ewiges Lämpchen hat die katholische Kirche später übernommen. Das Einmauern leider nicht. Die Vestalin hatte als einziger Mensch in Rom das Recht, jeden zum Tode Verurteilten, dem sie sich auf dem Weg zur Richtstätte entgegenstellte, zu befreien.

Sie selbst war unverletzlich. Wer Hand an sie legte, verlor sein Leben. (Ausgenommen, sie stellte sich ihm auf dem Weg wieder entgegen! Anmerkung meines Rechtsanwalts.) In einem schlichten Gebäude hinter dem Heiligtum wohnten sie.

Wenn man mit dem Rücken zum Vesta-Tempel stand, sah man im Hintergrund gegen Westen den Capitolinus sich erheben und dazwischen ein freies Gelände von etwa zweihundert Metern Länge, das aussah wie der Fußballplatz in Nikosia — den Sportfreunden ob seiner vegetationslosen, hartgestampften Erde ein fester Begriff. Das, meine Damen und Herren, war das Forum! Sie werden zugeben: nicht sehr großartig.

Warum man es immer noch nicht gepflastert hatte, weiß der Himmel.

Die Via sacra dagegen war es. Auf ihr zog bei religiösen Festen die Prozession zum Kapitol, da ließ man sich nicht lumpen. Den römischen Bürgern indes, die bei Volksversammlungen auch im Regen dichtgedrängt auf dem Forum standen, machte als echten Eidgenossen der Morast offenbar nichts aus.

Die Via sacra zog sich am oberen Rand des Feldes entlang. Sie war von einer langen Kette von Kiosken begleitet. Dieselben Bretterbuden säumten den Südrand des Forums ein. Sie waren Staatsbesitz. Früher hatten die Fleischer hier gesessen, die Gemüsehändler, die Bäcker, die Fischer, aber man hatte sie schon lange hinausgeschmissen, um das Zentrum der Stadt würdiger und sauberer zu gestalten. Jetzt waren die Buden an die Geldwechsler vermietet. Bank ist immer fein. Auch zwanzig Prozent Zinsen stinken nicht so wie ein Kabeljau.

Ja, es war schon recht vornehm hier. Man spazierte langsamen Schrittes die Via hinunter, man eilte nicht. Sogar die Beamten, die von einer zur anderen Behörde pendelten, oder die Kaufleute hasteten nicht, sondern »begaben« sich. Natürlich gab es schon Stoßzeiten, aber nicht mit den Ellbogen. Die heutigen Filmleute pflegen sich bei der Darstellung des alten Roms zu bemühen, sich so lässig und modern zu bewegen wie möglich. Sie fürchten, sonst komisch zu wirken. Tatsächlich aber werden wohl die früheren Stummfilm-Mimen mit ihrer erheiternden Gravität der Wirklichkeit viel näher gekommen sein. Es stimmt zwar die Erkenntnis, daß ein »Mensch im Alltag« zu allen Zeiten ein »Mensch im Alltag« ist und sich ungezwungen benimmt, nur gehen die Ansichten über den Begriff »ungezwungen« auseinander. Wer die Toga vor dem Körper zusammenfalten muß, kann die Hände nicht in die Hosentaschen stecken. Er bekommt einen anderen Gang. Latschende, kauende, sich juckende, pfeifende, spuckende Jünglinge mit Armen, die infolge ihrer rachitischen Senkbrust bis zu den Knien durchhängen, wären in Rom damals eine Sensation gewesen.

Sehen wir also die abendlich promenierenden Römer ruhig etwas gespreizt. Für sie war es das nicht.

Dabei wirkte die ganze Kulisse noch keineswegs so feierlich wie in der Spätzeit, wo wir uns das Forum über und über mit Tempelchen, Denkmälern, Säulen, Balustraden, Reliefs und Statuen besetzt und von gewaltigen Bauten eingefaßt vorstellen müssen. Im Moment waren das Forum-Feld und die Wechselbuden gewiß kein sonderlicher Anblick. Dann, rechter Hand, kurz vor dem Aufstieg zum Kapitol, lag das Haus der Curia (Senat), davor der Platz der plebejischen Wahlversammlungen, das »Comitium« (vierzig mal vierzig Meter, gepflastert) mit dem steinernen Rednerpodest. Zwei weitere Tempel schlossen das Forum zu Füßen des Kapitols ab: der Tempel für Castor und Pollux und das Heiligtum des Saturn, in dem der Staatsschatz ruhte.

Ein paar breite Straßen durchschnitten Rom, alles andere waren enge, namenlose Gäßchen zwischen lauter kleinen, würfelförmigen Häusern, die sich bis an den Rücken der Forumsbuden und bis an die Hügel herandrängten. Vielleicht gab es auch schon Viertel, in denen zwei- und dreistöckige Häuser standen. Große, volkstümliche Märkte lagen im Südwesten und Norden. Rom ist, auch als es schon die Hunderttausend überschritten hatte, eine Landstadt geblieben. Es gab *die* Plebs, aber noch nicht *den* Plebs. Es war gesund. Vielleicht war es sogar schön.

Als wenig später das neue Gesetz über die Verteilung des Staatslandes an die Plebejer herauskam, zogen viele dritte und vierte Söhne mit ihren Familien aufs Land, und Rom erfuhr unbeabsichtigt aber heilsam einen Aderlaß, der nicht nur das Wuchern der Stadt wieder für einige Generationen stoppte, sondern den Begriff »Rom« auch auf das Land ringsum erweiterte. Man siedelte jetzt schon recht weit weg und war doch Römer.

Dieses Gesetz, das den Patriziern bei der Verteilung des eroberten Raumes die Langfinger beschnitt und junge Bauern zu Pionieren machte, wirkte sich sehr segensreich aus.

werden zum erstenmal Plebejer Ministerpräsidenten. Die Furcht, es könnte jetzt das ereignislose Paradies kommen, ist jedoch unbegründet: drei Kriege gegen die Samniten und einer gegen Pyrrhos werden mit altem Schwung geführt, denn wem Gott ein Amt gibt, dem gibt er auch den nötigen Charakter.

Die Bibel lehrt, daß zwei Menschen schon zu viel sind, um sich das Paradies zu bewahren. Rom hatte über fünfzigtausend.

Normalerweise hätte es Adam und Eva völlig gleichgültig sein müssen, ob sie in ihrem Recht, von allen Früchten zu essen, beschränkt waren oder nicht. Sie litten keine Not, sie lebten in Ruhe, und die Gesundheit war zufriedenstellend. Und tatsächlich kamen sie auch nicht von selbst auf die Idee, ihre Lage als demütigend zu empfinden, weil sie nicht »souverän« seien.

Das Wort hat eine rätselhafte Faszination. In der Natur gibt es den Begriff nicht. Gehorchen, befehlen und wieder gehorchen, unterordnen, überordnen, angleichen, ausgleichen, einsehen — das ist das Gesetz, das das Leben uns in Wahrheit vor Augen führt. Kein Wesen, kein Mensch, keine Gesellschaft ist im echten Sinne souverän. Und wenn sie es nicht im echten ist, wird der Begriff dubios. Er ist erfunden worden wie das Dynamit, und er hat auch dieselbe Wirkung.

Der bisherige langjährige »Kampf« zwischen Patriziern

und Plebejern, den die heutigen Lehrbücher mit Behagen Klassenkampf oder Ständekampf nennen, war kein ideologischer, sondern eine handfeste Forderung nach Lastenausgleich und juristischer Sicherheit gewesen. Man hatte um Land gekämpft — nicht, weil eine abstrakte Ungerechtigkeit schmerzte oder weil man es im nächsten Augenblick an eine Bausparkasse verkloppen wollte, sondern weil man es bearbeiten wollte. Man hatte um die Trennung von wirtschaftlicher Lage und Menschenwürde gekämpft — nicht weil man so kindisch war zu glauben, daß arm gleich gut und reich gleich schlecht sei, sondern weil man den einzigen wirklichen Alptraum aller Römer, die Versklavung aus Verschuldung, für immer beenden wollte. Man hatte für die Einrichtung der Tributkomitien gekämpft — nicht als Gewerkschaft, nicht als quantitative Antwort auf die Qualität, sondern als Demoskopie, als eigene »Buchprüfung«.

Nun, aber kamen zum erstenmal Männer mit dem Dynamit in der Tasche.

Wer waren sie?

Keine Arbeiter, keine Bauern natürlich. Die wußten gar nicht, was Ideologie ist, und materielle Wünsche hatten sie im Augenblick nicht.

Also, wer waren sie? Unterdrückte doch wohl?

Natürlich nicht. Auch die Weltbeglücker unter unseren Studenten-Randalierern sind nicht Unterdrückte, sie sind alle Söhne mit gesichertem freiem Leben. Die »Unterdrückten« sind nur ihr Sprungbrett. Sie gehören nicht zu ihnen, in keinem Punkt. Sie »sehen« nur immer die Unterdrückung »klar« und leiden »mit«. Nun ist es jedoch nicht so, daß sie ihnen daraufhin ihr Portemonnaie leihen würden, nein, das wäre schäbig und ein

Almosen: Sie leihen ihnen ihr geöltes Mundwerk. Und was sie fordern, ist nie etwas, womit die »Unterdrückten« etwas anfangen können, sondern immer nur sie selbst. Wir kennen es alle: man fordert für die Arbeiter einen Vorstandssessel und setzt sich selbst drauf.

Damals in Rom war es eine Gruppe von Unternehmern, steinreich gewordenen Plebejern, die die ungeahnten Möglichkeiten entdeckten, die in einem Klassenkampf stecken. Was sie forderten, war ein Gesetz, das auch der Plebs erlaubte, Konsuln zu stellen. (Im »Parlament«, im dreihundertköpfigen Senat, saß sie schon seit einer Generation, mit Recht natürlich.)

Es ist anzunehmen, daß die Plebs über das neue Gesetz baß erstaunt war. Ein Zusammenhang zwischen ihrem Sonntagsbraten und der Besetzung der höchsten Beamtenstelle, die in puncto Braten überdies gar nichts zu sagen hatte, war ihr schleierhaft.

Damit war klar, daß man nicht an den Verstand der Menge appellieren mußte, sondern an jene Giftdrüse, die zusammen mit der Chrysantheme am Frack das Menschengeschlecht von den Tieren unterscheidet: an das Ressentiment. Der Duden übersetzt dieses Wort mit »Wiedererleben eines meist schmerzlichen Nachgefühls«. Nietzsche nannte es, weniger fein aber um vieles deutlicher: das Gefühl ohnmächtigen Hasses, das dem kulturell und geistig tiefer Stehenden gegen den Noblen und Mächtigen eingeboren ist.

Um dieses Ressentiment zu entfachen, wäre die Frage an das Volk »Wollt ihr, daß der eine der beiden Konsuln ein Plebejer ist« gänzlich falsch. Die Plebs könnte ja auf den Gedanken kommen, mit Nein zu antworten. Die Frage muß vielmehr lauten: »Warum soll eigentlich immer nur ...«, das genügt schon, der Satz braucht nicht vollständig zu sein, der Stachel sitzt. Und das, meine Freunde, der Stachel, der ist es eben!

366 kam das Gesetz durch. Köstlicher Augenblick, als dem ehrenwerten Sextius Lateranus zum erstenmal die zwölf Liktoren mit ihren Rutenbündeln vorausschritten und die Patrizier zur Seite traten und grüßten. Zerbrechen Sie sich bitte nicht den Kopf, welches Handwerk Sextius vorher betrieben hatte: er war Volkstribun gewesen.

Aber, wie gesagt, das Konsulat war kostspielig und eine Plage, und der Kreis der neuen Retter des Proporz war klein: Im Jahre 356 waren die Herren schon nicht mehr imstande, einen Konsul zu stellen; und das passierte ihnen dann noch öfter. In solchen Fällen hatten die Patrizier einzuspringen. Man kann sich vorstellen, mit welcher Begeisterung. Es gab Familien, ruhmreiche, hochbegabte, die sich ganz aus der Politik zurückzogen.

Nun war es allerdings keineswegs so, daß die plebejischen Konsuln alle Nullen gewesen wären; es gab hervorragende Männer unter ihnen. Nur — wie Tucholsky sagen würde — »Feuerländer sind keine Widerlegung der französischen Grammatik«.

Am Anfang des dritten Jahrhunderts war die Lage nun folgende: »Vertreter der Plebejer« wurden Konsuln, hatten Priesterämter an sich gebracht, saßen im Senat, waren Polizeichefs (Ädil), konnten zum Gerichtspräsidenten (Prätor) berufen werden, hatten Zutritt zu dem außerordentlich hohen Amt der zwei Zensoren, die, niemandem verantwortlich, die Steuern festsetzten, die Finanzen verwalteten, die öffentlichen Bauten befahlen, den Sittenkodex aufstellten, Ausstoßung aus dem Adel und dem Senat aussprechen konnten und das Ersatzheer rekrutierten. Und — spätestens seit 314 — war die Plebs in das letzte Privileg eingebrochen: einen Diktator zu stellen.

Zweifellos wird Ihnen an dieser Stelle auffallen, daß nun das Amt des Volkstribunen überflüssig geworden ist. Dazu müssen Sie sich merken: die Plebs besitzt *nie* etwas Überflüssiges. Alles ist dringend notwendig.

Nun hätten natürlich mal die Patrizier zur Abwechslung sagen können: »Warum muß der Tribun eigentlich immer . . .«, aber Patrizier sagen das nicht.

*

Nach diesen Interna können wir uns wieder der vergleichsweise harmlosen Kriegsgeschichte zuwenden.

Rom hatte eine Reihe von Friedensbündnissen mit den Nachbarn auf der Basis der Gleichberechtigung abgeschlossen. Wie immer im Leben gab es Reibereien. Rom besiedelte Land, das ihm nicht gehörte, es schloß Verträge, die mit anderen Bündnissen kollidierten, kurzum, es tat lauter aufreizende Dinge, vornehmlich gegen die Samniten. Erinnern wir uns: Samniten, indogermanische Urbevölkerung, verwandt mit Oskern und Sabellern, im mittleren Apennin von der Adria quer durch Italien bis vor die Tore von Neapel, rauhes Volk mit Füßen wie Hufe. Sie hatten viele Freunde; sie alle mochten Rom nicht. Sogar die Latiner, die engsten Nachbarn, waren wütend, denn Rom handhabte seinen Pakt wie die Russen den Warschauer: das heißt, für die Latiner unerträglich, für die Römer vollkommen richtig. (Sehen Sie, das ist der Vorteil meines bereits hoffnungslosen Rufes: *ich* darf so etwas sagen. Ich darf sagen, daß ich Dubcek verachte und Breschnjew politisch verstehe.)

343 war es soweit, die Samniten standen auf. Die Römer glaubten an einen Spaziergang, aber der Spaziergang dauerte drei Jahre (immer nur sommertags und bei schönem Wetter, versteht sich) und endete mit einem Wischiwaschi-Frieden.

Dann erhoben sich — als echte Kindsköpfe natürlich zu spät — die Latiner. Sie wurden einzeln rangenommen und geschluckt. Eine große Sache war es nicht; der fetteste Happen war die Hafenstadt Antium (heute Porto d'Anzio) mit seiner Flotte. Hübsches Städtchen. Und so praktisch nahe bei Rom.

Nachdem so die Latiner und Latium vereinnahmt waren, beschlossen Patrizier und Plebejer in schöner Einmütigkeit, sich noch einmal die Sache mit den Samniten vorzunehmen. Es war der plebejische Konsul Publilius Philo, der durch seinen total unmotivierten Marsch auf das unabhängige Neapel die Samniten wieder aufscheuchte.

327—304, zweiter Samnitenkrieg. Die Römer kletterten zu ihnen in die Berge, schwerbewaffnete, unter der Last keuchende Leute, die sich auf den Gebirgspfaden fast den Hals brachen. In den Kaudinischen Pässen, zweihundertfünfzig Kilometer fern der Heimat, hungrig und müde, stolperten sie prompt in eine Falle. Das ganze Heer geriet in Gefangenschaft und machte sein Testament.

Indes, die Samniten als echte Abruzzen-Rübezahle fanden, daß ein Riesenskandal schöner sei als fünftausend Tote, mit denen man nur Scherereien haben würde. Sie steckten zwei gekreuzte Lanzen in die Erde und ließen

die Besiegten auf Knien und Ellbogen durchrobben. Sie standen dabei und amüsierten sich königlich.
Das ist das berühmte »Kaudinische Joch«. Es ist fast so berühmt wie der kleine Marmorlöwe vor dem Palazzo Vecchio in Florenz, dem in der Renaissance die besiegten Feldherren den blanken Hintern küssen mußten, um ihr Leben zu retten. Die Florentiner und die Bruzzesen verkaufen heute noch für einen Witz ihre Großmutter.
Was sagten Sie? Virtus? Ach ja, ein kleiner Schönheitsfehler, das ist wahr. Aber verstehen Sie die Virtus auch nicht zu weit. Es kann der Beste kein Heroe werden, wenn es dem albernen Nachbarn nicht gefällt.
Bei allem Sinn für schwarzen Humor waren die Samniten doch nicht so töricht, nun etwa einen »ewigen Frieden« oder die Anerkennung irgendeiner Linie zu verlangen. Selbstredend hätten die Römer jede Linie anerkannt. Als echte antike Menschen hätten sie bei Bedarf später gesagt: »Linie? Gott, was redet man nicht alles so dahin!«
298 brach der dritte Samnitenkrieg aus. Wer ihn vom Zaun brach, ist etwas zwittrig; sagen wir: die Samniten, denn sie waren auffallend vergnügt und hatten diesmal halb Italien mobilisiert. Die Sabiner machten mit, die gefährlichen Kelten erinnerten sich ihres großartigen Ausflugs unter Brennus, ja sogar die wackeren Etrusker sattelten noch einmal ihre Rosinanten und kamen aus der Toskana herangetrabt. Es sah nach einem ausgewachsenen Dreifronten-Krieg aus.
Es wurde einer. Den Römern war absolut nicht wohl. Die Lage war nicht schön, man kämpfte im Norden, im Osten, im Süden, die Fronten schwankten bald vor,

bald zurück, feindliche Bevölkerung, viele Tote, der Ballast der Verwundeten so weit von Rom entfernt; immer neue Ersatzeinheiten verließen Rom, schließlich war das Reservoir erschöpft, von sechzehn bis sechzig stand alles unter den Feldzeichen.

Diese sogenannten kleinen Kriege, die in den Geschichtsbüchern mit zehn Zeilen erledigt werden, waren in Wahrheit für das Rom der Jünglingszeit furchtbar gefährlich. Alles befand sich noch im Stadium der Entwicklung: die Kriegstechnik, die Wirtschaft, die Verkehrsmittel, der Nachrichtendienst. Überhaupt muß man sich eines einprägen: Von nun an bis zu Hannibal schwebt Rom dauernd in Lebensgefahr. Die Friedensjahre, die ab und zu auftauchen, täuschen. Eine harte Zeit brach an, in der Rom zum Mann, zum Kerl, zum Schläger wurde.

Zwei Faktoren begannen sich günstig in diesem Feldzug auszuwirken: Die Umbrer schlugen sich auf Seiten Roms, und die Via Appia war gerade bis Neapel fertiggestellt worden. Auf ihr sausten die Truppen mit einer Geschwindigkeit von fünfzehn oder zwanzig Stundenkilometern dahin, ein Tempo, das die Feinde schon beim Hörensagen schwindlig machte. Genau genommen brachte diese Straße und nicht eine Schlacht die Entscheidung im Süden.

Die Front hatte dort bisher unruhig hin und hergependelt. Kaum war etwas gewonnen, war es auch schon wieder verloren. Es fehlte der Stützpunkt. Gerade hatte man die bedeutende samnitische Stadt Venusia erobert, da kam dem Senat die überraschende, eigentlich total verrückte Idee, die die Wende brachte: Man wählte zwanzigtausend (!) römische Siedler und jagte sie auf der Via Appia nach Venusia. Die Woge brach über

Nacht in das samnitische Land ein und überflutete mit Hacke und Spaten, Dreschflegel und Sichel die ganze Stadt. Sie wurde ein Bollwerk Roms, als sei sie schon jahrhundertelang römisch.
Der Pendelkrieg war beendet, die Samniten baten (291) um Frieden.
Allerdings war im Osten ein sehr eindrucksvoller Sieg Roms vorausgegangen. Bei Sentinum, dem heutigen Sassoferrato zwischen Perugia und der adriatischen Küste hatte (295) das römische Hauptheer unter Konsul Rullianus aus der alten Fabier-Familie die vereinigten Massen der gallischen Kelten, Etrusker und Samniten gestellt und fürchterlich unter ihnen aufgeräumt. Es scheinen mehrere zehntausend Feinde gefallen zu sein. In Rom sprach man von »einer Million«, was, ins Germanische übersetzt, dasselbe ist.
Die Römer kehrten heim, angeschlagen und müde, aber einigermaßen glücklich. War nicht alles sehr zufriedenstellend ausgegangen? Jedenfalls fanden das die späteren Geschichtsschreiber und setzten einen Punkt und ein paar Friedensjahre dahinter.
Leider fehlte in Wirklichkeit der Punkt wie der Friede.
Aus diesen Jahren sind die Quellen nicht die besten, und so vererbt sich bis auf den heutigen Tag der Fehler, eine Lücke für Frieden zu halten. In Wahrheit ging es so übergangslos weiter, daß man nicht einmal einen Absatz machen müßte.
Was die »Lücke« zwischen dem dritten Samnitenkrieg und dem Krieg gegen Pyrrhos umschließt, ist ein Abenteuer, bei dem Rom am Rande des Abgrunds spazieren ging. Die Sache ist mit ein paar Worten erzählt:

Kelten und Etrusker rafften sich noch einmal auf und holten zum Schlag der Rache für Sentinum aus, während (oder weil) Rom sich in Sicherheit wähnte. Es hatte schon dauernd Geplänkel mit dem unruhigen Volsinii gegeben, wahrscheinlich absichtliche Provokationen. Die Nachricht von der Zusammenballung neuer Massen sickerte rechtzeitig durch, Rom sprang wie von der Tarantel gestochen hoch und machte sofort wieder mobil. Das Heer, etwa fünfzehntausend Mann, rückte in Eilmärschen nach Norden, stieß bei Arezzo auf den Feind und griff an.

Die Niederlage wurde vernichtend, der kommandierende Konsul und dreizehntausend Mann fielen. Daß der Feind nur behäbig nachrückte, war ein Glück. Die Überlebenden erreichten ohne neue Verluste Rom und berichteten von der Schlacht, die eine wahre Hinrichtung gewesen sein muß. Senat und Volk reagierten verblüffend: Kein Verhandeln. Siegen oder untergehen!

Eine schändliche Durchhalteparole, wie heutzutage jedermann weiß. Allerdings sieht so etwas stets anders aus, wenn das Durchhalten glückt, wie schon Churchill bewiesen hat. Dann ist es nicht schändlich, dann ist es bewunderungswürdig.

Alte Männer und halbe Kinder wurden mobilisiert und benutzten den Winter fieberhaft zur Rüstung. Damals »rüstete« man wirklich noch. Es existierte noch nicht die so überaus praktische Einrichtung neutraler Staaten, die stets in der Lage sind, den Kriegführenden mit Kanonen unter die Arme zu greifen. Man mußte selbst »rüsten«. Das Wort hatte damals noch seine ursprüngliche Bedeutung. Im Althochdeutschen heißt »berusten« u. a. herrichten, herstellen; und »rustunga« das Werkzeug. Zum Kriege nämlich. Zum Töten. Kein schöner

Gedanke, nicht wahr, aber so ist leider der Mensch, das herrliche Ebenbild Gottes, gebaut. Fünfzig Prozent der Geschichte besteht daraus.
Im Frühjahr 283 stand der Feind bereits sechzig Kilometer vor Rom. Die Frage war einfach: Sein oder Nichtsein. Man hatte auch an Hilfsvölkern mobil gemacht, was irgend greifbar war. Der Haufe — vielleicht noch einmal zehntausend Mann — brach auf. Zuhause schloß man die Tore und betete.
An dem kleinen Vadimonischen See (Sie brauchen sich den Namen nicht zu merken, kaum ein Geschichtsbuch zitiert ihn), stießen die Heere aufeinander. Wir wissen fast nichts über die Schlacht. Wir wissen nur: Die Römer brachten das Unglaubliche zustande, sie siegten.
Dies sind die Ereignisse jener »Friedensjahre«, die gewöhnlich in Gestalt eines Punktes zusammengefaßt werden.

*

Was nun folgt, ist zur Abwechslung mal ein Krieg. Immer noch hat keine Seele in Rom auch nur eine Zeile geschrieben, kein Gedicht, kein Drama, keine Historie. Keine römische Plastik existiert, keine Musik, kein Tanz. Die schöngeschnitzte Rednertribüne auf dem Forum Romanum ist ein gestohlener Schiffsschnabel aus Antium.
Der neue Krieg ging gegen Pyrrhos. Endlich ein Name, an dem man sich, allein schon wegen seiner ungewöhnlichen Schreibweise, ein bißchen festhalten kann. Pyrrhos, König von Epiros, war Grieche. Wie er nach Italien kam, werden wir gleich sehen. Pyr heißt auf griechisch Feuer, Sie kennen die Silbe aus dem Wort

Pyrrhomane. Pyrrhós heißt feuerfarben, rotglühend. Der Herr hieß also Barbarossa und sah auch so aus. In der spätgriechischen Welt — Alexander der Große war seit fünfzig Jahren tot — galt er als bedeutendster Feldherr. Ein kluger, kultivierter Mann, der überzeugt war, zu Hinterwäldlern zu kommen, als ihn die Stadt Tarent bat, einen Sprung nach Italien zu machen und ihre Rechnung mit den immer dreister werdenden Römern zu begleichen.

Sie werden, meine verehrten Leser, wahrscheinlich gelernt haben, daß der Kriegsgrund folgender gewesen ist: Im Hafen von Tarent (einer altgriechischen Siedlung an der Hacke des italienischen Stiefels) legten eines Tages im Jahre 282 einige römische Schiffe an in der harmlosen Absicht der Besatzung, sich mal ein bißchen die Füße zu vertreten und in einer Trattoria zu frühstücken, worauf die Tarentiner aus heiterem Himmel auf die Idee kamen, einen Teil der Flotte zu versenken. Womit der Krieg da war.

Klingt gut.

Wahr ist: Während der ersten Samnitenkriege hatte Tarent, um sich aus den Streitigkeiten herauszuhalten, mit Rom einen Friedenspakt geschlossen unter der Bedingung, daß kein römisches Schiff jemals in Sichtweite von Tarent erscheinen dürfe. Man wollte also jeder dubiosen Situation vorbeugen.

Der Rest Ihrer Schul-Erinnerung stimmt, er kann so bleiben. Römische Schiffe, und zwar Kriegsschiffe, brachen den Vertrag. Warum? Vielleicht wirklich nur aus Trottligkeit des Admirals, vielleicht mit Absicht. Tarent war sehr wohlhabend, und der apulische Zipfel bildete das Sprungbrett nach Griechenland. Wozu die Römer ein Sprungbrett brauchten? Keine Ahnung, ich zitiere

nur. Das regierende Volk mit seinem berühmten gesunden Menschenverstand wird es schon gewußt haben.
Als die Samniten von dem neuen bevorstehenden Krach hörten, waren sie entzückt, wetzten sofort wieder die Messer und schlugen sich auf die Seite Tarents. So wurde es fast ein vierter Samnitenkrieg.
Aber Tarent war vorsichtig. Der Ruhm der Legionen war inzwischen schon legendär geworden. Man rief Pyrrhos.
Er kam. Auf vielen Schiffen und mit eigenem Heer. Mit goldenem Helm auf dem Kopf und kompletter Strategie innen drin. Er kam angeblich mit fünfundzwanzigtausend Mann und zwanzig Kampfelefanten. Ich sage »angeblich«, denn ich glaube weder an die Zahl noch an irgendeinen Elefanten; aber die Quellen berichten es.
Die Griechen waren den Legionen strategisch weit überlegen. 280 siegte Pyrrhos bei Herakleia. Weit weg von Rom! Kein Grund zur Unruhe! Es kam der Winter, Pyrrhos richtete sich in Calabrien ein. Im nächsten Frühjahr stieß er wieder vor und erwischte die Römer bei Ausculum (in Apulien). Wieder siegte er, aber seine Verluste waren schwer. Wenn es so weiterging, siegte er sich zu Tode. Die nächste Schlacht mußte mit diesen römischen Bauern Schluß machen und hätte wohl auch Schluß gemacht. Aber zu dieser Schlacht kam es nicht. Zum erstenmal in der Geschichte, die bisher so gradlinig Schritt für Schritt und ganz auf eigenen Füßen vorwärts getappt war, warf das Schicksal den Römern einen Ball von außen zu. Es war kein sehr schwieriger Ball und kein sehr komplizierter Jongleur-Akt, der sich ihnen hier anbot, aber immerhin: es war ihr erstes internationales Drahtziehen. Sie hatten diese Gelegen-

heit auch nicht etwa selbst berechnet und herbeigeführt, nein, keineswegs; sie bekamen sie von den Karthagern ins Haus geliefert.

Damit taucht erstmals der ominöse Name jenes semitischen Volkes auf, das viele, viele Seiten der römischen Geschichte mit Blut geschrieben hat.

Die Karthager saßen, wie unschwer zu erraten, in Karthago, unbeschadet der Tatsache, daß dieser Name gar nicht ihr eigener war. Karthago — Karthada ist phönizisch und heißt schlicht Neustadt. Die Neustädter führten jedoch im Gegensatz zu den Römern einen Volksnamen; sie nannten sich Sidonier, nach der Stadt Sidon. Die Römer sprachen von ihnen als »Punier«, lateinisch Poeni, was wiederum nichts anderes heißt als Phönizier. Heute liegt neben den Ruinen der einstigen Weltstadt, die viel größer, viel glanzvoller, viel kultivierter war als Rom, das moderne Tunis.

Karthago war ein streng regierter, feudal geführter Staat, der das westliche Mittelmeer vollständig beherrschte, der die Etrusker zur See entmachtet hatte, der Südspanien besaß, die Balearen, Korsika, Sardinien, Malta und einen Teil von Sizilien. Und damit ist unser Stichwort gefallen: Sizilien.

Die Karthager waren in Sizilien gerade auf dem schönsten Wege, die griechischen Städte der Ostküste, Agrigent, Syrakus, Catania, Taormina, Messina zu kassieren, als Pyrrhos in Unteritalien erschien. Die Griechen Siziliens, denen das Schicksal Tarents so gleichgültig wie nur was war, beschworen Pyrrhos jetzt, eiligst zu ihnen zu kommen und diese Läuseplage von Karthagern hinauszuwerfen.

Pyrrhos sagte zu, und um freie Hand zu bekommen, bot er den überraschten Römern einen status-quo-

Frieden an. Der römische Konsul nahm das Angebot (nach zwei verlorenen Schlachten!) mit heller Freude entgegen und galoppierte nach Hause, um die frohe Botschaft zu überbringen und diese feine Sache durch den Senat ratifizieren zu lassen.

In diesem Augenblick schaltete sich Karthago ein. Ein Gesandter tauchte auf und setzte den Römern auseinander, inwiefern das Angebot gar keine so feine Sache sei, sondern den Verzicht auf Tarent für immer bedeute. Statt dessen bot der Bevollmächtigte den Römern die Unterstützung der karthagischen Flotte sowie außerordentliche Geldmittel an, falls sie bereit seien, den Krieg fortzusetzen. Pyrrhos, so rechnete der Karthager ihnen an fünf Fingern vor, könne vielleicht Rom, aber niemals Rom *und* Karthago standhalten und werde ihnen über kurz oder lang Tarent überlassen müssen.

Tatsächlich, der Senat lehnte die Ratifizierung des Pyrrhos-Waffenstillstandes ab. Rom griff also den Ball auf und riskierte zum erstenmal einen internationalen Balance-Akt.

Die Gedanken, die die beiden bewegten, sind durchsichtig: Den Karthagern war Sizilien hundertmal wichtiger als die Ausweitung Roms bis Tarent. Wo lag schon Tarent! Rom als künftiger Gegner zeichnete sich für sie am Himmel nicht ab. Die Römer wiederum sahen nur auf den Kassenblock: Tarent war ihr Ziel gewesen, jetzt sollten sie es bekommen. Karthager in Sizilien hatte es schon immer gegeben. Als künftiger Gegner zeichneten sie sich am Himmel nicht ab. Klug? Dumm? Weitsichtig? Kurzsichtig?

Wir heute, zweitausend Jahre später, sind natürlich viel klüger. Die Geschichte hat gezeigt, daß *alle* sich irrten. Sogar Pyrrhos, als er sich entschloß, in Tarent eine Besatzung zurückzulassen, selbst aber nach Sizilien überzusetzen. Alle waren sie keine Bismarcks. Nur Herumklopper. Mit solchen Köpfen auf den Schultern hätten die Athener oder Spartaner zu ihrer Zeit keine fünfzig Jahre überlebt.

Den gröbsten Fehler machte Pyrrhos. Wäre er nach Sizilien nur zum Schein gegangen, in Wahrheit aber nach Afrika weitergesegelt, so hätte Karthago schutzlos vor ihm gelegen. Von dort aus hätte er Rom direkt ansteuern können. Die Weltgeschichte wäre unvorstellbar anders verlaufen.

Oder? Vielleicht?

Sie haben recht. Auch im Schach gibt es ein Dutzend vollständig durchdachter, fehlerloser Eröffnungen, und dennoch bleibt das Schicksal der weißen und schwarzen Figuren offen.

Mit den Fehlern von Pyrrhos aber war es vorauszusehen. In Sizilien gelang es ihm nicht, die Insel, die ja immerhin größer als der Peloponnes ist, zu säubern. Enttäuscht wandte er sich wieder nach Süditalien und suchte die Römer. Er vermutete sie bei Tarent, aber da steckten sie nicht. Er machte sich also in Richtung Rom auf. Wochen vergingen, das Meer blieb immer weiter hinter ihm, die Bevölkerung wurde feindlich, die Soldaten sahen das Ganze nicht mehr ein. Pyrrhos bog nordwärts ab, um das Gebiet der Samniten zu erreichen, und ausgerechnet da standen die Römer und erwischten den Ahnungslosen bei Malevent.

Die Schlacht, die Sie, verehrte Leser, als Schlacht bei Benevent (275) gelernt haben, hieß ursprünglich Schlacht bei Malevent; aber die Römer bildeten sich ein, sie gewonnen zu haben und tauften die »Stadt der bösen Winde« sofort in »Stadt der guten Winde« um. In Wahrheit endete die Schlacht unentschieden. Worauf Pyrrhos endgültig die Nase voll hatte und nach Griechenland zurückkehrte. Die schwache Besatzung, die er pro forma in Tarent stationiert hatte, packte drei Jahre später ebenfalls die Koffer, reiste heim und ließ hinter sich die Tore offen, durch die die Römer mit klingendem Spiel einzogen.

Das war 272.

Als der Senat Inventur machte, stellte er verblüfft fest, daß Italien, von Venezien bis Tarent, jetzt praktisch Rom gehörte.

Es war Weltmacht geworden.

»Mama«, sagte am nächsten Morgen der kleine Servius Publilius, »hast du gehört? Wir sind ein Imperium geworden!«

»Na und?« antwortete Frau Publilius, »Was ändert das? Mach deine Schularbeiten.«

Hier irrte sich Frau Publilius. Es änderte sich sehr viel.

*

Bei den Schularbeiten zum Beispiel hätte Servius sich sparen können, die etruskischen Vokabeln zu lernen. Rom sorgte dafür, daß in ganz Italien binnen kurzem nur noch lateinisch gesprochen und geschrieben wurde. Natürlich galt in einigen Kreisen Griechisch immer noch als besonders fein, aber genau wie die Engländer waren die Römer im Grunde überzeugt, daß man von hunderttausend Römern nicht verlangen könne, eine Fremdsprache zu lernen, wenn ebensogut zwei Millionen Fremde Lateinisch lernen konnten.

Das ist ein seltsamer, aber gesunder Grundsatz. Waren die Römer von etwas überzeugt, so gingen sie nicht etwa leuchtenden Auges, wie wir Deutschen, in alle Welt und verkündeten es zum Ärger der anderen laut, sondern sie zogen diese Überzeugung an wie ein paar Schuhe, spazierten so einher und begnügten sich, alle Menschen zu bedauern, die keine Schuhe trugen. Sie sagten nicht: »Es ist unerhört uneinsichtig, sich keine Stiefel anzuziehen, wenn man über spitze Steine geht«, sondern sie sagten: »Sicherlich ist es sehr gesund, barfuß zu gehen, jedoch glauben wir, daß sich Schuhwerk bei spitzen Steinen bewährt hat.«

Wer es nicht glauben wollte, dem zwangen sie nicht etwa Schuhe auf, sondern dem legten sie genügend spitze Steine unter.

Sie hielten die lateinische Sprache nicht nur für die klarste (das ist sie) und für die am leichtesten zu erlernende (auch das stimmt), sondern auch für die schönste. Und das ist sie gewiß nicht. Der Duft der griechischen Sprache verhält sich zu dem der lateinischen wie eine Apfelsine zu einer Boccia-Kugel.

Bald war Italien (der Name Italia kam um diese Zeit für die ganze Halbinsel bis Florenz und dem Apennin-Bogen auf; ursprünglich nannte sich, merkwürdig übrigens, nur Kalabrien, also die »Schuhspitze« so) — wovon sprachen wir? Ja, von der sanften Überzeugungskunst der Römer. Bald war halb Italien mit kleinen, kleinsten und winzigsten Roms übersät.

Man hatte sein Kapitolchen, sein Forum, seinen Vesta-Tempel und seinen Circus. Man fühlte sich mit Rom verbunden allein schon, weil seit drei Generationen die römischen Wellen über einen hinweggegangen und die Römer als ewiges Gesprächsthema vertraut waren. Volskische Städte, aurunkische, hernikische, campanische und sabinische erhielten römisches Bürgerrecht. Nur wenige Stämme kamen nicht in den Genuß des römischen Commonwealth, weil sie sich vorher allzu störrisch gezeigt hatten, zum Beispiel die Samniten, deren Stammeszusammenhalt man total zerschlug, Ortschaften räumte und Land kreuz und quer zerstückelte. Dem alten etruskischen Caere andererseits, einst auch nicht gerade ein harmloser Nachbar, ging es wahrlich ausgezeichnet. Auch die griechischen Siedlungen, vom Geld und von der Kultur her Erzfeinde Roms, konnten, als sie sich den Römern ergeben hatten, zufrieden sein. Sie verwalteten sich selbst, sprachen zu Hause weiter griechisch, sammelten Tanagra-Figürchen, erzählten sich Flüsterwitze über Rom und liebten Knaben.

Und in Rom? Lebte sich's gut?

Es fragt sich, was man unter »gut« versteht. Napoleon hätte es gefallen. Bismarck nicht; er hätte unter dem Stumpfsinn gelitten. Zwei Reichsgründer, Fachleute sozusagen. Aber sprechen wir vom kleinen Mann: Ich, zum Beispiel, wäre ziemlich unglücklich geworden. Die Ordnung, zugegeben, hätte mich befriedigt, die saubere Rechtsprechung hätte mir Seelenfrieden gegeben. So was gefällt mir als Lebensbedingung. Ich finde, man sollte Wert darauf legen, abends spazieren gehen zu können ohne die Gefahr, erschlagen zu werden. Natürlich ist das Ansichtssache; manche Leute schätzen es höher, vor ihrem Überraschungstod noch öffentlich verkündet haben zu dürfen, welcher politischen Überzeugung sie seien.

Ich hätte auch wider bessere Einsicht in Kauf genommen, daß seit 287 die Beschlüsse der Tributversammlungen, die von der Plebs beherrscht wurden, nicht mehr beratend sondern bindend für Senat und Konsuln geworden waren. Es wäre mir ein Leichtes gewesen zu schweigen. Meine — vielleicht kuriose — Auffassung von Demokratie sagt mir nämlich, daß eine Opposition der Tat nur den gewählten Volksvertretern obliegt, wie das Wort »Vertreter« ja schon sagt. Na ja, das sind halt Sachen, die man sich so zurechtdenkt als Laie. Ich halte ja auch eine violente »Außerparlamentarische Opposition« in einer Demokratie für verbrecherisch.

Aber weiter: Auch die lateinische Sprache ist so übel nicht. Ich habe sowieso das Graecum und Hebraicum.

Daß es keine Autos und keine Eisenbahnen gegeben hat, wäre mir nicht unlieb gewesen. Ich hab's nicht eilig. In meinem Leben hat mich eigentlich nur immer der Staat zu ganz eiligen Sachen angetrieben, und sie waren fast immer sinnlos. Jedoch — ich kann gehorchen.

Zur Seite zu treten, wenn Appius Claudius, der Zensor, sich mir auf der Via sacra genähert hätte, wäre mir ein Leichtes gewesen. Ich hätte nur vermißt, daß mir auch einmal Platon oder Heraklit begegnet wären, auf daß ich ihnen Platz machen konnte.

Sehen Sie, das ist es. Jetzt kommen wir zu dem, was man nicht mit der Registrierkasse erfassen kann: zum Sauerstoff. Die römische Kultur machte nicht einmal den Versuch, den ein Makartstrauß macht, nämlich so auszusehen, als blühe er. Das geistige Leben muß schauerlich gewesen sein. Es gab keine Kunst, keine Wissenschaft, keine Philosophie, es gab keine Explosionen des Herzens, kein Rütteln an den Stäben unseres irdischen Käfigs, es gab keinen Sturz in das Meer der Gefühle und keinen Versuch, die Himmel zu erstürmen, es gab den großen Nachtgesang der Einsamen nicht und keine jubelnden Verse der Fröhlichen. Die Götter legten keinen Wert auf Liebe und schenkten auch keine. Der Verkehr mit ihnen geschah über den Kassenzettel. Keine

Wallung, kein schnellerer Pulsschlag Jupiters, kein Scherz Merkurs, kein Homerisches Gelächter; eisige Stille im Olymp und in den Tempeln mit ihren despotischen Priestern.
Wie hätte ich in diesem Rom meine Augen und meinen Mund verbergen sollen, der so gern lächelt? Ich hätte niemals meinem Molosserhund eines Maienabends laut sagen dürfen: »Komm, mein Freund, heut abend hauen wir beide mal auf die Pauke«, und niemals zu einer Frau: »Das Leben, meine Gnädigste, ist wie eine Lawine: mal rauf, mal runter.« Kein Römer hätte mich Goethe genannt, wenn ich ihm erklärt hätte, über allen Gipfeln sei Ruh, über allen Wipfeln spüre er kaum einen Hauch; die Vöglein schwiegen im Walde; er möge nur warten, bald ruhe er auch.
Übrigens: »ruhen«. Und die Kriege, fragen Sie? Wie hätte ich *die* gefunden?
Ich wäre immer dran gewesen, das ist klar. Das ist nicht nur klar, sondern auch unangenehm. Ich meine nicht so sehr das Sterben wie das Töten. Da ist das Zwanzigste Jahrhundert mit seinem anonymen Töten, seinem einfachen Knopfdrücken und Hebelziehen denn doch für alle guten Pazifisten wesentlich sympathischer, nicht wahr?
Mit einem Wort, ich wäre im damaligen Rom fehl am Platze gewesen. Brauchbar, aber fehl. Wie heute.

DAS FÜNFTE KAPITEL

behandelt die Punischen Kriege, in denen die beiden Großmächte des Mittelmeeres, Rom und Karthago, aufeinanderprallen. Der, der als erster die Virtus über Bord wirft, siegt. Und da er nun schon einmal das Gesicht verloren hat, zerstört er auch gleich noch Hellas. Denn die Welt vergißt in einem Aufwaschen. Aber das greift schon, wie ich eben sehe, ins nächste Kapitel vor.

Wir hätten das Wort Krieg nicht erwähnen sollen. Gleich kommt wieder einer.

Uns überrascht er nicht, die Römer überraschte er sehr. Sie waren nach dem einträglichen Sieg über Pyrrhos in der gleichen Stimmung wie 1945 die Alliierten, als sie verkündeten, jetzt müsse mal Schluß sein mit den ewigen Ansprüchen hin, Ansprüchen her und mit dem Nichtverwindenkönnen des Geschehenen. Der gegenwärtige Zustand sei ein geeigneter Neubeginn für ein friedfertiges Völkerzusammenleben.

Dieser Wunsch ist der Herzenswunsch aller erfolgreichen Bankräuber.

Bei den Römern war er sogar begründet, denn von den Samniten oder Kelten drohte ihnen wirklich nichts mehr. Gevierteilte Ochsen nehmen, wie wir wissen, niemand mehr auf die Hörner.

Die Gefahr kam von ganz anderer Seite: von ihren Komplizen aus dem Pyrrhos-Krieg.

Wie sie in diese drei Punischen Kriege hineingeschlid-

dert sind, ist ein Kapitel für sich. Ich empfehle es besonders denen, die immer noch an die sogenannte Mündigkeit der Masse glauben.
In Sizilien existierte ein Stadtstaat namens Messana (Messina) — fürchten Sie nicht, daß ich weit aushole, wir sind mitten drin. Einst war Messana eine griechische Siedlung wie das nahe große Syrakus gewesen, jetzt herrschten Osker dort. Diese mittelitalienischen Osker waren als versprengter vagabundierender Söldnerhaufe nach Messana gekommen und hatten sich mit Gewalt festgesetzt. Kurz gesagt: eine Bande Soldateska. Nichts einleuchtender, als daß dieses Messana sich bald isoliert sah, so gänzlich, daß nicht einmal jemand den Versuch machte, in der »Schweinebucht« zu landen, um ihnen auch nur die Reste eines Schiffswracks zu überlassen.
Im Jahre 264 waren die wilden Herren praktisch pleite. Entwicklungshilfe gab es damals noch nicht; bankrotte Firmen pflegten von anderen nicht saniert, sondern kassiert zu werden. Syrakus war bereit dazu, aber die Machthaber dachten nicht ans Kapitulieren. Sie wandten sich an Karthago um »Hilfe« in der sehr richtigen Erinnerung, daß Punier und Griechen in Sizilien automatisch Gegner waren. Mit der schönen Unbekümmertheit von Dilettanten wandten sie sich gleich darauf aber auch an Rom um »Hilfe«. Was sie sich dabei dachten, ist ganz unklar.
Der römische Senat trat zusammen und beriet. Rom hatte in Sizilien keine Interessen. Noch nicht einmal Süditalien war allzufest in römischer Hand. Friede war zur allgemeinen Beruhigung dringend nötig. Dazu kam, daß das Soldateska-Regime in Messana rundum suspekt war. Der Senat glaubte es mit der Würde Roms nicht

vereinen zu können, solchen Leuten die Hand zu reichen.
Der Fall hätte damit erledigt sein müssen, aber er war es nicht. Denn jetzt ging das Volk mal die Sache an. Man trommelte es zu den berühmten Tributkomitien, den Stadtbezirksversammlungen, zusammen, deren Beschlüsse seit 287, wie Sie sich freundlichst erinnern wollen, *über* denen des Senats standen. Hier waren die Plebejer — abgesehen von wenigen Bezirken — ganz unter sich. Hier wurde das gerade, kernige Volksidiom gesprochen. Hier wurde an den »gesunden Menschenverstand« appelliert, hier durfte gelacht werden, wenn das Wort »Hohe Diplomatie« fiel.
Die Komitien waren es, das Volk, die Plebejer, die den Feldzug beschlossen mit der ganz offenen Begründung, daß man sich einen solchen Beutezug nicht entgehen lassen dürfe. Der Senat gehorchte. Irgendein armer Konsul schnallte sich Brotbeutel und Feldflasche um und setzte sich an die Spitze eines Heeres, das mit den besten Segenswünschen der Priester gen Süden zog. Vielleicht war es ein plebejischer Konsul, dann war er nicht zu bedauern, dann wird er schon auf der Via Appia gerufen haben: »Ein Lied — zwei — drei«.
Kein ernstzunehmender Historiker wagt heute zu bestreiten, daß die Plebs der Träger des Imperialismus war. Aus ihr sind seltsame, janusköpfige Gestalten hervorgegangen, die die Macht bekämpften, bis sie sie hatten; die zum Beuteüberfall auf Syrakus aufbrachen und zugleich (wie jener Zensor Luscinus) einen Patrizier wegen des luxuriösen Besitzes von zehn Pfund Tafelsilber aus dem Senat ausstießen.
Inzwischen, meine Damen und Herren, hat das römische Heer die staubigen Landstraßen hinter sich ge-

bracht und ist nach Messana übergesetzt. Noch ein paar Dutzend Kilometer und —

— und man traute seinen Augen nicht! Da stand nicht das Empfangskomitée der Messaner, sondern ein karthagischer Vorposten, der ihnen die vergnügliche Mitteilung machen konnte, daß Messana längst von den Puniern »gerettet« und, natürlich, besetzt sei.

Die Römer waren, soweit das Angelsachsen sein können, außer sich.

Die einen Retter saßen drin, die anderen Retter standen davor. Zwei ehemalige Komplizen, die sich gegenseitig zum Teufel wünschten.

Der karthagische Kommandant der Stadt befand sich in keiner angenehmen Lage. Erstens war er eingeschlossen, zweitens war er eingeschlossen, und drittens war er eingeschlossen. Ein Ausfall hätte eine Schlacht bedeutet, und eine Schlacht den offenen Krieg. Wer wagt das als Oberstleutnant?

Er nicht. Er übergab die Stadt den Römern und zog mit seinen Leuten ab. Ein recht vernünftiger Mann. Schade, daß die Karthager ihn dafür hinrichteten. Sie scheuten, was der arme Oberstleutnant nicht wissen konnte, ebenso wenig wie das römische Volk einen ausgewachsenen Krieg.

König Hieron von Syrakus, der eigentlich der Bekämpfte sein sollte, schloß mit beiden Seiten einen Friedensvertrag, zog den Geldbeutel, zahlte kräftig und dankte den Göttern, daß sich die Truppen weit weg, in den Westen der Insel begaben. Die einen, die Karthager, weil sie sich auf ihre Stützpunkte zurückziehen wollten, die anderen, die Römer, weil sie soeben die Kriegserklärung der Punier erhalten hatten und ihnen nachjagten. Während ihres Nachlaufens kamen sie an dem hübschen reichen Städtchen Akragas (Agrigent) vorbei, machten kurz halt, raubten alles, was glänzte, und äscherten dann diese blühende Griechenkolonie ein. Man merkt unschwer, daß der erste Punische Krieg in vollem Gange ist, und es ist nun meine Aufgabe, von ihm zu berichten. Darf ich Ihnen zuvor versichern, daß er mir herzlich zum Halse heraushängt? Für einen Krieg, der wie eine Flamme auflodert, für einen Krieg, der wie der Canale Grande stinkt, für einen Krieg, der von Don Quixotes geführt wird, für sie alle kann man Worte finden. Aber was soll man zu einem stupiden, subalternen, trägen Kolonialkrieg sagen, der sich über dreiundzwanzig Jahre so hinschleppt wie die Römer unter ihren Tornistern voll Silberlöffel? Zum Glück braucht man sich von dem ganzen sizilianischen Landkrieg nichts zu merken außer, daß ein so stümperhaftes Unternehmen naturgemäß auch in einem stümperhaften Unentschieden endete. Aber einen anderen Punkt gibt es, einen einzigen, der in diesem Kriege wirklich bemerkenswert ist. Er ist mehr: er ist schlankweg abenteuerlich.

Eine Erfindung verhinderte Roms Niederlage — was sage ich, »Erfindung«? Eine banale Idee, die jeder Römer auf der Straße gehabt haben könnte. Ihre Geburt wird sie wohl wirklich einem Stabsgefreiten verdanken.

Die Römer waren Landratten. Taktisch und navigatorisch waren sie zur See so unbegabt, daß jeder phönizische Fischer sie ausgelacht hätte. Sie hatten Hilfsvölker mit genügend See-Erfahrung, aber die rissen sich kein Bein für Rom aus und galten auch nicht als sicher.

Die Karthager waren die geborenen Seeleute. Nichts lag

daher für sie näher, als diesen dummen sizilianischen Landkrieg in einen Seekrieg zu verwandeln. Daraufhin lag für die Römer nichts näher, als die Seeschlacht wiederum in eine Landschlacht zu verwandeln. Die einzigen Kampfmethoden der antiken Seeschlacht bestanden bisher im Rammen oder Ruderabrasieren oder Feuerwerfen. Die Erfindung der Römer bestand nun darin, sich in sechs oder sieben Metern Entfernung seitlich an das feindliche Schiff zu bringen (was in den Augen der Karthager nichts anderes war als der gescheiterte Versuch, die Ruder abzurasieren), sodann eine breite Holzbrücke mit Enterhaken hinüberzuschlagen und nun ordnungsgemäß, sozusagen mit Musik, kompanieweise hinüber zu marschieren und einen normalen Landkampf auszutragen. Der Anblick muß herzzerbrechend gewesen sein. Auf der einen Seite Seeleute, kaum bewaffnet, mit nacktem Oberkörper, schweißgebadet, auf nichts bedacht, als mit dem riesigen Schiff zu manövrieren. Auf römischer Seite schwerbewaffnete, gepanzerte Abteilungen, die von ihrem inferioren, miserabel geführten Schiff einfach herübermarschierten. Es war ein jeder Piratenromantik entkleidetes Entern en gros.

Zu lange schon hatten die Karthager wie die Wespen gestichelt, einmal im Norden, einmal im Süden die Küsten Italiens angesegelt, Orte vernichtet, Land verwüstet, ziemlich sorglos, daß etwas passieren könnte. Aber nun, 260, im vierten Kriegsjahr, stellten die Römer bei Mylae vor Sizilien die punische Flotte und erenterten sich tatsächlich mit ihrem primitiven Einfall den Sieg.

Rom jubelte. Auch die späteren römischen Geschichtsschreiber haben aus Mylae einen fast mystischen

Triumph der Kriegskunst und einen entscheidenden Sieg gemacht. Beides war Mylae nicht. Der Fortgang des Krieges beweist es. Erstens ging er weiter, und zweitens bezogen die Römer, als sie nun sogar Afrika anzugreifen wagten, eine bedenklich schwere Schlappe. Die Expedition kehrte nicht heim. In fünf Jahren gingen vier römische Flotten zugrunde. Also nichts da von mystischem Triumph.

Der Krieg schleppte sich weiter hin. Zehn Jahre nach dem afrikanischen Abenteuer waren die Römer so weit, jeden Frieden anzunehmen. Das war genau der Zeitpunkt, als sie aus Karthago läuten hörten, dort stünde es genau so.

Der Senat warf sofort das Steuer herum. Die Patrizier brachten privat noch einmal unter Anspannung aller Kräfte die Gelder auf, um auf den Werften an der ganzen tyrrhenischen Küste in höchster Eile neue Schiffe bauen zu lassen, zweihundert imponierende Kästen nach dem Modell eines gestrandeten punischen Fünfruderers.

Im Jahre 241 war die Armada fertig und machte sich auf den Weg — nicht nach Afrika, sondern auf die Suche nach dem Rest der punischen Flotte, die das Heer in Sizilien versorgte. Man traf sie bei den Aegatischen Inseln und schlug sie mit der neuen Taktik vernichtend. Hamilkar Barkas, Vater Hannibals, Karthagos unbesiegter Feldherr in Sizilien, traf das undankbare Schicksal, das Friedensdiktat entgegennehmen zu müssen. Der römische Konsul war milde, das römische Volk nicht. Es zerriß den Vorvertrag und diktierte sein Versailles. Karthago trat Sizilien ab, die Liparischen Inseln, etwas später auch Korsika und Sardinien, lieferte das in Afrika noch gefangene Heer mit dem unglücklichen

Konsul aus und zahlte eine Reparation — ach, das Wort kennen wir gut — von dreitausendzweihundert Talenten. Es ist müßig, sich auszurechnen, wieviel das war. Ganz gewiß die Grenze.
Der Grundstein zum zweiten Punischen Krieg war gelegt.
Aber sagen Sie das mal einem Clemenceau.

*

Die Generation, die zu dieser Zeit das Licht der Sonne erblickte, wuchs in ganz neuen Vorstellungen auf. In ihren Köpfen war die Welt, war alles schon immer so gewesen, war Rom seit ewigen Zeiten die Beherrscherin Italiens, Siziliens und der Meere, es hatte immer so ausgesehen wie jetzt, eine schöne, turbulente Stadt mit mehreren hunderttausend Einwohnern, die sich nicht mehr wie früher einzeln kannten und beim Namen riefen, mit Mietshäusern, mit dem vertrauten Fleischerladen und Bäcker gleich links um die Ecke rum und dem Friseur, der »schon ewig« rechts um die Ecke wohnte, mit großen Manufakturen draußen vor dem weiten Mauerring, mit Kurierwagen und schnellen Straßen durch das ganze Land, mit hörigen Völkerschaften, die irgendwo, Tagereisen entfernt, lebten und ehrfürchtig erstarrten, wenn sie das »SPQR« sahen, die Insignien Roms[1], der herrlichen, mächtigen Wölfin am Tiber; oder wenn die Kohorten klirrend in die Garnisonen einzogen, oder die fünfrudrigen Schiffe in See stachen. Wer das bezweifelte, war ein Verleumder, wer das angriff, war ein Feind alles Guten, der den Frieden und das Gleichgewicht der Welt störte.

[1] SPQR: senatus populusque romanus = Senat und Volk von Rom.

Alle Generationen vorher hatten ein Wachsen miterlebt, hatten an den Schultern noch feindliche Nachbarn gehabt, waren von Grenzen umgeben gewesen. Diese Jugend jetzt war zum erstenmal in das fertige Imperium geboren. In ihren Köpfen hatte es nie etwas anderes gegeben, vor allem kein Werden. Die Knaben — obwohl streng wie stets erzogen — müssen sehr anders gewesen sein als in alten Zeiten; sicherlich von einem ins Gigantische gesteigerten Rom-Bewußtsein, einer Rom-Selbstgerechtigkeit und mit der völligen Unansprechbarkeit für das dubiose »Früher«. »Gestern« war für sie reines Hörensagen. Namen wie Cincinnatus, Camillus, Gaius Mucius Scaevola bezeichneten keine Stationen des Weges, sondern waren Mythen, Epen. Und die Art, wie man von ihnen erzählte, war die gleiche Art, in der man von Mars und Merkur berichtete.

Zweihundertfünfzig Jahre lang hat die Republik auf jede Geschichtsschreibung verzichtet — wie wir heute annehmen, bewußt. Anfangs (das ist ganz deutlich erkennbar) geschah es, um die Königszeit vergessen zu machen aus Furcht vor Vergleichen und aus Furcht, im römischen Volk könne die nie erloschene monarchische Sehnsucht wieder hervorbrechen. Solange dieses Unbehagen anhielt, war das Forschen tabu. Auch jetzt, im Imperium, war die Besorgnis und Unfreiheit der Machthaber (wer immer es auch war und aus welchem Stand er auch kam) noch so groß, daß sie nichts taten, um die letzten Zeugnisse aus alter Zeit zu retten.

Aber in einem Punkte wenigstens bedeuten die Jahre um 240 oder 230 einen wichtigen Einschnitt: Jemand setzte sich hin und schrieb aus seinem persönlichen Wissen und aus dem Gedächtnis die Geschichte des soeben vorübergegangenen Punischen Krieges nieder. Der Herr hieß Naevius und wurde damit der Vater der römischen Historiker oder besser gesagt: Gegenwartshistoriker. Er schrieb für die Kriegsveteranen, für die alte Generation, für seine Frontkameraden, und einige werden es sogar gelesen haben. Sein Werk »Bellum Poenicum« ist im Original nicht auf uns überkommen, aber zahllose Spätere haben auf seine Erinnerungen zurückgegriffen, und so kommt es, daß der Punische Krieg das erste wirklich große und langjährige Ereignis ist, bei dem die heutige Forschung sich nicht wie der »Reiter über dem Bodensee« vorkommt. Auch SPQR dankte Naevius, denn er hatte sie schließlich verherrlicht. Daß er später, als alter Mann, noch verbannt wurde, muß daran gelegen haben, daß er völlig auf die schiefe Bahn geriet, indem er versuchte, eine griechische Komödie in Rom einzuführen. Er hat versäumt, sie als Truppenbetreuung zu tarnen.

Er hat noch etwas anderes versäumt: seinen Bellum poenicum zu numerieren. Ihm ist es ergangen wie uns, als wir 1918 von »dem Weltkrieg« sprachen. *Ein* Weltkrieg kommt selten allein. Sein Bellum poenicum war noch nicht in die Taschenbuchausgabe gegangen, da war schon der Zweite Punische Krieg da.

*

Er hatte ein Vorspiel, sofern man es als Vorspiel ansehen will, aber man kann es auch getrennt betrachten.

Keltische Stämme der Po-Ebene waren rebellisch geworden, hatten den Apennin überschritten, brachten Rom auf die Beine, wurden geschlagen und verloren das ganze Land bis zu den Alpen.

So stellt sich das Ereignis dar, wenn man es für sich allein nimmt. Dann war es also zwischendurch mal wieder ein kleiner Krieg (bis 222).

Dann gab es auch noch einen zweiten selbständigen Krieg: An der Küste des heutigen Jugoslawien hatte sich ein Illyrer-Staat zu einer erheblichen Seemacht ausgewachsen, der jetzt fortgesetzt die italienische Adriaküste räuberisch überfiel. Rom mußte einschreiten, es kam zu regelrechten Gefechten, die Illyrer unterlagen und gerieten unter römische Oberhoheit.

Beide kriegerischen Verwicklungen scheinen aber viel eher nichts weiter als inszenierte Vorspiele zu etwas weit Größerem gewesen zu sein. Denn es ist bemerkenswert, was in diesen Jahren, in denen Rom so intensiv beschäftigt war, Karthago tat: Es eroberte sich in Seelenruhe in Spanien einen Ersatz für Sizilien und Sardinien. Es zahlte auch prompt die eintausendzweihundert Talente, die es von Rom in einer Laune noch zusätzlich auferlegt bekommen hatte — alles, um sich Ruhe zu verschaffen. Nichts liegt näher, als zu folgern, daß die außerordentlich kluge Barkiden-Partei in Karthago die Finger in dem Keltenaufstand und den Illyrer-Angriffen gehabt hat. Überliefert sind solche Secretissima der Geheimpolitik zu dieser Zeit leider nicht.

Als die Karthager in Spanien ihre Ziele erreicht hatten und die Welt für sie wieder anders aussah, deckten sie die Karten auf. Sie griffen mit voller Absicht das mit Rom verbündete Sagunt (nördlich Valencia) an. Das geschah 219. Feldherr war nicht mehr Hamilkar Barkas (er war gefallen) und auch nicht mehr Schwiegersohn Hasdrubal (ermordet), der sich immer nur als Platzhalter gefühlt hatte. Ein anderer war an die Spitze gerückt, ein Mann von siebenundzwanzig Jahren, vor

dessen strategischer Genialität die gesamte Umgebung geradezu betroffen stand: Hamilkars Sohn Hannibal.
Würde die im Museum von Neapel stehende Büste ihn wirklich darstellen, so wären wir glücklich zu wissen, wie er aussah. Aber leider zeigt die Büste nicht den leisesten semitischen Zug. So könnte Hannibals Gegenspieler, Fabius Maximus Cunctator, der römische Patrizier, ausgesehen haben, aber nicht Hannibal, der Punier. Schade.
Sagunt schrie nach Hilfe. Das römische Volk schrie nach Bestrafung. Der Senat schrie nach Ruhe. Er hatte zwei Mobilmachungen hinter sich. Sagunt lag nicht in Italien, er wollte den Teufel einen neuen Krieg.
Hannibal hatte damit gerechnet. Er eroberte Sagunt und zog (unter Bruch eines alten Vertrages) gleich weiter bis zu den Pyrenäen.
Das war genau der Schritt zu weit, der in der Politik so schwer zu berechnen ist. Die Gallier (Marseille war mit Rom befreundet) übermittelten alle Nachrichten aus Spanien, und die letzte schlug nun wirklich wie eine Bombe ein. Hannibal an den Grenzen des ungeschützten Galliens bedeutete Hannibal an der Grenze der Po-Ebene, jenes Keltengebietes, das sowieso schon ein Pulverfaß war.
Der Senat schickte eine Gesandtschaft nach Karthago. Man verlangte Wiedergutmachung und — — die Auslieferung des »Kriegsverbrechers« Hannibal. Die Antwort konnte nicht zweifelhaft sein; auch Rom war hier einen Schritt zu weit gegangen. Die ganze Gesandtschaft erfüllte nur eine Formalität, die Rom ehrt. Es hätte gleich losschlagen können. Im Zwanzigsten Jahrhundert erklären nur noch Narren einen Krieg.
Roms Jugend war Feuer und Flamme. Der Senat we-

niger. Immerhin sah die Lage nicht so schlecht aus, man mußte nur, das schien klar, Hannibal in Spanien fesseln und gleichzeitig das entblößte Karthago selbst angreifen. Je mehr man das überdachte, desto fröhlicher wurde die Zuversicht. Einer der Konsuln ging nach Sizilien, um die Invasionsflotte zu sammeln, der andere segelte mit einem Landheer nach Spanien.

Es ist unwahrscheinlich, daß diese Pläne frühzeitig verraten worden sind. Hannibal muß sie *erraten* haben. Er hat auch sofort den einzigen Gegenschachzug erkannt, der ihm verblieb: auf Rom zu marschieren. Die punische Flotte war im Moment leider gleich Null; er mußte zu Fuß hin und zwar sofort. Er nahm nur seine Kerntruppen, etwa hunderttausend Mann und ein halbes Hundert Kriegselefanten. Er überquerte die Pyrenäen, zog ohne nennenswerte Hindernisse durch Südfrankreich und stand im Begriff, die Rhone zu überqueren, als er hörte, daß die Römer in Spanien angekommen aber sofort wieder umgekehrt seien. Die Nachricht stimmte. Die Expedition war erschrocken abgeblasen und alles eiligst nach Oberitalien umdirigiert worden.

Der römische Befehlshaber tat, als er dort glücklich vor Hannibal angekommen war, etwas, was sehr richtig schien: Er legte den Hauptteil des Heeres in die Garnisonen Placentia (Piacenza) und Cremona als Sicherung des Weges in die Po-Ebene und eilte selbst mit einer Elite-Legion an die schwierig zu überquerende Rhone, um dort zusammen mit den Marseillern Hannibal schon bei seiner ersten Hürde abzufangen. Ihm war klar, daß der Karthager am Meer entlang einzubrechen versuchen würde.

Hannibal war klar, daß dem Römer das klar war. Er

ging daher weder in die Rhone- noch in die Nizza-Falle. Er zog flußaufwärts, setzte erst bei der Drôme über und stieg von der Durance aus in die Hochalpen ein. Man nimmt an, daß er über den Mont Genèvre ging. Er überquerte ihn mit allen Truppen, allem Troß, allen Pferden, allen Tragtieren und allen Elefanten. Es war ein Entschluß, der an Wahnsinn grenzte.

Die Strapazen müssen unvorstellbar gewesen sein. Es war Herbst, als der Aufstieg begann und November, als man mitten im Gebirge steckte. Die Berge starrten bereits unter Eis, die Paßwege waren verschneit, waren reißende Regenbetten, halsbrecherische Geröllpfade über Abgründen, zwischen Lawinen, in Nebel, in Wolken, im Sturm; für die Tiere kein Schutz und kein Grashalm. Wie die Menschen es ausgehalten haben, ist bewundernswert; daß überhaupt noch Pferde und Elefanten es überlebten, grenzt ans Unglaubliche. Die generalstäblerische Leistung Hannibals in Disposition, Erkundung, Sicherung und Versorgung ist die größte, die die römische Geschichte kennt.

Der Tod marschierte mit. Erfrierende und Verschmachtende blieben liegen, sterbende Tiere schrien der davonziehenden Heeresschlange nach — niemand drehte sich um; das grausame Entweder-Oder hing über allen. Die Hälfte der Menschen und Tiere bezahlten die Wahnsinnstat mit dem Leben. Aber eines Tages brachen die Bergmassen auf, und man erblickte das verschneite Taurosia (Turin) tief unter sich im Tal. Die Karthager standen in Oberitalien!

Rom war wie gelähmt. Man wollte es nicht glauben. Die ganze Welt wollte es nicht glauben.

Die Römer faßten sich etwas, als sie von dem erbarmungswürdigen Zustand des karthagischen Heeres hörten.

Inzwischen aber nahm dieses Heer Turin, die Hauptstadt des großen Tauriner Stammes, ging ohne auszuruhen weiter, stieß am Ticinus auf römische Reiterei, die mit ihrem Konsul von der Rhone herbeigeeilt war, schlug sie, zog weiter und näherte sich Placentia. Jenseits des Po, an der Trebia, machte es halt.

Rom war außer sich. Es schickte Verstärkung, sie traf rechtzeitig ein, beide Kontingente vereinigten sich, man atmete abermals auf.

Der römische Befehlshaber Sempronius atmete etwas zu sehr auf. Im Anblick seiner gewaltigen Streitmacht, doppelt so stark wie die todmüden Karthager, wollte er es wissen. Er erfuhr es sofort. Hannibal schlug ihn durch überlegene Strategie vollständig. Die Reste des römischen Heeres, die nach Placentia flüchteten, wurden vor dem Untergang durch den General Winter gerettet, den berühmten ungebetenen oder erbetenen General, der in der Weltgeschichte so viele Schlachten gewonnen hat.

Hannibal stellte die Operationen ein und bezog Lager. Von dort aus ritten jetzt statt seiner numidischen Bogenschützen seine Agenten ins Land. Die »fünfte Kolonne« war erfunden!

Norditalien verwandelte sich in einen Vulkan. Von allen Stämmen strömten dem Karthager Zehntausende von Soldaten zu. Die Faszination durch den großen Sieger und der Haß gegen Rom trieben sie zu dem Manne, der ihnen eigentlich hätte weltenfern liegen müssen. Hannibal schmolz sie wie Gold ein.

Das Jahr 217 kam. Die beiden Konsuln, Scipio und Sempronius, übergaben ihr Amt den neuen Konsuln —

eine Einrichtung übrigens, die die Kontinuierlichkeit jeder Handlung unmöglich machte. Aber in diesem Falle dankte man Jupiter, denn einer der Neugewählten schien die Rettung Roms: Flaminius, ehemaliger Tribun, Mann mit Herz aus dem Volke, mit kühnen Ideen, Erbauer eines Circus und der Via Flaminia, ein Mann mit rücksichtslosen Ellbogen, der sich selbst einen Triumphzug gegen den Willen des Senats bewilligt hatte, total kulturfremd, patrizierfeindlich von Geblüt, ein Kommissar. Der andere Konsul war der Patrizier Servilius. Nomen est omen.

Rom hatte sich über Winter etwas beruhigt. Es sammelte seine Heermassen, die mit den Hilfsvölkern immer noch sehr beträchtlich waren, in zwei Stellungen: rechts des Apennin bei Rimini und links des Apennin bei Arezzo. Dort stand die Hauptmacht, und dort weilte auch Flaminius selbst. Ein Nachrichtennetz spann sich quer durch die Halbinsel. Hannibal konnte kommen.

Er kam sehr früh. Noch in der Schneeschmelze stieg er zum Golf hinab und marschierte über Luni (jene Stadt, die gerade in diesen Tagen bei La Spezia wieder ausgegraben wird) und über Luca (Lucca) in die Toscana ein. Das Arnotal war überschwemmt wie im November 1966, ein einziger Morast ohne Weg und Steg. Das Leiden schien wieder loszugehen. Die Tiere gingen ein. Die Elefanten starben bis auf einen. Auf dem saß Hannibal; nicht, weil es besonders bequem, sondern weil es sicher war. Er mußte geschützt und erhalten bleiben, denn er war krank, ein erschütternder Anblick, er trug die vom Sumpffieber entzündeten Augen verbunden; auf einem war er bereits blind! Die Blicke all seiner Krieger hingen an dem weithin sichtbaren Urwelttier, das ihr Schicksal auf dem Rücken trug.

Flaminius wartete voller Unruhe. Die Nachrichten schienen verrückt. Wie konnte man jetzt durch das Arnotal kommen! Was für eine Idee! Aber wenigstens stimmte seine Marschrichtung; man stand richtig.

Es war die Richtung nach Arezzo, jawohl, aber nicht nur. Man kann zum Beispiel, wenn man in Arezzo nichts zu tun hat, daran vorbeigehen. Das kann man heute noch. Beispielsweise die Autobahn tut es in weitem Bogen. Hannibal tat es auch. Ein bescheidener Satz.

Dieser Satz stürzte Volksfreund Flaminius in die größten Schwierigkeiten. Der Konsul hatte die Legionen aus Rimini, die im Anmarsch waren, erwarten wollen. Das ging nun nicht mehr. Hannibal befand sich nicht mehr vor, sondern hinter ihm. Wäre der Karthager an der tyrrhenischen Küste heruntergekommen, so hätte man ihn schräg abschneiden können, man hätte mehrere Tage zur Verfügung gehabt, man hätte den Schnittpunkt, und sei es auch noch so nahe bei Rom, bestimmen können. Es ging wirklich mit dem Teufel zu: Dieser Mensch zog, ohne einen Römer vor sich, auf Rom los! Flaminius handelte zwangsläufig, indem er so rasch wie möglich Hannibal folgte. Der Feind bewegte sich — übrigens aufreizend gemächlich — auf den Trasimenischen See zu. Als er ihn erreichte, war die römische Vorhut ihm so nah auf den Fersen, daß sie die letzten punischen Reiter noch sehen konnte. Gerade verschwanden sie in der engen Passage, die zwischen den Vorbergen des Apennins und dem See-Ufer hinführt.

Es ist wirklich rätselhaft, wie Flaminius in eine so

simple Falle stolpern konnte. Anstatt die Reiterei in Eilmärschen am anderen Ufer um den See zu jagen und den Karthager von zwei Seiten zu fassen, zog Volksfreund Flaminius — dazu auch noch im Nebel — Hannibal hinterher. Kaum steckte er zwischen den Höhen und dem Wasser, als Hannibal kehrt machte. Gleichzeitig schlossen zurückgebliebene Einheiten die Röhre von rückwärts.

Die »Schlacht am Trasimenischen See« wurde zum Untergang des römischen Heeres. Unter den zehntausend Toten lag auch Flaminius.

Noch hundertfünfzig Kilometer nach Rom. Der Weg war frei. Hannibal ging ihn nicht. Er ließ Rom liegen. Er schickte nicht einmal Kundschafter; es interessierte ihn nicht. Die Geschichtsforschung hat lange daran herumgerätselt. Die Frage nach seinen Motiven, dem Warum, hat sich als sehr tiefgründig herausgestellt. Sie hat sich als die Frage nach seinem Charakter entpuppt. Die Regierung von Karthago hätte nichts lieber gemeldet bekommen, als die Zerstörung Roms. In diesem Augenblick war sie möglich. Warum tat Hannibal es nicht? Die heutige Quellenforschung hat sich, was nicht so leicht ist, freigemacht von der römischen und römisch-griechischen Sicht und noch einmal von vorn begonnen. Die neugewonnene Auffassung ist fast einstimmig. Wenn es eine militärische Antwort wäre, brauchte sie uns nur mit fünf Zeilen zu behelligen; aber es ist eine andere.

Hannibal entstammte einer patrizischen Familie, einem hochkultivierten Volk. Er besaß eine hellenistische Bildung. Griechische Philosophen und Dichter waren seine ständige Umgebung, das Gedankengut Platos, Aristoteles' und des Stoikers Zenon war ihm selbstverständlich. Die Ordnung in der Welt sah er als etwas an, was man vom Ethischen nicht trennen konnte. Gewalt war ihm ein Mittel der Korrektur, aber Vernichtung als Endziel etwas Verabscheuungswürdiges. Er hat mit Sterbenden gelitten und um Tote, ob Freund oder Feind, getrauert. Irdische Güter galten ihm wenig. Der Verehrung mißtraute er, ohne sie verletzen zu wollen. Macht sah er als Auftrag an.

Sein Vater Hamilkar Barkas hatte dem neunjährigen Knaben einst — Hannibal hat es selbst erzählt — den »Schwur« abgenommen, das Versailles des ersten Punischen Krieges zu rächen und ewig der Feind Roms zu sein.

Hannibal hat den Schwur nie vergessen, aber er wollte nicht rächen, er wollte korrigieren. Und gehaßt hat er Rom nie. Er war sein Feind, weil er den rücksichtslosen römischen Imperialismus für schädlich für die ganze antike Welt des Mittelmeeres hielt und weil er die Unkultur Roms, jenes Flecks Erde, auf dem nichts als Eisen wuchs, verachtete.

Mit diesem Herzen war Hannibal sogar den Karthagern etwas unverständlich. Er schien mehr Grieche als Semit. Die Karthager waren mehr Semiten als Griechen natürlich. Ihr Auftrag an Hannibal versteht sich daher aus ihrem, nicht aus seinem Geist: Rom, das ihnen die Pulsadern aufgeschnitten hatte, sollte vernichtet werden. Sizilien und Sardinien hatten an Karthago zurückzufallen, der »friedliche« kaufmännische Wettbewerb, das Leben nebeneinander, sollte so wieder aufgenommen werden, wie es vor dem ersten Kriege ausgesehen hatte.

Das begriff Hannibal durchaus, nur verstand er unter »Vernichtung Roms« etwas anderes. Man macht eine

Stadt wie Rom nicht dem Erdboden gleich. Man mißachtet das Leben von zweihunderttausend Menschen nicht derartig. Man radiert nicht eine dreihundertjährige Geschichte aus.
Was Hannibal — zwangsläufig zum Staatspolitiker werdend — vorschwebte, war etwas anderes. Er wollte in einer Reihe von offenen Schlachten die Militärmacht Roms brechen. Er war überzeugt, das zu können, und hatte es inzwischen an der Trebia und am Trasimenischen See bewiesen. Seine Feldherrnüberlegenheit war turmhoch. Und noch etwas anderes hatte er sehen können: ein Bürgerheer (das römische) war technisch und athletisch einem Berufsheer (seinem) nicht gewachsen.
Ein zweites Ziel schien Hannibal aber ebenso wichtig, vielleicht sogar entscheidend: Er mußte den Zusammenhalt des Imperiums brechen, er mußte den italischen Bund zersplittern, den Völkern Italiens die Furcht vor Rom nehmen und ihnen die Selbständigkeit und Unabhängigkeit zurückgeben. Er war überzeugt, daß sie sich danach sehnten. Er dachte an die Kelten, an die Umbrer, die Etrusker, die Samniten, an die einstigen griechischen Städte, an Tarent, an Syrakus — kein Zweifel, eine Art Habsburgisches Reich, das zerbröckeln würde, sobald Rom machtlos wurde. Rom selbst, Rom, die Stadt, Rom, das Land Latium, sollte leben. Er war kein Vernichter.
Das römische Heer bestand, entsprechend den Bündnisverträgen, aus fünfzig Prozent Römern und fünfzig Prozent Hilfstruppen. Hannibal entließ schon nach der Schlacht an der Trebia alle Angehörigen fremder Völker aus der Gefangenschaft, versorgte sie und schickte sie nach Hause. Am Trasimenischen See machte er es mit den wenigen Überlebenden genau so.

Das waren die Gedanken, die ihn zu dem Entschluß brachten, Rom liegen zu lassen, durch Umbrien zu ziehen und an der Adria nach Süden zu gehen, nach Süden, wo die Völker die Wunden des Pyrrhoskrieges und das Überrollen durch die Römer noch schmerzlich spüren mußten.

Das Volk in Rom, das mit dem Schreckensruf »Hannibal ante portas«[1] auf den Lippen lebte und von Stunde zu Stunde das Auftauchen der sagenhaften Elefanten erwartete, hatte die Nachricht von der Schwenkung Hannibals noch nicht bekommen.

*

In diesem Moment wünschte das Volk die Verantwortung nicht mehr zu haben. Es berief einen Diktator. Dreimal dürfen Sie raten, aus welchen Kreisen er kam. Es ist Quintus Fabius Maximus, der in die Geschichte eingegangene berühmte Cunctator, der »Zauderer«. Die Fabier waren neben den Quinctiern, Corneliern, Valeriern und Claudiern die älteste Patrizierfamilie Roms. Sie hatten schon unter den Königen zum Adel gezählt. Sie waren sehr reich, sehr aufopfernd, sehr wohltätig, aber in ihrer politischen Haltung unnachgiebige Gegner der Plebsherrschaft, der Volkstribunen (die in ihren Augen längst den ursprünglichen Sinn verloren hatten) und Gegner der Tributkomitien, dieser anonymen Macht, die sich jeder Verantwortung entzog. Die Fabier waren kultiviert, sie gehörten zu dem kleinen Kreis von Römern, der sich mit griechischer Kunst, Staatswissenschaft und Philosophie beschäftigte. Alles in ihnen sträubte sich daher gegen den neuen »way of life« Roms.

[1] Sprichwörtlich. Cicero schreibt »ad« statt »ante«.

Seit etwa drei Generationen hatten sie in der Staatsführung keine große Rolle mehr gespielt, aber ihr Ansehen war geblieben. Einst, kurz nach der Vertreibung der Könige, hatte es eine Zeit gegeben, da waren Rom und Fabier derselbe Begriff. Die Fabier waren es, die den Krieg gegen das mächtige Veji allein und auf eigene Kosten geführt hatten. Dieser Feldzug rottete fast die ganze Familie aus, denn das Unglück wollte es, daß (mit einer Ausnahme) alle männlichen Mitglieder gleichzeitig wehrfähig waren. Sie fielen. Übrig blieb ein Kind. Es wurde der Stammvater der späteren Fabier, selbst ein berühmter Mann, zweimaliger Konsul und einer der Dezemvirn, jener Zehn, die damals, 450, die Gesetzestafeln aufschrieben.
Ein Fabier also war jetzt Diktator.
Er legte dem Senat und der Generalität seine Ideen dar. Sie sind das Klarste, was in einem römischen Kopf gedacht wurde, das Klarste und das Scharfsinnigste. Quintus Maximus war der einzige, der Hannibal geistig gewachsen war; der die Gedankengänge des Karthagers mutmaßen und ihnen folgen konnte; der einzige, der das scheinbar Unverständliche verstand und die Gefahr, die verborgene viel größere Gefahr, erkannte. Er sagte den Römern, daß die Stadt ruhig sein könne, Hannibal werde nicht kommen. Er erklärte ihnen, daß der Karthager in offener Feldschlacht nicht zu besiegen sei, es dürfe keine Schlacht mehr geben. Er sähe nur eine Aufgabe: hinter Hannibal herzuziehen und alle Städte, alle Orte, die er erobert oder — und das sei die schreckliche Gefahr — zum Abfall von Rom gebracht habe, wieder zu nehmen. Ruhe, Festigkeit müsse von den Wiedereroberern ausgehen. Die italischen Völker müßten wissen, wohin sie gehörten. Zu

Rom. Zu der großen, immer gegenwärtigen, nie schlafenden Wölfin, die hinter dem fremden Eindringling herziehe. Denn Hannibal wolle das Reich zerstören.
Furchtbar enttäuscht gingen die Zuhörer heim. »Keine Schlacht«, »nicht zu besiegen«, »Hinterherziehen« — was für Aspekte! Ehe der Hahn einmal krähte, hatte Fabius Maximus seinen Spottnamen weg, Cunctator, Zauderer, und hatten sich die einstigen Parteigänger und Kumpane von Volksfreund Flaminius zusammengefunden. Einige Monate lang ging es noch nach dem Plan des »Zauderers«, dann wurden Befehle nicht mehr ausgeführt, Operationen sabotiert. Der Kommandeur der Reiterei, Marcus Minucius, rebellierte offen. In einem modernen wissenschaftlichen Geschichtswerk heißt es: »Er war von der politischen Farbe des Flaminius. Zwischen beiden (Minucius und Fabius) kam es zu Zerwürfnissen, sodaß der einheitliche Oberbefehl des Diktators gesprengt wurde. Damit hatte also die innenpolitische Auseinandersetzung bereits auf das Verfassungsrecht übergegriffen.«
Entschuldigen Sie, — *wie* war das? »Farbe«? Eines untergebenen Offiziers im Kriege? »Zerwürfnisse«? »Gesprengt?« Gesprengt, nicht verraten? Auf Verfassungsrecht »übergegriffen«? Nennt man das so, wenn es von der »Farbe« des Flaminius ist?
Nein, meine Freunde. Das ist in aller Welt Rebellion. Das ist nach dem Kriegsrecht aller Völker der Erde reif für die Kugel. Und wer in einer Demokratie dem rechtmäßig vom ganzen freien Volk Gewählten sein Recht verweigert, bricht die Verfassung. Wer ihn verrät, begeht Hochverrat.
Erstaunlicherweise hat Fabius seinen Reitergeneral nicht köpfen lassen. Flaminius umgekehrt hätte es getan.

Fabius Maximus tat etwas anderes: Er nahm seinen Hut und ging.
Er war zweimal sechs Monate Diktator gewesen; Diktator bedeutet nach dem tiefen Mythos dieses fast heiligen Amtes »Imperator«. Perfide, eidbrüchige Militärs und skrupellose, eidbrüchige Parteipolitiker haben den Mythos geschändet. Unter Händereiben und ungestraft. Niemand wird es verwundern, daß Quintus Fabius Maximus Cunctator der letzte frei gewählte Diktator der römischen Geschichte blieb. Der Mythos und der Glaube waren tödlich getroffen.
Das geschah 216. Merken Sie sich dieses Jahr, in dem die Virtus starb.
Wie tief Rom angesichts der verzweifelten Lage gesunken und wie irre — im medizinischen Sinne — die Plebs geworden war, beweist, daß einige Tribus den Marcus Minucius als »Gegendiktator« aufstellten. Die Plebs begann, *der* Plebs zu werden. Die Menge kannte nur noch zwei Extreme, zittern oder johlen. Man war immer abergläubisch gewesen, jetzt griff man auf den wildesten Aberglauben zurück, holte fremde Götter herbei, errichtete der asiatischen »Großen Mutter« mit ihrem obszönen, den Römern so fernliegenden Kult einen Tempel, und, was Sie in den Geschichtsbüchern kaum finden werden: Man wollte Blut, man rief nach Menschenopfern und schlachtete Gefangene vor den Altären ab.
Wo war das Rom des Cincinnatus geblieben, das Rom des Camillus, des Horatius?
Keiner war glücklicher über den Abgang des Fabius Maximus als Hannibal. Das schönste Geschenk, das ihm die Römer machen konnten — er hatte es nicht zu hoffen gewagt. Es lief nicht alles so, wie es anfangs aus-

gesehen hatte: Wohin er kam, gewann er Freunde. Sobald er ging, hatte er sie wieder verloren. Das größte Rätsel gaben ihm die Samniten auf: er war nicht imstande, ihren Haß gegen Rom wieder zu wecken.

Aber nun kamen vorzügliche Nachrichten. Rom hatte zwei neue Konsuln gewählt, einen Patrizier, dessen Namen sich zu merken überflüssig ist, und einen Plebejer, Terentius Varro, überzeugten Anhänger von Flaminius, aus ähnlichem Holz geschnitzt, einen dynamischen Mann.

Rom setzte die Rüstungen, die schon Fabius Maximus in Eile begonnen hatte, fiebrig fort. Man legte alle Scheu ab und preßte in Rom und bei den Verbündeten weit über hunderttausend Mann heraus. Man machte auch vor der Regierung, dem Senat, nicht halt. Er hatte damals dreihundert Mitglieder, alle wehrfähigen wurden eingezogen.

Man drückte den beiden Konsuln fünfundachtzigtausend Mann in die Hand, ein riesiges Aufgebot, und schickte sie gemeinsam in Richtung Apulien, wo Hannibal gerade lagerte. Genau gesagt: am Aufidus, der ein nettes, erfrischendes Flüßchen ist.

Die Nachricht erfreute den Karthager auf das höchste.

Der Patrizier, jener, dessen Namen wir uns nicht merken wollten, war leider von fabischen Ideen angekränkelt und entschlossen, an den Tagen, an denen er turnusmäßig das Oberkommando hatte, kein Risiko einzugehen. Ganz anders Varro. Auch er war entschlossen, kein Risiko auf sich zu nehmen, und er kehrte auch tatsächlich unversehrt nach Rom heim, während sein Kollege zusammen mit achtzig Senatoren fiel. Aber den Volkswillen, der auch sein eigener war, wollte er vollstrecken. Er war gewillt, die entscheidende, befreiende Schlacht zu schlagen, eine Schlacht, die in die Geschichte eingehen sollte.

Es wurde die Schlacht von Cannae am 2. August 216.

Sie ging in die Geschichte als Muster ein. Genau 2130 Jahre später, im August 1914, hat Hindenburg sie bei Tannenberg Punkt für Punkt wiederholt.

Fünfundachtzigtausend Römer standen vierzigtausend Karthagern gegenüber. Hannibal wandte die alte griechische Taktik an, sein Zentrum eindrücken zu lassen und die nachströmende Masse des Feindes mit starken Flanken zu umklammern. Varro hatte an so vieles gedacht, daran leider nicht.

Cannae wurde die schwerste Niederlage, die Rom in seiner Geschichte je erlitt. Fünfzigtausend blieben auf dem Schlachtfeld, ein Berg von Toten, wie ihn nie vorher jemand gesehen hatte. Zwanzigtausend wurden gefangen. Das Volk von Rom hatte seine gewünschte Schlacht erhalten. Wer war schuld?

Niemand. Denn wer ist das: »Das Volk«?

Der römische Senat empfing seinen Ministerpräsidenten, Volksfreund Varro so, wie er nicht anders konnte, nämlich formell und mit gesetzten Worten. Fast mußte er den Mann in seinem Unglück trösten. Mit »Unglück« meine ich nicht die Niederlage und die fünfzigtausend Toten, sondern sein — wie ein Professor an einer westdeutschen Universität gegenwärtig lehrt — »Mißgeschick, die Niederlage zu überleben, während sein patrizischer Kollege gefallen war«. Der andere Kerl hat wieder mal Glück gehabt; dem Varro dagegen ist und ist und ist es nicht gelungen, zu fallen. Aber er trug es mannhaft, denn — so fährt der Professor fort — »Varro ergriff gleich die nötigen Maß-

nahmen und fand auch in der folgenden Zeit Verwendung«.
Diese Farbenlehre, meine Freunde, gebe ich Ihnen für heute nacht zum Nachdenken.

*

Der Winter verlief ruhig.
Es kam das Jahr 215 und ein neuer Konsul: Quintus Fabius Maximus Cunctator. Er kehrte an die Spitze des Staates zurück und setzte ohne Debatte seine Strategie da fort, wo man sie verlassen hatte. Die Generäle, die er berief, Männer wie Claudius Marcellus, Claudius Nero, Fulvius Flaccus wurden in den kommenden Jahren diejenigen, die das Vertrauen zu Rom und die Waffenehre wiederherstellten und ohne Murren die undankbare Aufgabe auf sich nahmen, den ungeschlagenen Feind wie einen Kokon ruhmlos einzuspinnen. Der Cunctator griff zu den letzten Menschenreserven, er rief, was niemand zu denken gewagt hätte, achttausend Sklaven aus den Häusern zu den Feldzeichen, er begnadigte Sträflinge und schickte sie an die Front. Größer noch als die Sorge, ein neues Verfolgungsheer zusammenzubekommen, war seine Sorge, die Flotte zu vermehren und zu bemannen. Denn von nun an sollte kein karthagisches Waffen- oder Versorgungsschiff mehr Hannibal erreichen. Und es erreichte ihn nach 215 auch kein einziges mehr in zehn langen Jahren!
Natürlich sind das Dinge, die nicht grandios wirken. Extra-Blätter ergeben sie nicht. Doch Rom konnte den Schimmer einer Morgenröte sehen.
Hannibal erntete zunächst die Früchte seines neuen Sieges. Nach Cannae fielen ihm sofort die größten Städte des Südens zu: Capua, Tarent, Syrakus. Sogar Griechenland wachte auf und gedachte, nun an der Börse

mitzuspielen. Der König von Macedonien spekulierte und verbündete sich mit den Karthagern. Eine Lawine versprach ins Rollen zu kommen; so hatte Hannibal es vorausgesehen.

Aber es waren — und das sah er zu spät — »Potemkinsche Dörfer«. Aus Capua, aus Tarent kam kein Heer, aus Macedonien keine Flotte. Der Opportunismus und nicht die Begeisterung schlich hinter dem Sieger her. Das Land zwischen den Fronten war hilflos und — inzwischen — auch verarmt. Man wollte überdauern. Es fragte sich nur noch, mit wem.

Hätte Hannibal den Zweiflern ein einziges Zeichen von Skrupellosigkeit und Gemeinheit gegeben, so hätten sie sofort gewußt, an wen sie sich zu halten hatten. Aber Hannibal konnte nicht über seinen Schatten springen; seine Noblesse wurde sein Verhängnis.

Als General machte er den großen Fehler, sein Heer nicht durch brutale Aushebungen zu verdoppeln und Rom selbst anzugreifen. Er hätte einsehen müssen, daß es nicht anders ging, da seine Regierung in Karthago ihn im Stich ließ und Phantomen nachjagte. Ihr Händlergeist begriff ihn nicht. Die Bankiers wollten Sardinien haben und führten auf eigene Faust dort Krieg, sie wollten Sizilien zurückholen und stocherten auch dort unzulänglich herum, sie wollten die Reichtümer Spaniens sichern und stopften ihr restliches Menschenmaterial hinein. Die wenigen Schiffe waren dauernd unterwegs, nur nicht zu Hannibal. In Karthago sah anscheinend niemand ein, daß Sardinien und Sizilien sowieso mit auf der Rechnung gewesen wären, die Hannibal den Römern präsentiert hätte.

Das Blatt wandte sich, man sah es deutlich. Was für ein schrecklich beharrlicher Mensch war dieser Cunctator! Auch als ihn andere, der Verfassung gemäß, im Konsulat ablösten, behielten sie seine Linie bei.

In Spanien kämpfte Hannibals jüngerer Bruder Hasdrubal gegen ein römisches Invasionsheer wenig glücklich. Endlich konnte er einen großen Schlag landen, gewann eine massierte Schlacht, in der die beiden römischen Befehlshaber, zwei Brüder aus der berühmten Familie der Scipionen, fielen. Die gröbste Gefahr schien Hasdrubal beseitigt, und er machte sich auf eigene Faust auf, seinem Bruder zu helfen. Hannibal zog ihm entgegen. Vergeblich, Hasdrubals Durchbruchsversuch mißlang.

Inzwischen war Capua ungedeckt. Sofort waren die Römer da und schlossen es ein. Hannibal machte, um ihr Heer von der Stadt abzuziehen, eine Scheinbewegung auf Rom zu; die Römer schrien wieder »Hannibal ante portas«, aber die Generäle wußten es besser und ließen sich nicht beirren. Capua wurde genommen. Die Römer hausten wie Mob. Sie metzelten die gesamte Aristokratie nieder und trieben das Volk als Sklaven weg. Hannibal empfing die Nachricht weit weg und ohnmächtig.

Dann fiel Syrakus (wo die Römer Archimedes ermordeten), dann fiel Tarent, dann fiel dies, dann fiel das, alles bröckelte ab. Die Politik Hannibals war gescheitert. Seine Humanität war eine Albernheit gewesen.

Er muß es wohl im letzten Augenblick eingesehen haben, denn als er im Sommer 207 hörte, daß sein Bruder sich doch noch durch Gallien durchgekämpft hatte und mit seinem Heer schon auf dem Wege zu ihm sei, da griff er nach diesem Strohhalm und war entschlossen, mit den beiden Armeen Rom nun selbst anzugreifen.

Hasdrubal zog in Eilmärschen und ungehindert durch Norditalien. Alles schien zu glücken. Mit einem Geheimkurier schickte er dem Bruder den genauen Marschplan und seine Stärke. Der Kurier wurde abgefangen. Die Römer bereiteten in aller Ruhe die Falle vor.

Am Metaurus, in der Nähe des heutigen Senegallia an der Adria, rannte Hasdrubal in den Untergang. Die Römer schnitten dem Toten den Kopf ab, schleppten ihn zweihundert Kilometer mit sich herum bis zum Lager Hannibals und warfen ihn dort den Vorposten zu.

Das ist keine spontane Handlung mehr, das ist Böseres. Der Oberbefehlshaber war der Konsul selbst, Marcus Livius Salinator. Der Name Salinator bedeutet Salzhändler.

Als Hannibal das geschändete Haupt seines Bruders sah, soll er so etwas Ähnliches gesagt haben wie: Das ist das Schicksal Karthagos.

Das klingt nicht phönizisch. Das klingt römisch. Und die Römer verwirklichten es auch. Genau so.

*

Und nun wollen wir es kurz machen.

Die Römer stellten sich keiner Schlacht mehr. Sie strichen nur noch wie Wölfe um die karthagischen Lager und schnappten hier und da zu. Sie verbrannten vor und hinter Hannibal die Erde, äscherten die Orte ein und zertrampelten die Ernten.

Das Heer des Karthagers schmolz zusammen. Die erprobten Veteranen waren tot, die Kerntruppe überaltert, die Pferde dezimiert. Wie lange ging dieser Krieg schon? Zehn Jahre? Fünfzehn?

Hannibal zog sich in die Silaberge zurück. Hier, am

Ende der Welt, hätte er eigentlich nichts hören und nichts sehen müssen, aber die Römer versorgten ihn bereitwillig selbst mit allen Nachrichten. Da war zum Beispiel die Nachricht, daß Macedonien mit Rom Frieden geschlossen habe; oder die Nachricht, daß die Plänkeleien in Sardinien und Sizilien zu Ende und beide Inseln fest in römischer Hand seien. Dann die Nachricht, daß Hannibals jüngster Bruder Mago, der noch in Spanien gestanden hatte, das ganze Land aufgegeben habe und mit den Resten seines Heeres abgesegelt sei.

Ganz gut, daß er nach Karthago zurückgekehrt ist, dachte Hannibal, wenigstens die Heimat ist in Sicherheit. Leider irrte er sich. Mago glaubte nichts Besseres tun zu können, als die Blockade um Italien zu durchbrechen und sich mit Hannibal zu vereinen.

Die Historiker pflegen zu sagen, daß es Mago nur infolge einer Unachtsamkeit der römischen Flotte gelang, zu landen. Ich glaube, daß die Römer nichts dagegen hatten. Er vermehrte nur den Haufen der Notleidenden.

Sie hatten recht.

Es war Sommer 206. Um diese Zeit kehrte jener junge Mann namens Scipio nach Rom zurück, der nach dem Tode seines Vaters und seines Onkels den Befehl übernommen und Spanien von den Karthagern reingefegt hatte. Mit diesem Mann müssen wir uns einen Augenblick näher befassen.

Er entstammte der hochpatrizischen Gens der Scipionen und hieß Publius Cornelius Scipio. Als Sechzehnjähriger hatte er die Reiterschlacht am Ticinus mitgemacht und dabei seinen Vater, den kommandierenden Konsul, herausgehauen und ihm das Leben gerettet. Seine militärische Befähigung war groß, er war ein kühler Kopf im Dienst, absolut furchtlos, sehr von sich überzeugt, ja geradezu manisch. Nicht wenige Quellen bezeugen, daß er immer wieder behauptete, mit Jupiter persönlich in Verbindung zu stehen. Übrigens scheint er äußerlich nicht sehr imponierend gewirkt zu haben. Sein Gesicht — sofern die Büste in Neapel authentisch ist — ist markant aber unsympathisch; ein kurz geschorener Schädel mit leicht glotzenden Augen, langer Nase, eingefallenem Oberkiefer und schmallippigem, verkniffenem Mund.

Sicher verdankte er es zunächst nicht nur seiner auffallenden Begabung, sondern ebenso der Protektion seiner Adelsgenossen, daß man ihm, der damals erst fünfundzwanzig Jahre alt war und kein konsularisches Amt bekleidete, den Invasionsfeldzug in Spanien anvertraut hatte. Dank seinem Können und seiner Vertrautheit mit Jupiter hatte er die Aufgabe bis ins I-Tüpfelchen erfüllt. Nun kehrte er heim. Das war, wie gesagt, 206.

205 wurde er Konsul. Er war jetzt einunddreißig Jahre alt. Hier schien dem Volk nun nach dem langweiligen Fabius Maximus Cunctator endlich der Mann da zu sein, der mit der ganzen leidigen Geschichte schnell Schluß machen würde. Aber ich sagte schon: im Dienst war er nüchtern. Er hielt sich an die Politik des Cunctators und rührte Hannibal nicht an.

Statt dessen kam er dem Senat mit einem anderen Plan: Er wollte nach Afrika übersetzen und Karthago angreifen. Ach herrjeh, was für ewige neue Ideen! Scipio in Afrika und Hannibal in Italien! Schönes Abenteuer! Die Senatoren seufzten, das Volk schimpfte. Nach endlosen Debatten (nicht »Diskussionen«) siegte Scipio.

Das blieb zunächst sein einziger Sieg. In Afrika konnte er Karthago nicht nehmen und die entscheidende Schlacht nicht schlagen. Immerhin siegte er theoretisch: Nach einem Jahr bat Karthago um Waffenstillstand.
Die Sonne ging über Rom auf! Es war geschafft!
Karthago forderte die ungehinderte Rückkehr Hannibals. Sie wurde bewilligt. Nur weg mit dem Mann.
Als sie ihn wiederhatten, schlug die Stimmung in Karthago um. Trotz seiner Warnung zwang Karthago seinen unbesiegten Feldherrn, den Kampf wieder aufzunehmen. Das Heer, das man ihm gab, bestand aus den Resten seiner alten Armeen und zusammengewürfelten Afrikanern, die nicht rechts von links unterscheiden konnten. Die Vernünftigsten waren noch die Elefanten.
Bei Zama, hundert Kilometer von Karthago landeinwärts, stellte ihn Scipio und zwang ihn zur Schlacht. Es war das Jahr 202.
Scipio wandte Hannibals Taktik an. Der Karthager merkte es früh genug, er holte zum Gegenschlag aus, aber die Bewegungen seiner ungeschulten Truppen mißrieten, die Befehle kamen nicht durch, die Offiziere verstanden kein Wort. Die letzte Schlacht wurde seine erste Niederlage. Der Krieg war aus.
Ein Jahr später wurde der Friedensvertrag beschworen. Das Diktat war sehr bitter, aber nicht wahnsinnig. Auf beiden Seiten standen harte, aber auch noble Männer, Scipio und Hannibal. Karthago trat sämtliche auswärtigen Besitzungen ab, gab das Hinterland Numidien auf, ließ alle Gefangenen frei, übergab den Römern die so bewunderten Kriegselefanten und die Flotte bis auf zehn Dreiruderer. Es verpflichtete sich, keinen Krieg mehr zu führen und Konflikte mit fremden Mächten Rom entscheiden zu lassen. Die Kriegsentschädigung

war diesmal enorm: zehntausend Talente, zahlbar innerhalb von fünfzig Jahren. Als Sicherheit hatte Karthago Geiseln zu stellen. Niemand natürlich erwähnte in diesem Zusammenhang den Namen Hannibal. Ich sage »natürlich«, nein, es war nicht natürlich. Ermessen Sie an meiner Formulierung mein dummes Herz.
Karthago wurde eine Provinzstadt, wie sie es vor dreihundert Jahren gewesen war. Aber es konnte leben. An die Spitze des Staates berief man Hannibal. Solange er ihn führte, ging alles gut. Aber die Krämer verrieten ihn zum zweitenmal, und 195 schickten sie ihn fort — in die Verbannung. In der Fremde irrte er wie einst Themistokles von Hof zu Hof. Er starb 183, im gleichen Jahre wie sein glücklicherer Gegner von Zama, Roms Liebling Publius Cornelius Scipio Africanus — auch er in der Verbannung.
Was für ein Moloch ist unser aller Mutter, das Volk.

*

Es wäre schön, wenn die Geschichte Roms hier enden würde. Wie schön, wenn sich für uns beim Anblick der Ruinen des Forum Romanum, der Triumphbögen, der Siegessäulen und Tempel nur die Erinnerung an dieses alte Rom verbinden würde. Wenn die hinter den Hügeln untergehende Sonne mit ihrem milden, bronzenen Corot-Licht dem heutigen Wanderer Gestalten wie Fabius Maximus Cunctator und Scipio Africanus vorspiegeln würde. Aber leider: das, was wir erblicken, wenn wir vor dem häßlichen Eisengitter des »Lacus Curtius« stehen und in die Runde schauen, ist nicht jenes alte Rom, es ist ein anderes, mit anderen Menschen. *Seine* Geschichte ist es, die ich nun berichten muß. Versuchen Sie, es zu lieben, wenn Sie können. Ich kann's nicht.

müßten die Römer eigentlich glücklich sein. Ihr Ziel haben sie erreicht, die ganze antike Welt ist Imperium Romanum geworden. Friede — wie schön! Aber es kommt so, wie Oswald Spengler einmal geschrieben hat: »Der Krieg ist eine ewige Tatsache. Wenn die Welt ein Einheitsstaat wäre, würde man die Kriege Aufstände nennen.« Tiberius Gracchus entfesselte den ersten.

Die Wölfin hatte bisher ihr Lager verteidigt, ihren Sielplatz, ihre Jungen, ihre Tränke. Aber jetzt hatte sie Blut geleckt.
Es kamen schreckliche Jahre.
Man könnte sagen: Überall witterte Rom Feinde und Fallen. Aber das ist nicht wahr. Überall witterte Rom Gold und Macht. Die Menschen waren nicht wiederzuerkennen. Jeder machte mit. Die unten dachten nur noch an Geld, die oben nur noch an Reichtum, an riesigen Reichtum. Die Patrizier warfen im Anblick dessen, was da passierte, ihre Herrenhaltung, ihre Patronatsgesinnung, ihre Rittergutsnobilität über Bord und stürzten sich mit in den Strudel. Die Schichtung des Volkes vereinfachte sich auf amerikanische Weise, man war »in« oder man war Masse. Noch zählten — zum Beispiel — die Patrizier zum »in«, aber sie hatten zu tun, es zu bleiben. Sie mußten sich verdammt tummeln. Und sie tummelten sich. Geradlinigkeit, Ehrempfinden, Schamgefühl, Selbstzucht, Können,

Aufopferung waren — wenn früher auch schon nur bedingt — jetzt überhaupt nicht mehr an eine Schicht gebunden. Männer, die dies irgendwo im Leben verkörperten, waren Einzelerscheinungen, sie kamen wie Cato aus dem kleinen Grundbesitz oder wie Sulla aus dem verarmten Adel oder wie Horaz und Terenz aus dem Sklaventum. Sie waren auch gar nicht mehr zu klassifizieren; der eine war »konservativ«, der andere »fortschrittlich«. Sie waren Einzelerscheinungen, das Verbindende war ihre gemeinsame Verzweiflung über die Entwicklung.

Das Landvolk, das nach dem langen Kriege die Felder und Haine verwüstet oder verkommen wiedergefunden hatte, zögerte, sich einer so dümmlichen Lebensarbeit wie dem Ackerbau aufs neue zu widmen. Das Brodeln und Rumoren der Stadt machte sie unruhig. Bei der Arbeit in der Einsamkeit, weit draußen auf dem Lande, kamen sie sich vergessen vor. Die Söhne und Töchter wollten nichts verpassen, verließen die Höfe und gingen in die Stadt. Rom hatte sich daran gewöhnt, sich von fremden Völkern ernähren zu lassen. Was einst im Kriege aus Not geschah, wurde jetzt fortgesetzt: Die Schiffe karrten heran, was man brauchte. In die Manufakturen, in die Gruben, in die Minen, an die Brennöfen kamen Sklaven zu Zehntausenden, zu Hunderttausenden; Sklaven auf die Ruderbänke, Sklaven in jedes Haus, in jede Werkstatt. Die, die vorher auf diesen Plätzen gestanden hatten, waren Römer — zu kostbar dafür. Aber Geld brauchten auch sie. Die neue Quelle war das Heer. Es exerzierte längst nicht mehr jahraus, jahrein vor den Toren oder in dem gottverlassenen Fiesole oder Piacenza; es war ein Raubheer, das ständig auf großer

Fahrt war. Wie angenehm ist es, wenn einem dabei die Verachtung hilft, und nach dem Punischen Kriege war die Verachtung für jede fremde Kultur die Pflichthaltung aller Schichten — bei den gebildeten Römern aus einer Trotzreaktion, bei der Masse aus Ignoranz und Kotzigkeit. Die griechische Geisteswelt hatte man nie geliebt, jetzt wurde sie gehaßt. Wer Platon las, war nicht unseriös — wer Platon las, war ein Lump. Viele Quellen bezeugen es.

Diesen fremden Völkern, den Griechen oder wer sonst sie sein mochten, konnte man nicht deutlich genug zeigen, was *sie* waren und was *Rom* war.

Im Jahre 189 eroberten die Römer das syrische Reich in Kleinasien, 168 eroberten sie Macedonien, 167 Epirus, 146 Griechenland, 121 Südfrankreich. Eine Anakonda von rauchenden Ruinen und Ströme von Blut zeichneten die Wege der Legionen. Alles wurde ausgeplündert, man raubte den letzten Pfennig und den letzten silbernen Löffel. In Epirus, das den Namen Pyrrhos wieder wachrief, zerstörte man siebzig Städte und führte hundertfünfzigtausend Einwohner als Sklaven weg. Korinth, der »Augapfel von Hellas«, die schönste noch blühende Stadt Griechenlands, wurde dem Erdboden gleichgemacht, die Bevölkerung in die Sklaverei verkauft. Delos, die geheiligte, dem Apoll geweihte Insel, wurde ruiniert und zum zentralen Sklavenmarkt Roms degradiert.

Sie alle verfluchten den Tag, an dem sie versäumt hatten, Hannibal zu helfen. *Was* sollte er gewesen sein? Ein maßloser Eroberer? Ein Engel, ein Engel!

Es bleibt nur noch übrig, über das Schicksal Karthagos zu berichten. Es kann nicht zweifelhaft sein, nicht wahr?

Eine belanglose Übertretung des fünfzig Jahre zurückliegenden Vertrages nahmen die Römer zum Anlaß einer »Intervention«, zum Anlaß des sogenannten dritten Punischen Krieges. Die Karthager hatten sich eines (vielleicht sogar von Rom angeregten) Angriffs der Numidier erwehrt, ohne Rom um Erlaubnis zu fragen. Der in Afrika stationierte Legionskommandeur griff sofort ein und verlangte die Auslieferung aller Waffen und aller Schiffe. Die Karthager, verschreckt, gehorchten. Sie stellten auch noch Geiseln. Dem Senat genügte das nicht. Er befahl den Puniern, die Stadt, die geschleift werden sollte, zu räumen und sich in der Wüste anzusiedeln. Das war das Signal für den letzten, den heroischen Todeskampf Karthagos. Es machte sich fertig zum Weltuntergang: Frauen und Kinder schnitzten und hämmerten — Schwerter, Lanzen, Pfeile, Bogen. Man schmolz Statuen ein für Pfeilspitzen, riß Gitter ab für Spieße, grub die Plätze auf für Zisternen; die Tempel verwandelten sich in Waffenschmieden; in heiligen Hallen türmten sich Kriegsgerät, Wurfsteine, Pech und Schwefel. In allen Häusern sammelte und stapelte man fieberhaft Vorräte.
Sie waren rasch da, die Römer. Die Flotte blockierte die Seeseite, das Heer schnitt die Verbindung im Rükken ab — es war ja so einfach.
Zwei Jahre lang, bis 146, hielt Karthago stand. Der Hunger raffte die Alten hin, Seuchen die Jungen. Man konnte die Toten nicht mehr begraben und lebte zwischen Leichen. Keine Hoffnung und Hilfe, niemand rührte sich, die Angst vor der rasenden Wölfin war zu groß.
Dann kam das Ende. Die Römer setzten zum Sturm an und brachen ein. Jedes Haus war eine Festung; jede

Gasse mußten sie einzeln nehmen, jeden Karthager einzeln erschlagen. Was an Frauen und Kindern übrigblieb, wanderte in die Sklaverei. Die Stadt wurde eingeebnet. In einem symbolischen, feierlichen Akt ließ der Senat sie von einem Pflug umgraben. Dem siegreichen Feldherrn — einem Patrizier — bereitete das Volk einen Triumphzug.

*

Hier hielt die antike Welt wirklich den Atem an. Vor diesem sogenannten »Dritten Punischen Krieg« stand schon das Altertum wie vor einem Rätsel, und der heutigen Geschichtsforschung und Deutung ergeht es genauso. Niemand versteht diesen bestialischen Wutausbruch und diesen höllischen Haß. Karthago war mittellos, nichts lockte. Es war bescheiden, nichts reizte. Es war gehorsam bis zur Erniedrigung. Es besaß keine Zukunft, die drohte. Es war ein Nichts. Von der Generation des Hannibal-Krieges lebte in Rom kaum noch einer — ich sage »kaum«. Wir werden gleich sehen, wer noch lebte. Alles war schon längst Hörensagen; es mußte lange verjährt sein, wenn das Wort verjährt überhaupt einen Sinn haben soll.

Man vermutet jetzt allgemein, daß die Erklärung auf psychologischem Gebiet liegt.

Die Römer hielten bewußt etwas wach in Ermangelung von Ergiebigerem: Sie hegten und pflegten die Wahnvorstellung vom Erbfeind und vor allem von der untilgbaren Schuld Karthagos, zuerst als Trauma der alten Kämpfer des Widerstandes, dann im unbewußten Bann eines werdenden Mythos, und schließlich um zu überdecken, was sie selbst inzwischen alles

getan hatten. Es mußte stets einen größeren Verbrecher geben, als sie es in den Augen von irgend jemand vielleicht waren. Hannibal wurde das, was er damals, 201, gar nicht gewesen war: Der Inbegriff des Weltzerstörers; und wenn die Völker jetzt litten, so war das seine Erbschaft.
Das Dogma ging leicht ein, es war ein Alibi für die »richtige« Gesinnung, und es war eine Welle, auf der man reiten konnte; eine Woge, die trug.
Der Chefideologe — wenn man einen Menschen, der am lautstärksten und beharrlichsten immer wieder seine Schallplatte abspielt, so nennen kann — war ein Mann von überraschenden Wesenszügen. Er war integer, absolut ehrenhaft, absolut uneigennützig, gänzlich anspruchslos und vorbildlich sittenstreng. Ich meine den alten, damals inzwischen neunzigjährigen Cato.
Nun gut, das läßt sich noch vereinen mit seinem monotonen »Ceterum censeo Carthaginem esse delendam«, mit dem er des Morgens aufwachte und des Abends schlafen ging. Das Erstaunliche und ganz Ungereimte aber ist die Tatsache, daß er ein Gegner der Kriege, ein Gegner des Imperialismus und ein unermüdlicher Bekämpfer der römischen Eroberungen war. Er hat sie gehaßt und verachtet. Er hat, obwohl er selbst noch als Siebzehnjähriger in der Schlacht am Metaurus mitgekämpft hatte, Soldatenmacht und Kriegsrausch so verabscheut und verfolgt, daß er zum Beispiel Scipio ins Exil trieb. Dennoch war *er* es, er, der im Senat jede Rede, auch über Schellfische, mit den Worten schloß: »Übrigens bin ich der Meinung, daß Karthago zerstört werden muß.«
Man rätselt heute an dieser Gestalt nicht mehr herum. Man registriert sie als grundsätzliche Möglichkeit der

politischen Gehirn-Punktion eines sonst normalen Intellekts.

*

Die Welt, soweit sie in Greifweite gelegen hatte, war erobert. Die Helden kehrten heim. Sie hatten alle ein erstklassiges Gewissen, wenn auch ihr Soldateneid (den wir kennen) so eine überholte Redewendung enthielt wie: »... und nie eine ungesetzliche Tat zu begehen.« Reich an Sold und Beute, »orden«-geschmückt, das heißt mit verliehenen Armspangen, Ehrenlanzen, Hals- und Stirnbändern, marschierten sie hinter dem Triumphwagen des Oberbefehlshabers her. Ein vergnügter Faschingszug von Soldaten, liedersingend, jubelnd in die Hände klatschend. Der Marsch durch die festliche Stadt konnte garnicht lang genug sein.
Er begann auf dem Marsfeld, wo sich der Zug formierte. Dann ging er am Forum boarium, dem Zentralmarkt, vorbei zum Tempel des Herkules, dem man als Schutzherrn eine kurze Reverenz bezeugte, durchzog den Circus Maximus, die Via Sacra am Forum Romanum und stieg schließlich zum Kapitol hinauf. Alle Wege waren vom Volk eingesäumt, alle Statuen geschmückt, alle Tempeltüren weit geöffnet. An der Spitze schritten die Konsuln und Senatoren. Ein Musikzug von Hornbläsern bildete die nächste Gruppe. Die dritte aber war in aller Augen die spektakulärste: unzählige Amtsdiener trugen die wichtigsten Beutestücke und zeigten sie dem Volke: Gold, Silber, Waffen, Statuen, kostbare Vasen, heilige Symbole, Tempelschätze, exotische Tiere und schließlich, in Ketten, den besiegten Fürsten oder Feldherrn.
Und dann kam der Wagen des Triumphators, umtanzt

von Gauklern und Akrobaten, Heldensängern, Lyraspielern und Spaßmachern, die Spottverse auf den Triumphator dichteten und über seine Eitelkeit witzelten — verblüffend im ersten Moment und fast unglaublich, aber tatsächlich ein uralter Ritus aus der Zeit, als man noch an die Virtus glaubte und dem Sieger die ewige Vanitas vanitatum, die Vergänglichkeit allen Ruhmes und allen Lebens vor Augen halten wollte. Köstlich auch heute wieder ihre Witze; niemand hätte darauf verzichten wollen. Sehr komisch.

Und dann kamen die Tausende von Soldaten.

Und dann war der Tag zu Ende.

Und dann standen die Tausende von Soldaten da und warteten, was da kommen würde. Aber es kam nichts. Da es noch kein Berufsheer gab, waren sie von einem Tage zum anderen nur noch schlichte Arbeitslose, Jugendliche ohne einen Begriff von bürgerlichen Pflichten, Ältere, die nie einen Beruf erlernt hatten, Altgewordene, aus der Bahn geworfen, und Invaliden, zu nichts mehr nütze. Sie merkten es nicht gleich, zunächst hatten sie noch Geld.

Es war was los in Rom, oho! Die Geschäfte quollen über von Waren; schau an, da lag ja der schwarze Kaviar, den man in Thrakien gelöffelt hatte, und die macedonischen Rauchwürste waren da, und das Fischgaron in Töpfchen, das man in Korinth den Katzen hingeworfen hatte, weil es als so kostbar galt. Und der ganze andere Kram aus Spanien, Afrika und Asien; kein Grund zum Atemanhalten für alte Krieger. Beim Schreiner vergoldete Stühlchen, wie wir sie gesehen haben in — wo war es gewesen? Und Luxusbetten nach athenischen Modellen. Darin haben wir geschlafen mit Sandalen und Beinschienen.

Schenken wuchsen an allen Ecken aus der Erde. An allen Markttagen und zu allen Festen gab es jetzt Circusspiele, denn das Leben sollte lebenswert sein. Saure Wochen, frohe Feste; so viele Feste konnte der Senat gar nicht stiften, wie man saure Wochen erlebt hatte als alter Krieger.
Die Stadt war reich geworden, fast über Nacht. Aus den eroberten Ländern, den sogenannten »Provinzen«, floß ein unablässiger Strom von Steuergeldern herein. Die Bankherren, für die vor genau hundert Jahren eine geprägte Goldmünze noch fast ein Museumsstück war, die Schiffsreeder und Importeure rechneten mit Zahlen, von denen ihre Väter noch nicht einmal geträumt hatten. Neue Berufe kamen auf, zwittrige, anrüchige: »Vermittler«, »Makler«, »Heereslieferant«, »Steuerpächter«. Auf den Straßen sah man jetzt Tausende, die an ihrer Toga den Purpurstreifen trugen, wie früher nur die Senatoren, es waren die offiziellen Nouveaux Riches der obersten Steuerklasse, die »Equites«, die »Kommerzienräte« der neuen Zeit. War nicht allzuschwer durchzusetzen gewesen und sah doch ziemlich nobel aus.
Rom wuchs und wuchs. Vom Land waren die Menschen in die kleinen Städte, von den kleinen Städten in die großen gezogen, und jetzt kamen sie im Sog in der Hauptstadt an, mit vielen oder mit wenig Hoffnungen, mit großen staunenden Augen oder mit Schlitzaugen, alle aber mit Unrast im Herzen. Das Fernsehen, das Von-ferne-Sehen des Luxus, war bis nach Apulien und bis an die Alpen gedrungen.
Es gab keine Arbeit in Rom. Sklaven waren billiger, sie kosteten gar nichts. Sie maulten nicht, sie streikten nicht, sie waren oft sogar »Herren« — wie sie es einst

in der Freiheit auch gewesen waren. Gräfliche Sklaven bedienten bei Tisch, thebanische Doktoren waren Türhüter und Professoren aus Lemnos unterrichteten als Sklaven die Kinder. Es wimmelte von ihnen wie 1918 von russischen Großfürsten in der Pariser Taxiwelt.

Eine Hydra wucherte heran, ein riesiges Proletariat von Römern und Italikern, das sich vom Leben des Bürgertums und der Welt der Arbeit immer mehr distanzierte; das nicht gerufen worden war, nicht gebraucht wurde und das auch wußte.

Es galt also jetzt, »soziale Probleme« zu lösen. Da blühte noch einmal der Weizen der Volkstribunen. Bald ging es zu wie am Hyde Park Corner.

Auch dem Senat war klar, daß etwas geschehen mußte. Etwas Soziales, versteht sich. Das war möglich, auch ohne die Nouveaux Riches zur Ader zu lassen. Man besaß genug finanzielle Mittel.

Aber »Mittel« gliedern kein Proletariat ein, »Mittel« verewigen es.

Man gab Unterstützungen aus, verteilte Nahrungsmittel, man gab ihnen Vergnügungen (panem et circenses). Man begann, sich damit vertraut zu machen, Ernährung und Unterkunft ganz übernehmen zu müssen. Man konnte diese Masse nicht einmal zum Militär einziehen, denn als Besitzlose zahlten sie keine Steuer, hatten also im Sinne des alten Gesetzes keinen Anteil an der Unterhaltung des Staates, auch nicht des Heeres. Sie hatten nur zweierlei: jede Menge Kinder (proles = Nachkommenschaft) und Stimmrecht als römische Bürger. Die Kinder wurden wieder Proletarier, und ihre Wahlstimme, auf die sie als große Demokraten um nichts in der Welt verzichtet hätten, pflegten sie an den Meistbietenden zu verkaufen.

Diebesbanden strichen jetzt nachts durch die Straßen. Die Bürger verriegelten die Türen, und wer in der Dunkelheit ausgehen mußte, nahm einen bewaffneten Sklaven mit. Vigiles, Feuerwehrleute, mit Wassereimern, Beilen und Patschen ausgerüstet, machten nun jede Nacht die Runde und hatten zu tun. Im nahen Ostia wimmelte es von Dirnen, und langsam sickerten sie nach Rom ein, weiße, braune, schwarze. Die einst so verfemten fremden Sitten: Gelage, Ehebruch, Orgien, Paiderastie lockten und wurden hinter verschlossenen Türen ausprobiert. Sie waren wie die erste Zigarette: Sie schmeckten nicht recht, aber ein Hauch von großer Welt, von »modern«, von »chic«, von »frei«, von »revolutionär« umwehte sie. Die Schickeria formierte sich. Roms Neuzeit war angebrochen.

*

An ihrem Anfang steht der Name Gracchus. Jedenfalls ist dies der Name, unter dem Sie die beiden Brüder Tiberius und Gaius aus dem Geschlecht der Sempronier kennen; Sie kennen sie, sicherlich haben Sie sie nicht vergessen, sicherlich hat man Sie sie achten und bewundern gelehrt, vielleicht sogar lieben, was ja immerhin etwas anderes ist, und ich bin der letzte, der Ihnen dieses Bild zerstören will. Nur müssen Sie mir erlauben, mich an die Tatsachen zu halten und Tatsachen auch einmal miteinander zu konfrontieren. Eine gewisse Logik läßt sich da nicht vermeiden.
Zunächst haben wir es mit Tiberius, dem um zehn Jahre älteren der beiden Brüder zu tun.
Zweierlei haben Sie gewiß gelernt: daß er aus hoch-

adligem Hause stammte und daß er im Jahre 133 Volkstribun wurde. Beides stimmt — fast. Vollständig kann es nicht stimmen, denn ein Volkstribun mußte, der Verfassung nach, einer plebejischen Familie angehören. Ich gebe zu, daß ich mich hier kleinlicher als alle Lehrbücher zeige, aber es besteht ja die Möglichkeit, daß Sie sich diese Frage auch schon einmal selbst gestellt haben. Daß Sie sie nirgends gelöst finden, obwohl sie einfach zu beantworten ist, hat einen bemerkenswert sozialpsychologischen Grund, den Sie zum Beispiel in der Geschichtsdarstellung der Französischen Revolution wiederfinden: Der Glanz der guten Abstammung ist nicht tot zu kriegen; er ist faszinierend sogar noch als Beigabe des Konträren.

In einem kurzen Satz zwei Fremdworte — ich fühle, ich muß mich entschuldigen. Denn man kann diesen Satz auch in einem unvergleichlich viel deutlicheren Bild ausdrücken: Auf dem Grabstein des letzten vom Pöbel hingerichteten Aristokraten müßte stehen »Die Bewunderung höret nimmer auf.«

Das Hochpatrizische an den Gracchen war die Mutter. Sie war eine Tochter des Scipio Africanus, eine kultivierte und gebildete Frau. Der Vater war Plebejer aus der Familie des Sempronius und dem Zweig des Gracchus, dessen doppeltes »c« Sie in der Aussprache nicht zu irritieren braucht. Die Familie war so zahlreich wie die Kennedys. Cornelia Scipio gebar ihrem Mann zwölf Kinder, nur drei überlebten den Vater: Tiberius, Gaius und Sempronia, die später wieder in die Scipionen-Familie zurückheiratete.

Schon der Vater war als Volkstribun hochgekommen, ein Mann aus »echtem Schrot und Korn«. Er war Prätor in Spanien geworden, das heißt Generalgouverneur und Oberbefehlshaber; er hatte, wie die Annalen stolz aufzählen, zweihundert Orte der Iberer erobert und zerstört, dafür einen Triumphzug bekommen und anschließend das Konsulamt. Ein zweites Mal noch bereitete ihm Rom einen Triumphzug, als ihm die Unterwerfung der aufständischen Sardinier gelang, von denen er achtzigtausend in die Sklaverei verkaufte. Das waren die Höhepunkte seines Lebens, das er als Anwalt der armen Kreatur begonnen hatte.

Sohn Tiberius, von der Witwe erzogen, war nicht von altem Schrot und Korn, sondern, wie seine Biographen andeuten, etwas anderes: ein Feuerkopf. Er hatte seine militärischen Meriten hinter sich, war Quästor im Ausland gewesen und hatte sich bei der Zerstörung Karthagos im Jahre 146 ausgezeichnet. Ein Feuerkopf.

Während sein Vater einst aus eigener Kraft (Überzeugungskraft) Volkstribun geworden war, verliefen die Dinge bei Tiberius anders. Als er von seiner Quästur nach Rom zurückkehrte, hatte er im Gegensatz zu seinem Vater noch keine besondere Überzeugung. Er schöpfte sie erst aus dem Kreise, in dem er verkehrte. Das waren keineswegs Leute aus dem Volke. Volk kannte er nur von Dienstboten her. Er verkehrte in den Häusern der Scipionen, der Claudier Pulcher, der Aemilianer und des Konsuls Publius Mucius. Lauter Bigs. Zum Teil waren die Häuser einander nicht grün, man redete hier so und dort so, Tiberius redete auch mal so und mal so, bis sich allmählich bei ihm etwas abzeichnete, was man eine Linie nennen könnte; keine große innenpolitische Generallinie. Sie bestand in der Anschauung, daß die innenpolitische Lage gesunden würde, wenn man wieder einen breiten Kleinbauernstand schüfe.

Das war nicht gerade eine Idee, die die Landleute vor Begeisterung umwerfen würde, wenn man sich erinnerte, daß ein erschreckend großer Teil der Bauern, sofern sie nicht zu den zweihunderttausend Toten der letzten Kriege zählten, jetzt das freiwillige Proletariat der Städte bildete. Nicht nur Tiberius hatte als Beamter in der Toskana erlebt, daß er tagelang reiten konnte, um nichts als verlassene Höfe zu sehen — jedermann wußte es. Nur wußte überraschenderweise niemand so klar wie Tiberius Gracchus, wie dieses Problem zu meistern war: Man mußte Land und Höfe unter die Leute verteilen! »Die Tiere«, rief Tiberius in einer berühmt gewordenen Rede dem Volk zu, »haben ihre Behausung, ihre Höhle, ihr Lager und wissen, wo sie ihren Kopf zur Ruhe legen können. Die Männer, die ihr Leben für Rom einsetzen, was gönnt man ihnen? Gerade die Luft zum Atmen und das Sonnenlicht! Sie haben weder Haus noch Hof, man läßt sie mit Weib und Kind heimatlos umherirren. Wenn ihnen im Kriege von ihren Führern gesagt wird, sie schlügen sich für die Gräber ihrer Ahnen und den Altar ihres Hauses, so ist das eine Lüge, denn sie haben keine Stätte für das Ahnengrab und kein Haus für einen Altar, sie sterben für den Luxus und den Reichtum anderer. Herrscher der Welt sollen sie sein? Sie sind in Wirklichkeit nicht einmal Herr eines eigenen Stückchens Erde.«
Staunend hörte es das Volk, darunter die Masse derer, die gerade ihr Stückchen Erde verlassen hatten.
Aber es war eine eindrucksvolle Rede, besonders die Stelle über den Reichtum anderer; der junge Mann besaß Ausstrahlung. Oder wie man heute sagen würde: Er kam über die Rampe. Im Jahre 133 sorgten seine

beiden Drahtzieher, Konsul Mucius und dessen Vertrauter Publius Licinius (die beide wegen ihrer offiziellen Laufbahn im Hintergrund bleiben wollten) dafür, daß Tiberius Gracchus Volkstribun wurde.

Das Wort »Drahtzieher« ist ein schwerwiegendes Wort. Ich will es mit einem Zitat aus einem modernen Geschichtswerk wohlwollendster Gesinnung belegen: »Seine politischen Freunde *ließen* ihn zum Volkstribunen wählen und *beauftragten* ihn, die Initiative zu ergreifen.«

»Lassen?« »Beauftragen?« Einen Volkstribunen? Die Scipionen wandten sich schweigend von ihm ab. Wir aber wollen uns sein Bild dadurch gewiß nicht trüben lassen.

Das erste, was er tat, war, die Volksversammlung aufzufordern, ein Gesetz über die Enteignung eines Teiles des Großgrundbesitzes und dessen Aufteilung in Bauernhöfe zu beschließen. Darüber hatte er hundertmal geredet, die Sache schien perfekt.

In diesem Augenblick aber stand ein Mann namens Marcus Octavius auf, seines Zeichens ebenfalls Volkstribun, und legte sein »veto«, das berühmte, sakrosankte »Ich verbiete« ein.

Tiberius Gracchus war starr. Seine Erstarrung ist jedoch nichts im Vergleich zu unserer über das, was nun passierte.

Das Veto des Marcus war legal; gleichgültig, welche Gründe den Mann dazu bewogen haben mögen. Vielleicht war er bestochen, vielleicht sah er den Bürgerkrieg voraus, vielleicht war er neidisch, vielleicht war er auch bloß logisch. Tiberius, anstatt sich damit abzufinden und einen neuen Vorschlag zu formulieren, verwandelte die Versammlung in einen Gerichtshof,

klagte Marcus des Volksverrats an und erklärte ihn für abgesetzt. Die Versammlung, überrumpelt, nahm es hin.
Ein Volkstribun hatte einen anderen, ebenso unverletzlichen und unantastbaren, abgesetzt! Eines der heiligsten Güter der Verfassung war gebrochen. Schlimmer noch: eine Revolutionsmethode war erfunden.
Ein Schrei ging durch das Volk. Kein Schrei des Entsetzens — Sie irren sich. Ein Schrei des Entzückens. Niemand hätte genau sagen können, warum. Es herrschte Karnevalsstimmung. Man hatte dem Staat eine Riesennase gedreht.
Nun ging es auf dem Wege weiter. Statt Marcus, der sich tatsächlich stürzen ließ, kam ein bequemerer Ersatzmann. Das Agrargesetz ging durch, eine bevollmächtigte Kommission von drei Männern wurde gewählt, zu denen natürlich Tiberius gehörte — die Arbeit, das große Sozialwerk, konnte beginnen. Die Masse war in Hochstimmung, in Euphorie, man fühlte sich über allen Gesetzen stehend. Verfassung, Senat, Konsuln, was für ein alter Zopf, vor dem man gezittert hatte!
Scharen von Bauern kamen, auf die Kunde von den Ereignissen hin, in die Stadt gepilgert und heizten die Stimmung an. Niemand verstand das zunächst, denn ausgerechnet sie saßen ja auf der Scholle und hatten die berühmte »Lagerstatt der Tiere«. Man verstand auch nicht, wie sie so einfach die Arbeit verlassen konnten. Aber dann stellte sich heraus, daß es gar keine Bauern, sondern ländliche Lohnarbeiter waren.
Tiberius Gracchus erschrak zum zweitenmal. Die Welle schlug über seinem Kopf zusammen. Rom machte in diesem Augenblick den Eindruck wie fünf Minuten vor

dem Bürgerkrieg. Wo war das Pulver hergekommen? Ehe es explodierte, müssen wir uns dieses Pulver tatsächlich etwas sorgfältiger anschauen.

Wie sah Tiberius die Lage der Bauern?

Die Höfe wurden verlassen. Ein Faktum. Aber nicht, weil die Stadt mit ihren Verführungen lockte, o nein, sondern weil die Felder den Bauern nicht mehr ernährten. Warum ernährten sie ihn plötzlich nicht mehr? Weil eine rücksichtslose Unternehmerschicht sich auf den Import geworfen hatte und durch billige Einfuhren den Markt überflutete. Die Bauern bekamen ihr Getreide nicht mehr zum alten Preis los.

Die verlassenen Höfe wurden von den Großgrundbesitzern für ein Butterbrot aufgekauft. Das Land geriet immer ausschließlicher in die Hand von einigen wenigen Familien. Die neuen Besitzer stellten die Höfe auf Oliven, Wein und Schafzucht um. Dafür standen den reichen Herren Scharen von jenen Sklaven zur Verfügung, die der Krebsschaden des ganzen arbeitenden Volkes waren.

Gracchus, den der kommunistische Historiker Francis Ridley einen »Möchtegern-Reformer« nennt, sah diese Dinge wie ein hauptamtlicher Idealist, das heißt, auf eine todgefährliche Weise. Er sah die Fakten, erkannte auch einige Ursachen richtig, aber er ignorierte total die viel mächtigeren Triebe in den Menschen. Und er tat vor allem eines: Er leugnete jede Wechselbeziehung.

Das sind tödliche Irrtümer. Die Geschichte hat es damals bewiesen, und das heutige Italien beweist es mit erschreckender Deutlichkeit aufs neue. Wieder veröden die Höfe, wieder ziehen die Bauern in die Städte und bilden die formlose Quellmasse, wieder wartet ein

Gesetz in jeder Legislaturperiode darauf, beschlossen zu werden, ein Gesetz, das den bisherigen Pachtbauern das Recht zuspricht, den Hof und das Land vom »padrone« zu einem vom Staat festgesetzten Preis zu kaufen.

Ich habe — zusammengerechnet — zehn Jahre im heutigen Italien gelebt, wenig unter Städtern, mehr unter Grundherren, am längsten unter Bauern. Und zwar in demselben Etrurien (Toskana), das damals wie heute das Fanal für Italien ist. Ich habe mit vielen Menschen gesprochen. Alle Bauern um mich herum, deren Firmlinge ich beschenkt, deren Hochzeitsfeste ich mitgemacht, deren Heubrände ich mit gelöscht und deren Hühnereier ich gekauft habe, alle sind sie extreme Sozialisten oder Kommunisten.

Die Ernte in der Toskana ist nicht schwer, das Hauptgewicht liegt auf Wein und Olivenöl. Die Bauern, die unkündbar sind, während sie selbst jederzeit gehen können, haben den Ertrag ihrer Arbeit mit dem Grundherrn zu teilen, sechzig Prozent für sich, vierzig für den Padrone. Die Teilung ist — wer wollte das leugnen — sowieso nie ehrlich. Es gibt ein Sprichwort: »Und nun, padrone, wollen wir mal Ihre Hälfte teilen«.

Der Grundherr leistet dafür folgendes: Er stellt das Haus, kommt für die Versicherungen auf, stellt sämtliche Maschinen und Geräte und bezahlt das gesamte Saatgut. Alle Reparaturen gehen zu seinen Lasten, alle Steuern bezahlt er. Pachtverträge, die der Größe des Hofes entsprechend auf zwei Familien oder mehrere männliche Arbeitskräfte lauteten, werden längst nicht mehr erfüllt. Irgendein Familienrest arbeitet noch auf den Feldern, die anderen, die die weitläufigen Häuser benisten, sind Verwandte, die kostenlos einwohnen, denn Mieten sind hoch. Entfernungen zu fremden Arbeitsstätten bilden kein Problem. Die Bauern eines Bekannten von mir, eines mäßig verdienenden Arztes, besitzen drei Autos. Es sind fünf Erwachsene, einer macht den Bauern. Er ist sechzig Jahre alt. Sein Sohn ist bei der städtischen Müllabfuhr, er verdient netto eintausend Mark im Monat, ich habe es nachgezählt. Seine Frau und seine Schwiegertochter sind Packerinnen in einer Wäscherei und bringen zusammen neunhundert Mark heim. Die Säuglinge und Kleinkinder stören nicht, denn dafür ist die Großmutter da, die ursprünglich den Gemüsegarten des Padrone besorgen und ein wenig in der Küche helfen sollte. Die Alte ruft die Frau des Doktors »Elvira«, da sie ja auch mit dem Vornamen angesprochen wird. Es ist klar, daß das nicht so weitergehen konnte; ich meine, mit dem alten Bauern. Er sah es ein und folgte dem Rat seiner Kinder. Er kündigte, sobald sie alle eine andere Bleibe gefunden hatten. Wer wird denn noch auf Bäume klettern, wenn man sich das Olivenöl im Laden kaufen kann.

Ja, wer wird noch auf die Bäume klettern?

Das fragte sich auch der Dottore. Aber siehe da, es meldete sich sein alter Bauer. Er ist bereit, im Stundenlohn die Arbeit zu machen »so gut es geht«. Neunzig Bäume schaffte er bis zu dem von der Ölmühle reservierten Mahltermin nicht mehr, und der Dottore sagte ihm, er könne die neunzig Bäume (ca. hundert Liter Öl) auf eigene Rechnung ernten, er schenke sie ihm. Der Alte lehnte ab: »Es lohnt sich nicht für mich. Gegen Bezahlung ja, so nicht.« Ich habe die Antwort mit meinen Ohren gehört. Die Oliven verfaulten.

Ein Teil der Bäume verwildert jetzt. Ein Teil auch von den Reben. Und alle Felder. Die Privatwege verwuchern. Die Feldsteinterrassen, einst so malerisch wie sonst nur noch in Südfrankreich, stürzen ein. Kein Padrone läßt sie mehr aufrichten. Wozu? Das Gesetz des Zwangsverkaufs hängt wie ein Damoklesschwert über ihnen. Morgen schon kann der neue Gracchus kommen.

»Erhoffen Sie es?«, fragte ich beim pranzo, als Francesca, die schöne Tochter meines freundnachbarlichen Bauern heiratete. »Ja«, antwortete er. »Und was würde sich für Sie alle ändern, wenn Sie Eigentümer würden?« Die ganze Tafelrunde lachte. »Wir würden«, sagte er, »es sofort verkaufen.«

Langweile ich Sie? Welch ein Gemälde, nicht wahr? Tiberius sah es nicht. Er verfluchte die Sklaven, dieselben Sklaven, von denen sein Vater noch achtzigtausend besorgt hatte. Und er sah auch nicht, daß dort, wo unfreie Arbeiter (Sklaven) durchaus gesund zu leben vermögen, auch Freie leben können — wenn sie wollen. Wollten sie?

Tiberius und seine Kommission warteten die Erfahrung nicht ab, sondern erweiterten ihren Plan in einer Richtung, die nun allerdings ein wesentlicher neuer Anreiz war. Sie versprachen den Neu-Bauern Geld. Erhebliche Summen.

Tiberius, im Bewußtsein der Macht, beschaffte sich die Mittel, indem er über den Kopf des Senats und der Zensoren hinweg einen Riesenfonds, die sogenannte Attalos-Erbschaft, beschlagnahmte.

Damit hatte er zum zweitenmal die Verfassung gebrochen. Es kam einem Umsturz gleich, die Regierung war entmündigt. Der Senat schwieg.

Er schwieg nicht aus Feigheit. Er sah die Alternative Bürgerkrieg oder nicht. Er entschied sich für »nicht«, denn das Ende des Jahres stand bevor und damit das Ende des Volkstribunats von Tiberius Gracchus, der laut Verfassung nicht wiedergewählt werden konnte. Noch kurze Zeit! Noch wenige Monate!
Dieselben Gedanken befielen Tiberius. Von Stunde zu Stunde wurde er unruhiger, steigerte er sich in Panik, als fürchte er nicht nur für seine Arbeit, sondern auch für sein Leben.
Es war die blanke Angst, die ihn zu einem Schritt trieb, der sein Ende bedeutete.
Eines Tages, als auch der Senat — nur wenige Schritte entfernt — in der Curia tagte, trat Tiberius vor die Tributkomitien und verlangte gegen die Verfassung seine Wiederwahl. Er hielt eine Rede, in der er verzweifelt um sich schlug, er forderte »die Fäuste seiner Anhänger« auf, die Gegner zum Schweigen zu bringen, und war — er fühlte es — nahe am Ziel.
Dies war der Moment, als sich im Senat die Nachricht wie ein Feuer ausbreitete. Der amtierende Konsul, Gracchus-Freund, verkündete auf Antrag der aufgeregten Senatoren den Staatsnotstand — und dann setzte er sich nieder und tat nichts. Diese Geste und das Bewußtsein der einstigen Kumpanei waren der Funke, der zur Explosion genügte. Die Senatoren, Patrizier wie Plebejer, rissen die Schemel auseinander, bewaffneten sich mit Knüppeln, stürmten über die Straße in die Wahlversammlung und entfesselten einen Kampf von solch verzweifelter Erbitterung mit den »Fäusten« des Volkstribunen, daß über hundert Tote auf dem Platz blieben.
Unter ihnen der Gracche.

Er hatte sich außerhalb des Gesetzes gestellt und wurde außerhalb des Gesetzes gerichtet.
Kein Aufruhr, kein Aufstand. Lähmende Stille über der Stadt. Aschermittwoch.

ist die logische Fortsetzung des sechsten, und Gaius Gracchus die logische Fortsetzung des Tiberius Gracchus. Er nahm auch dessen Ende. Und so wäre es wohl noch ein Weilchen weitergegangen, wenn nicht die Cimbern und Teutonen mit ihren Keulen an die Tür geklopft hätten, eine kleine Gedächtnisauffrischung, die von Zeit zu Zeit jedem gut tut.

Videant consules!

»Jetzt mögen die Konsuln zusehen, daß die Republik keinen Schaden nimmt!« Mit dieser Formel erhielten einst die Konsuln die Vollmacht, den Diktator zu ernennen, und mit diesen Worten hatte der Senat den Staatsnotstand ausgerufen und dem Konsul Publius Mucius den Auftrag gegeben, gegen die Verfassungsbrecher einzuschreiten. Mucius hatte die Hände in den Schoß gelegt. Er hatte *keine* Polizei gerufen, es waren *keine* Soldaten aus den Kasernen geholt und Tiberius nicht angeklagt und verurteilt worden. Die Senatoren hatten den Pflichtvergessenen nicht angetastet, aber sie hatten zur letzten, verzweifelten Notwehr gegriffen und Tiberius und seine »Fäuste« erschlagen. Menschlich wie staatsrechtlich liegt der Fall klar. Die Wahrung des Staatsrechts, in dessen Schoß das Strafrecht ja nur geborgen liegen kann, ist eine diktatorische Forderung für die, in deren Obhut es gelegt wurde. Ein Staatsmann, der an dieser Forderung vorübergeht, begeht »Fahrerflucht«; wer sie erfüllt, genießt einen über allem Strafrecht stehenden Schutz. Der Fall liegt klar, und die Senatoren sind auch nicht vor die Schranken eines Gerichtes gekommen.

Menschlich aber ist er schrecklich. Schrecklich der Zynismus auf der einen, schrecklich die entfesselte Verzweiflung auf der anderen Seite. Am schrecklichsten, daß es wahrscheinlich ein Scipione war, Scipio Nasica, der den Tiberius, Sohn der Cornelia Scipio, erschlug. Er ging freiwillig außer Landes.

Die Plebs hielt den Tod des Gracchen für reinen Mord. Denn das eine, das Recht, war für sie Theorie, das andere, Tiberius, war Fleisch und Blut gewesen. Es dauerte nicht lange, da verklärte er sich zum unschuldigen Märtyrer. Im ursächlichen Sinne war er es sogar; die, für die er alle Schuld auf sich genommen hatte, verdienten es nicht.

Der Senat mißbrauchte seinen »Sieg« nicht, er ließ die Agrarkommission im Amt, das Gracchenprojekt ging weiter. So war es ja auch seine Pflicht, denn das Projekt selbst widersprach nicht der Verfassung. Ob der Senat das gern oder ungern duldete, ist nur interessant, wenn man Stoff sucht, ihn zu diskriminieren. Das Volk also sah, daß es weiterging. Die Gracchenpartei gewann eine gewisse Sicherheit zurück, vor allem Jugendliche drängten sich vor, sofern man unter »Jugend« das versteht, was Rom zu dieser Zeit darunter verstand: junge Leute von siebenundzwanzig, achtundzwanzig Jahren, die knapp ihren Militärdienst absolviert hatten. Sie besaßen nicht den geringsten Weitblick, aber sie waren enthusiastisch, vor allem, da es sich nicht um die Verteilung ihres persönlichen Eigentums handelte.

In jener Periode schuf man rund siebzigtausend Bauernstellen, zumindest steckte man, da noch keine Bewerber und oft keine Gebäude vorhanden waren, die Claims ab. Daß diese Felder zu einem Teil gar nicht römischen Grundbesitzern, sondern wildfremden Leuten, nämlich befreundeten Völkern oder verbündeten Italikern gehörten, Eigentümern, die oft selbst Bauern waren, das störte diese jungen Menschen wenig.

Aber die Italiker störte es, und es kam zu einem soliden Aufstand gegen Rom. Der Senat hatte die Ehre, ihn beizulegen.

Scipio Aemilianus, der zu diesem Zeitpunkt gerade von irgendwoher als siegreicher Feldherr heimgekehrt war, nutzte den Augenblick seiner Popularität, einen Beschluß durchzudrücken, durch den der Agrarkommission wenigstens die Rechtshoheit in ihrer Arbeit genommen und dem Senat zurückgegeben wurde. Wohlgemerkt: Die Volksversammlung faßte den Beschluß.

Die Reaktion (Ja, wessen? Wie vieler?) war ein Aufschrei! Scipio Aemilianus, der sich bester und robustester Gesundheit erfreut hatte, war am nächsten Morgen tot. Der rätselhafte Fall wurde nie geklärt. Aber um der Plebs die Ehre zu geben: sie sprach auch hier von reinem Mord. Viele, sehr viele kluge Römer haben sich gewünscht, es würde noch ein Karthago geben oder die Kelten; irgendeine Angst, die Rom wieder zur Besinnung bringen könnte.

*

Neun Jahre waren seit dem Tode des ersten Gracchen vergangen, da schickten die Sempronier den zweiten

Gracchen ins Feld, seinen Bruder Gaius. 124 kam er von seiner auswärtigen Quästur in Rom an — genau wie einst Tiberius.

Wenn Tiberius in seinem Lebensstil nie etwas mit der Plebs gemein hatte, so war sein Bruder Gaius überhaupt der Prototyp eines Feudalherrn. Gewiß hat er sich nie in seinem Leben jemals eine Sandale selbst gebunden und ein Glas Wasser geholt, geschweige denn einen Handschlag für einen anderen getan. Sein Haus war voll von Dienern, die auf seinen Wink warteten. Auf seinen Wink warteten auch sonst viele, denn er war als Mann eine auffallende Erscheinung, als Gesprächspartner sprühend, als Gesellschafter amüsant — wenn er wollte. Und er wollte stets, wenn es sich lohnte. Eine alkibiadeske Figur, ebenso verschwenderisch von der Natur dotiert, nicht so skrupellos wie der Grieche, dafür weniger hellsichtig, und nicht mit dem Anflug von Feigheit, die Alkibiades gezeigt hat.

Ein Gewächs der Jeunesse dorée, ein reines Feudalgewächs, das sein Leben säuberlich von dem Beruf trennte, den er zu ergreifen gedachte: den Beruf eines Sozialisten.

Früher — aber das ist schon lange her — habe ich immer geglaubt, es sei nicht nur anständig, sondern Pflicht, seine Lebensanschauung zuerst in seinem eigenen Leben zu verwirklichen und vorzuführen. Inzwischen weiß ich, daß meine Ansicht — weil außerordentlich unbequem — ganz albern ist. Auch bei Simone de Beauvoir, Sartres alter Freundin, finde ich meinen Irrtum bestätigt: »Manche Sittenrichter machen mir meinen Wohlstand zum Vorwurf; wohlgemerkt, nur die Vertreter der Rechten. Nie nimmt man in Linkskreisen einem Linken sein Vermögen übel, selbst wenn er Milliardär ist«. Verzeihen Sie, Madame, »einem Linken« sagten Sie? Und einem »Rechten«? Oder einem »Mittleren«? Und noch eine Frage: Wie kommt der Linke zu einer Milliarde, für die Sie sogar Beispiele anführen? Ferner schreiben Sie ein paar Zeilen weiter: »Das Privatleben ist der marxistischen Ideologie völlig gleichgültig.« Das erstaunt mich, Madame. Ich persönlich zog bisher immer einen Menschen mit noch so falscher Ideologie einem Manne vor, der als private Existenz ein Schwein ist. Ich zog bisher immer einen Menschen, der seine Lebensanschauung bei sich selbst verwirklicht, einem Mann mit Lippenbekenntnis vor.

Madame, es ist begreiflich, daß Sie in Ihrer Situation so schreiben. Auch Gaius Gracchus würde so geschrieben haben. Nur wäre er klug genug gewesen, einen Nachsatz zu unterdrücken, den ich am Ende Ihrer Lebensbeichte lese und den ich für den bewundernswertesten Ihres ganzen Buches halte: »Das peinliche Gefühl, das sich bei mir eingeschlichen hat, ist nicht verschwunden.«

Nehmen Sie es nicht schwer, Madame; Hauptsache, die Ideologie stimmt.

Gaius Gracchus hatte kaum eine andere Wahl, als das ideologische Erbe seines Bruders zu übernehmen. Es war das beste Sprungbrett, das sich ihm darbot. »Doch wie's da drinnen aussieht, geht niemand was an«. Wer weiß, wie es in ihm aussah?

Er war um vieles klüger als Tiberius, um vieles nüchterner und um vieles weniger Parzival. Er war ein viel besserer Redner als sein Bruder. Bis zu Cicero galt er als der größte römische Rhetor. Er war durch und durch intellektualistisch; seine ersten Volksreden, mit denen er sich Gehör verschaffte, waren ganz bewußt nur aufwühlende Bilder, mit denen er die Toten des Jahres 133 beschwor. Shakespeare hat in seinem Caesardrama denselben Kunstgriff angewandt, wenn er Antonius wieder und wieder rufen läßt: »Hier, schaut! Hier fuhr des Cassius Dolch herein; seht, welchen Riß der tücksche Casca machte! Hier stieß der vielgeliebte Brutus durch, und als er den verfluchten Stahl hinwegriß, schaut her, wie ihm das Blut des Caesar folgte.«

Sehr wirkungsvoll. 123 wurde Gaius Volkstribun. Im darauffolgenden Jahre noch einmal, denn inzwischen hatte er dafür gesorgt, daß das Gesetz gegen die Wiederwahl geändert wurde. Er hatte legal dafür gesorgt, er hütete sich, zum Gesetzesbrecher zu werden — mit einer einzigen Ausnahme, und diese eine Ausnahme steht wenigstens in ihrer Ehrlichkeit über dem Verfassungsbruch seines Bruders.

Über Gaius muß man entweder zwanzig Seiten schreiben oder nur eine. Ich ziehe die zweite Möglichkeit vor. Seine vielen Reformversuche sind ermüdend anzuhören; achtbar, einseitig, unrealistisch, utopistisch. Wenn Gaius zum Beispiel in Afrika Kolonien mit römischen Bauern anlegen wollte (und die ganze Organisations- und Auswanderungsmaschinerie sofort in Gang setzte), so zeigte er sich als absoluter Phantast. Bauern, die zur Not auf eine lohnendere Scholle wechseln, viel lieber aber von den umbrischen Hügeln herabsteigen und in die Städte streben, sind um keinen Preis nach Afrika zu bekommen. Seine Reformideen und der »Volkswille« strebten hier schon weit auseinander; noch weiter in seinem Wunsch, allen Lati-

nern das römische Bürgerrecht zu geben. Die Plebs, gerade die Plebs, war empört.
Gaius ist auch — bei vielen guten Ansätzen — vom Volke ausgebeutet worden. Sein Projekt, durch die Anlage von großen Kornvorräten die Getreidepreise zu stabilisieren und das Leben aller Bewohner Roms durch dieses unbegrenzte Staatsaufkommen zu sichern, ist von Scharen von Zuwanderern mißbraucht worden wie eine öffentliche Vogeltränke. Während er (zwei Monate lang) in Afrika weilte, ging sein Stern in Rom unter. Zum Teil von selbst, zum Teil durch Agitation der Gegner. Das Kolonialgesetz wurde abgelehnt, er selbst 121 nicht mehr wiedergewählt. Es wird kein so großer Zufall gewesen sein, daß er schon im Jahre zuvor nur an vierter Stelle unter den Volkstribunen durchgekommen war.
Weder er selbst noch seine Anhänger waren gewillt, die Wahlniederlage hinzunehmen. Sie waren nicht der Meinung, daß ein Volksvertreter die Entscheidung des Volkes, daß ein Demokrat die Entscheidung des Demos zu respektieren habe. Sie entschieden sich für den bewaffneten Aufstand, für den Bürgerkrieg!
Der Senat rief den Notstand aus. Konsul Lucius Opimius, ein Plebejer, mobilisierte das Militär. Die Aufrührer zogen sich auf den Aventin zurück, wurden eingeschlossen und bald darauf überwältigt. Gaius Gracchus, den Bankrott seiner Ideen und das Ende seines Lebens vor Augen, zog es vor, freiwillig in den Tod zu gehen. Auch dafür, für diese letzte Mühe, bediente er sich noch der Hand und des Gewissens eines anderen: er ließ sich von seinem Leibsklaven erstechen.
Die Gracchen waren tot, sie hatten sich ausgerottet

mit lauter Vabanquespielen. Vieles, was sie versucht hatten, war ehrenvoll, mehr aber war utopisch, mehr noch gegen das Gesetz und alles zur falschen Zeit. Cornelia Scipio Sempronius trug die Tragödie stumm und mit so großer Würde, daß noch spätere Geschlechter sie als bewundernswerte Gestalt in der Geschichte der römischen Frau verehrten.

*

Die Souveränität von Konsulat, Senat und Tributkomitien war wieder hergestellt. Dem Anschein nach trugen einige Ideen der Gracchen auch über deren Tod hinaus noch Früchte. In Wahrheit waren es Halbheiten eines nach den Aufregungen der vergangenen Jahre fast eingeschlafenen und ratlosen Senats. Fallen gelassen hatte man natürlich die extremen Projekte der Gracchen; aber mit einigen anderen glaubte man, noch hökern gehen zu können. So ließ man die Agrarreform nicht eingehen; von Zeit zu Zeit kam dabei auch irgendetwas heraus, meist etwas Unsinniges, so daß es fast den Eindruck macht, als wollte man die an sich schon unrealistischen Gedanken der Gracchen vollends ad absurdum führen. So verfügte man zum Beispiel eines Tages, sämtliche Pachthöfe hätten in den uneingeschränkten Besitz der Bauern überzugehen, eine Maßnahme, die bei den Pächtern eine geradezu amüsierte Dankbarkeit auslöste, denn nun konnten sie endlich alles verkaufen und in die Stadt ziehen. Auch das Getreidegesetz, auf dem sich das stetig zuwandernde Proletariat häuslich niederlassen konnte, wurde verwirklicht. Und schließlich blieb — beinahe möchte man es »zufällig« nennen — ein wenigstens im Ansatz vernünftiges Gesetz der

Gracchen unverfälscht in Kraft, das sogenannte »Richtergesetz«. Ersparen Sie mir, es Ihnen auseinanderzusetzen — so begeisternd ist es auch wieder nicht.
Ein subalterner Trott war überall spürbar. Zwischen Bombenlegen und eingeschlafenen Füßen schien es zehn Jahre lang kein Mittelding mehr zu geben.
Dann kam endlich das, was so mancher sich als Medizin ersehnt hatte: die Gefahr von außen. Von Norden. Vom höchsten, noch sagenhaften, unerforschten Norden.
»Die Deutschen kommen« ist ein Ruf, der heute alljährlich aufs neue die Herzen der Italiener, vor allem der Hoteliers und des Finanzministers schneller schlagen läßt. Auch damals, als der Ruf erscholl »Die Teutonen kommen«, schlugen alle Herzen schneller, womit medizinisch bewiesen ist, daß man sich auf den Herzschlag als Kriterium nicht verlassen kann. Der ewige Versuch des menschlichen Herzens, mitzudenken und zu urteilen, geht über seine Befugnisse hinaus. Es sollte sich damit begnügen zu schlagen, und zwar regelmäßig.
Es gab damals in Rom wenige, die das fertigbrachten. Ja sogar heute noch — wenn man vom touristischen Sektor absieht — beginnen die Herzen der Italiener mitzudenken, wenn das Wort »tedeschi« oder (sehr gern) »teutonici« fällt. Sobald eine deutsche Fußballmannschaft zu einem Gastspiel nach Italien kommt, schreiben die Zeitungen »Vengono i teutonici« und »i Panzer in arrivo« — »die Panzer im Anmarsch«. Und wenn man hinschaut, sind es die Offenbacher Kickers. Ein Trauma aus römischer Zeit.
Das Wort vom Furor teutonicus wurde damals geboren, als aus der gallischen Provinz die Kunde ein-

traf, Germanen seien mit unwiderstehlicher Gewalt über den Rhein nach Frankreich eingedrungen, ein Meer, eine Woge, ein Tornado von Giganten, von schrecklichen Walhall-Riesen mit Weibern und Kindern, Büffelhörner oder halbe Auerochsenschädel über den Kopf gestülpt, Keulen von urzeitlichem Ausmaß und Speere wie Bäume in den Händen, im Kampf brüllend wie Stiere, angefeuert von ihren Frauen, die ihnen — die Kinder auf den Schultern und mit nackten Brüsten — bei Gefahr bis in die vorderste Linie folgten. Gegen diese Wotansgestalten seien die Kelten des Brennus reine Spaßvögel gewesen.

Weiß der Himmel, woher wir schon immer einen Ruf wie Donnerhall hatten. Wenn die Wache vor dem Buckingham-Palast in monströsen Bärenmützen aufmarschiert, so ist das »hübsch«, wenn wir in Pickelhauben Wache schöben, so wäre es »furchterregend«. Schließlich kannten die Römer die wilden Gallier und die schwarzen Teufel in Nubien. Und schließlich wirkten die römischen Kohorten selbst, wenn sie in Reih und Glied vollverchromt dastanden, auch nicht harmlos. Na ja. Es ist aber auch wirklich zu blöde, sich Büffelhörner auf den Kopf zu setzen, wo es für uns Deutsche ein Taschentuch mit vier Knoten ebenso getan hätte.

Es waren zwei germanische Völkerstämme, die in Bewegung geraten waren: die Cimbern und die Teutonen. Genau genommen sogar drei. Es lief eine Gruppe mit, die sich Ambronen nannte, wahrscheinlich kein geschlossener Stamm. Alle stammten sie aus der Gegend von Holstein, Hamburg, Lübeck bis hinauf nach Jütland. Über die Ursache ihrer Wanderung wissen wir nichts. Es könnte, wie die Alten vermuteten, eine ungewöhnlich verheerende Springflut gewesen sein; vielleicht auch eine Wikinger-Invasion, jedenfalls nicht der gleiche Grund, den fünfhundert Jahre später die große Völkerwanderung hatte.[1]

Die Stämme zogen zunächst elbaufwärts in Richtung Prag (das noch nicht existierte), Wien (das schon eine bedeutende keltische Siedlung war) und Jugoslawien, wo sie in dem heutigen slowenischen Drau-Donau-Dreieck eine Zeitlang blieben und siedelten. Die Hauptmasse geriet dann abermals in Bewegung, diesmal Richtung Kärnten, wobei sie sozusagen mit dem linkein Ärmel römisches Gebiet streiften — nun ja, nicht direkt römisches Gebiet, aber »Interessengebiet«, wie ein Historiker so schön sagt, denn in Kärnten gab es Eisengruben, was den Germanen notabene vollkommen schnuppe war.

Das werden wir gleich haben, versicherte Konsul Papirius Carbo, bekannt als theoretischer Haudegen, zog mit einem Heer los und stellte die Germanen bei Noreia, südlich Klagenfurt. Das war im Jahr 113. Die Sache ging sehr rasch über die Bühne, die Römer wurden geschlagen.

Die Nachricht flog in Windeseile durch alle Länder. In Gallien kam es zu Aufständen, bei Tolosa (Toulouse) wurden die römischen Besatzungstruppen von Kelten verprügelt. Inzwischen waren Cimbern und Teutonen unermüdlich weitermarschiert. Ein Ziel schienen sie nicht zu haben. Die Römer als einzige waren nicht im Zweifel, daß das Ziel nur Rom sein konnte, die herrlichste Stadt der Welt, die honorigste, erstre-

[1] Ich habe darüber in meiner deutschen Geschichte »Deutschland, Deutschland über alles« geschrieben, deren Erwerb zu DM 14,80 nicht nur für Sie, sondern auch für mich ein Gewinn wäre.

benswerteste, vorbildlichste, very finest town des very finest people.
Es ist erwiesen, daß die Cimbern und Teutonen bis zur Schlacht von Noreia keine Sehnsucht gespürt hatten, den Römern überhaupt zu begegnen. Hinterher auch nicht, obwohl ihre Achtung erheblich gesunken war.
Die Wandernden überquerten die Alpen, durchzogen Schwaben, wo ein Teil von ihnen hängen blieb, und stiefelten dann über den Rhein zur Rhone. Das war der Moment, der den Großalarm vom furor teutonicus auslöste.
109 v. Chr. Konsul Servilius Caepio, piekfeiner Adliger, der gerade auf dem Wege zur Bestrafung von Toulouse war, gedachte vermittels eines kleinen Abstechers die Sache mit den Cimbern und Teutonen zu bereinigen und stellte sie bei Lyon. Es wurde die zweite Niederlage. Aber es scheint ihm in Rom nicht sehr geschadet zu haben, jedenfalls riß sich niemand darum, ihn abzulösen. Der Senat klammerte sich in seiner Angst an diesen Idioten wie an einen Strohhalm, obwohl der Mann, der die Rettung gewesen wäre, schon da war.
Vier Jahre nach Lyon — die Germanen tollten jetzt in der Gegend von Avignon und Nîmes herum — zog derselbe Servilius mit neuen Legionen aus, um Gallien von diesen fürchterlichen Menschen zu säubern. Die Cimbern und Teutonen, überrascht, die Römer schon wieder vor sich zu sehen, die doch zumindest genau so wenig hier zu suchen hatten wie sie selbst, gerieten außer Rand und Band und vernichteten die Legionen (bei Arausio) fast bis auf den letzten Mann. Dieser besagte letzte Mann war kein Obergefreiter,

sondern natürlich der Generalissimus persönlich. Als er nach überstürzter Flucht heimkehrte, waren die Römer vom Schreck zu sehr gelähmt, um ihn einen Kopf kürzer zu machen. Sie verbannten ihn bloß. Servilius dankte den Göttern für dieses Geschenk, packte die Koffer und verließ in Windeseile die Stadt, von deren Untergang in den nächsten Tagen er überzeugt war.

Ich habe diese Ereignisse in einem beinahe leichtfertigen Ton erzählt. Sie reizen dazu, das entschuldigt es. Aber ich muß die Dinge wieder zurechtrücken: Auf den Schlachtfeldern lagen über fünfzigtausend Tote, fünfzigtausend Väter, Söhne, von beiden Seiten. Wofür? Für nichts. Für ein falsches Klopfen des Herzens. Die Cimbern und Teutonen hatten keine Sekunde die Absicht gehabt, Italien zu überfallen. Sie waren »harmlos« in Anführungsstrichen; keine Schneise von Ruinen bezeichnete ihren Weg. Sie wollten nicht erobern, sie waren Zugvögel, ruhe- und rastlose. Kahlgefressen, ja, das war ihre Route wohl. Aber ihnen zu begegnen, nur einfach zu begegnen, war weniger gefahrvoll als an einem Ostersonnabend friedvoll von München nach Salzburg zu fahren.

Hätten sie die Absicht gehabt, die ihnen die Römer hysterisch zuschrieben, so wäre es jetzt um Rom tatsächlich geschehen gewesen, denn die besten Legionen waren vernichtet. Arausio war fast ein Cannae gewesen.

Die Germanen hatten jedoch andere Pläne, wenn es überhaupt Pläne und nicht Zufälligkeiten waren. Die Stämme trennten sich. Die Cimbern beschlossen, sich die Pyrenäen anzusehen, die Teutonen die Loire. In Belgien trafen sie sich wieder; rätselhaft wie der Drang der Zugvögel. Dann gingen sie ein Stück Wegs gemeinsam südwärts. In Burgund entschlossen sich die Teutonen, wieder Arles, Avignon und Nîmes aufzusuchen, weil's so schön gewesen war, während die Cimbern auf Einladung der freundlichen Helvetier, die mitmarschierten, in die Alpen einstiegen, der Nase und der Sonne nach. Schließlich hatten sie die Berge hinter sich und machten es sich in einer weiten Ebene bequem, von deren Bewohnern sie erfuhren, daß sie sich Po-Ebene nannte und im Besitz der Römer war. »Teufel, Teufel«, sagten die Cimbern, »da werden wir die Leute gleich wieder auf dem Halse haben.« Mit diesem nicht historischen Ausspruch wollen wir die Cimbern in der Lombardei und die Teutonen in der Landschaft Vincent van Goghs zunächst stehen lassen, denn in Rom hat sich inzwischen — die Wanderung hatte drei Jahre verstreichen lassen — einiges ereignet. Sobald Rom gemerkt hatte, daß es einstweilen außer Gefahr war, avancierte es sofort wieder zur mächtigsten und kühnsten Nation der Welt. Immerhin war der Senat aber weitsichtig genug, die Konsequenzen aus dem militärischen Fiasko zu ziehen. Er zog diese Konsequenzen, die man mit einem einzigen Wort bezeichnen kann: Marius, höchst ungern und verwünschte ihn nicht weniger als die Cimbern und Teutonen, die ihm lediglich das größere von zwei Übeln schienen. Den Senatoren wurde schon schlecht, wenn sie den Namen nur hörten. Das Volk fand Marius herrlich, zumindest zunächst. Beide Ansichten sind unschuldige Übertreibungen.

Gaius Marius war ein Bauernsohn, ein robuster Mann mit sehr schlichter Erziehung und eckigem Benehmen; spröde, eigenbrötlerisch, querköpfig bis zum Nervtöten, jähzornig, mitleidlos und von einem geradezu maßlosen Ehrgeiz. Es war nicht einfach Geltungssucht — er konnte sich unterördnen. Es war der krankhaft gewordene Wunsch seines Lebens, die einfache Herkunft vergessen zu machen und zu den bewunderten und zugleich gehaßten Aristokraten zu gehören. Er litt, weil er war, der er war, gleichgültig, welche Taten er vollbrachte. Und er war permanent tödlich gekränkt, gleichgültig ob ein Patrizier sich unbefangen gab oder nicht.

Er machte seinen Weg nach oben als Soldat. Vom Muschko über den Spieß zum Oberbefehlshaber. Er war Militär durch und durch. Ein harter Mann, der alles, was er von der Truppe forderte, auch selbst erfüllte. Er hatte sich die Sporen in einem grausamen Grenzkrieg in Afrika gegen Jugurtha verdient. Damals war sein Oberstintendant ein gewisser Quästor Sulla gewesen, bitte erinnern Sie sich später dieser Erwähnung; im Moment müssen wir bei Marius bleiben.

Nach der Katastrophe von Arausio wurde er (zum zweitenmal) Konsul, allerdings gegen erheblichen Widerstand. Aber es gab keine andere Lösung, als diesen Militär-Knoten zu berufen.

Marius hatte Glück: Die Germanen kamen nicht. Sobald er darüber sichere Nachrichten hatte, machte er seine Not-Improvisationen rückgängig und ging daran, das Heer von Grund auf und nach ganz neuen Ideen zu reorganisieren. Das läßt sich in zwei Sätzen sagen: Er verwandelte es in ein stehendes Berufsheer, und er eröffnete es dem Proletariat als normalen Erwerbszweig. Immer noch waren die Proletarier (im Frieden) nicht wehrdienstpflichtig, jetzt aber wehrdienstfähig. Eine Riesenmenge strömte ihm zu.

Es scheint der natürlichste Gedanke von der Welt. Profis sind Amateuren fast immer überlegen, und die Nichtstuer kamen von den Straßen, zwei sehr einleuchtende Vorteile. Die geldliche Belastung für den Staat war leicht zu tragen. Das also war es nicht, was den Senat so sehr beschäftigte; er sah, daß viel Folgenschwereres dahinter steckte: Das Heer, dessen Männer bisher kamen und gingen, sich zusammenballten und auflösten wie die Wolken, dieses Heer wurde jetzt ein permanenter Block, weil seine Zusammensetzung sich nicht mehr fluktuierend veränderte, sondern unabhängig blieb von Krieg und Frieden, von sozialen Sorgen und Entwicklungen. Und noch etwas anderes sah der Senat: Was würde passieren, wenn es einmal einem populären militärischen Führer einfallen sollte, sein Heer als wirklich »sein« Heer, als seine Hausmacht einzusetzen?

Mit Hangen und Bangen also sagte man Ja zu dem, was Marius tat. Man sagte auch Ja, als er 103 wieder zum Konsul gewählt zu werden wünschte, und noch einmal, als er es im Jahre 102 zum viertenmal für notwendig hielt. Man hob extra das Gesetz auf, das dagegen stand. Ja und Amen und drei Kreuze zu diesem Mann, denn eben kamen Gerüchte von Norden, daß die Cimbern in die Po-Ebene eingefallen seien. Oh, ihr Götter, es ging also wieder los! Konnte denn auch der Beste nicht in Frieden leben?

Ja, dachte der Bauernsohn Marius, jetzt flattern ihnen wieder die Nerven und das blaue Blut erstarrt.[1]

[1] Nein, diese Redensart vom blauen Blut kann er noch nicht benutzt haben, sie kam erst nach der Völkerwanderung auf, als die Westgoten in Spanien die Nobilität bildeten und die Mauren deren alabasterne Haut mit den »blauen« Adern bewunderten.

Marius war bereit. Die Teutonen in Gallien? Die Cimbern in der Lombardei? Gerade das, was Rom so aufregte, gefiel ihm. Endlich waren die beiden Haufen getrennt. Er entschloß sich, zuerst die Teutonen anzugreifen, und wenn der Senat noch so zeterte. Die Cimbern würden ihm nicht weglaufen. Die Frage einer Niederlage stand bei ihm gar nicht zur Debatte, sonst hätte er sich anders entschieden.
Im Sommer des gleichen Jahres noch, 102, stellte er sich den Teutonen zur Schlacht auf den Feldern von Aquae Sextiae (Aix en Provence).
Es war keine Schlacht, es war ein Schlachten. Als die Römer bis zu den Wagenburgen vorgedrungen waren, warfen sich auch die Teutonen-Frauen in den Kampf. Und als sie sahen, daß die letzten Männer gefallen waren, gaben sie sich und den Kindern selbst den Tod.
Saubere Arbeit. Ein ganzer Mann, dieser Gaius Marius. Jetzt lebte wirklich nichts mehr, was noch schreien konnte. Der Traum der Sieger.
Größer als die Schuld der Teutonen war natürlich die der Cimbern: Sie hatten Gebiet betreten, das Rom mit vieler Mühe erst kürzlich für sich persönlich erobert hatte. Im nächsten Sommer gedachte Marius auch mit diesen Leuten aufzuräumen.
Das Jahr 101 kam, er wurde zum fünften Male Konsul! Sein Kollege stand mit einer zweiten Heeresgruppe bei Verona und meldete, er sei im Begriff, sich hinter den Po zurückzuziehen, um Rom in einem Angebot des Feindes nicht vorzugreifen: Die Cimbern ließen sagen, sie wollten keinen Krieg; sie bäten, bleiben und siedeln zu dürfen. Trojanisches Pferd im Hause, wie? Marius lachte und brach sofort mit den Legionen nach

Oberitalien auf. Die Armeen der beiden Konsuln vereinten sich, Marius übernahm den Oberbefehl und stellte die Cimbern bei Vercellae (westlich von Mailand) zum Kampf. Die Schlacht verlief wie die von Aquae Sextiae, mehr ist nicht zu sagen. Der Stamm der Cimbern war ausgelöscht.

Rom empfing Marius wie einen Halbgott. Er bekam einen Triumphzug, man trug ihm das sechste Konsulat an, und man verlieh ihm den offiziellen Namen »Vater des Vaterlandes«.

ist die teutonische Gefahr glücklich überwunden, und die Plebs kann sich wieder ihrer Lieblingsbeschäftigung hingeben, dem Radaumachen. Clio, was die Muse der Geschichte ist, beschließt, uns einfürallemal die zwei Möglichkeiten eines staatlichen Zusammenlebens wahlweise vorzuführen, und gebiert Marius (mit dem Titel Vater des Vaterlandes) und Sulla (ohne Titel, einfach Sulla).

Wenn die Umstände es erlauben, kommen die Demagogen wieder heraus und treten ins Sonnenlicht.
Die Umstände in Rom erlaubten es. Es war Friede. Es herrschte Wohlstand und Wohlfahrt, was meistens Hand in Hand geht, weshalb ja auch die ersten Silben gleichlauten. Natürlich gab es weiter ein großes Proletariat, es wurde von Tag zu Tag größer, prachtvolles Material für Agitatoren, denn es stand stündlich zur Verfügung, war stets auf den Straßen, immer greifbar, immer ansprechbar, wohingegen Schuster, Färber, Fischer, Maurer bei der Arbeit und nicht so leicht zusammenzutrommeln waren.
Ein ungewöhnlich widerlicher Bursche — auch nach dem Urteil eigenwilligster moderner Historiker — war ein gewisser Appuleius Saturninus, der sich nun an allen Ecken und Enden zum Wortführer der Masse machte. So übernahm er sogleich die »Sorge« für die Veteranen und Reservisten des Heeres, was durchaus Sache von Maurius war. Er schrie auch nach verbillig-

tem Getreide, nach Unterstützung der »Ärmsten der Armen«, er zog sich alle Schuhe der Gracchen an, obwohl sie ihm um vieles zu weit waren. Er arbeitete auch mit Betrug: Eines Tages stellte er dem Volk als seinen Anhänger den Sohn des Tiberius Gracchus vor, der sich bei näherem Hinsehen als ein wildfremder Bengel entpuppte. Und nicht nur mit Betrug arbeitete er, sondern auch mit Mord. Als ein Volkstribun ihn bei einer Abstimmung zu Fall brachte, wiegelte er den Pöbel auf, den Mann zu erschlagen. Sie erschlugen ihn zwar nicht — wohl aus Scheu, direkt Hand an ihn zu legen, aber sie rissen das Pflaster auf und steinigten ihn von weitem zu Tode.

Es gibt keinen Zweifel: es *muß* den Leuten verhältnismäßig gut gegangen sein, man kann mir erzählen, was man will. Pflasteraufreißen ist erfahrungsgemäß kein Akt, der auf Verzweiflung basiert, sondern auf Lust am Anarchischen, auf Lust an der Machtprobe.

Bei der Konsulwahl des Jahres 99 kam es durch den Pöbel erneut zu Mord und Totschlag. Appuleius Saturninus mobilisierte sogar Sklaven zum Straßenkampf. Immer im Namen des Volkes, im Namen der Gracchen und im Namen von Marius, der sich dieser Laus nicht erwehren konnte. Der Senat verkündete den Notstand und warf Truppen auf die Straße. Marius, noch Konsul, stand zwischen Bork und Baum, zwischen dem Abscheu vor den Verbrechern und dem Haß gegen die »Optimaten« (Patrizier und Geldadel), denen er das Zittern gönnte. Er machte einen lauen Versuch, seine »Freunde« zu retten, mit dem Erfolg, daß er selbst politisch erledigt war. Das Volk, das wirkliche Volk, Lastträger, Maurer, Kutscher, Schmiede, war inzwischen auf die Barrikaden gegangen und hatte an den Aufrührern das Urteil vollstreckt und sie gelyncht. Widerliche Dinge, widerliche Verbiegungen der Wahrheit, widerliche Verbiegungen von Lebensanschauungen. Uneinsichtige Patrizier, die jeden Zopf aus alter Zeit glaubten retten zu müssen; habgierige »Unternehmer«, die, gleichgültig welche Rechte man der Masse zugestand, aufreizend wirkten. Übersättigte, ziellos gewordene Kleinbürger. Ehrgeizige und skrupellose Demagogen, feige, opportunistische Priester, dämliche Senatoren, korrupte Provinzbeamte, korrupte Prätoren und Quästoren, blutsaugerische Steuereinnehmer in Sizilien, in Gallien, in Spanien, in Afrika, in Griechenland, in Kleinasien ..., wenn Sie das alles »brennend interessiert«, dann sind Sie der ideale Abnehmer für die modernen Geschichtsbücher. Mich selbst ekeln diese Dinge derart an, daß ich es kaum sagen kann.

Konsuln kamen und gingen; Marius war nicht mehr darunter, er war von der Bühne verschwunden. Volkstribunen kamen und gingen, jeder riß den Mund auf, jedoch keiner kannte neue goldene Berge, die man versprechen konnte, und als im Jahre 91 der erste kam, der von der römischen Plebs etwas forderte, statt zu verheißen — da scheiterte er. Der Mann hieß Livius Drusus, Nachkomme jenes Konsuls Livius Salinator, der Hasdrubal am Metaurus geschlagen und den Kopf des Toten in das Lager Hannibals hatte werfen lassen — keine Gedanken an Sippenhaftung, bitte! Livius Drusus war integer, vernünftig, weitblickend und hat nie einen anderen Kopf als seinen eigenen transportiert. Und das auch nicht lange.

Das Wichtigste dessen, was er wollte, war die Verleihung des vollen Bürgerrechtes an alle Italiker. Sie hatten in Not und Leid an der Seite Roms gestanden und verdienten, Römer zu heißen. Die römische Plebs jedoch dachte mit keinem Gedanken daran, ihre Sonderstellung zu teilen. Ein anderer Gesetzesvorschlag führte zum Zwist zwischen Nouveaux riches und den Patriziern, und alle beide krachten mit dem Proletariat wegen Senkung der Getreidepreise auf den Nullpunkt zusammen. Auf der ganzen Halbinsel, wo die Bürgerrechtsfrage das Tagesgespräch war, grollte und donnerte es unruhig, kurzum, es war wieder einmal eines der schönsten Friedensjahre ... da wurde Livius Drusus von unbekannten Tätern ermordet.

Sofort schoß die Wut der Italiker hoch. Die Empörung über den Tod »ihres« Livius Drusus nahm überraschende Ausmaße an. Ein Volk nach dem anderen kündigte die Bundesgenossenschaft, täglich und stündlich trafen immer beunruhigendere Nachrichten in Rom ein, man hörte, es sei ein neuer Staat gegründet worden, »Italia«, man sprach von Corfinium als Bundeshauptstadt, man wußte sogar, daß es schon Konsuln und einen Senat gab, und schließlich hatte man eines Tages eine Münze in der Hand, einen Denar des neuen Staates. Er zeigte, wie man ihn heute noch, wenn man Glück hat, in einem Münzkabinett sehen kann, auf der Vorderseite den Kopf des Ersten Konsuls und auf der Rückseite etwas weit Interessanteres: einen Stier, der mit den Hörnern die Wölfin niederstößt! Den Römern muß es schier das Herz zerrissen haben.

Sie hatten nicht viel Zeit, den Denar rundumgehen zu lassen. Zwei Heeresgruppen des neuen »Italia« waren auf dem Marsch, griffen romtreue Orte an (nicht alle Städte und Landschaften waren abgefallen), schnitten Versorgungswege ab, schlugen die Besatzung der Garnisonen und näherten sich Rom.

In letzter Stunde entschloß sich der Senat zu dem, wozu er sich ohne Blutvergießen und ohne diese gefährliche Zerreißprobe der Freundschaft schon zwei Jahre früher hätte durchringen können: Im Jahre 89 erhielten alle Italiker, sofern sie die Waffen niederlegten, das Bürgerrecht.

Es war fünf Minuten vor Zwölf gewesen.

Und fünf Minuten nach Zwölf bei den Samniten im Süden. Gar nicht daran zu denken, sie gütlich wieder zur Räson zu bringen.

In solchen Fällen, wenn den Römern das Wasser nicht mehr bis zum Halse stand, waren sie von grausiger Entschlossenheit. Die Samniten sollten die Wölfin kennen lernen, wie damals vor zweihundert Jahren. Man hatte jetzt die Hände frei.

Wen sollte man runterschicken? Marius, inzwischen rüstiger Siebziger, kam ankutschiert und empfahl sich. Aber der Senat dankte und berief als Oberbefehlshaber einen Mann namens Lucius Cornelius Sulla.

Sie erinnern sich richtig: es ist der ehemalige Quästor von Marius. Doch bevor ich Ihnen von jener seltsamen Episode bei dem afrikanischen König Jugurtha berichte, möchte ich noch ebenso schnell wie Sulla den Feldzug gegen die Samniten beenden: Er schlug sie.

Mit Sulla muß ich Sie genauestens bekanntmachen, er ist eines der bewundertsten und gehaßtesten Objekte der Geschichtsschreibung. Er — ach so, zuerst die Episode bei Jugurtha!

Jugurtha war durch Mord und Totschlag seiner Verwandten auf den »Thron« von Numidien gekommen, jenes Numidien, das Karthago mitbeerbt hatte. Er war ein Strolch, Lügner, Hehler und Bestecher. Als Rom endlich gegen ihn vorging und Marius, damals aufgehender Stern, ihn besiegte, floh der Numidier zu seinem »königlichen Kollegen« Bocchus nach Mauretanien. Sie werden stöhnen: was für finstere Hinterwaldstaaten! Ja, natürlich, aber diese Hinterwaldstaaten am Nordrand Afrikas besaßen auch Menschenmassen, auch Lanzen, Pfeil und Bogen, und Entfernungen, an denen die Legionen scheitern konnten. Mauretanien umfaßte das heutige Algerien plus Marokko!

Marius wußte nicht, was er machen sollte. Er brauchte nicht Numidien, das nun in seiner Hand war, er brauchte das Scheusal Jugurtha, wenn er sich in Rom blicken lassen wollte.

König Bocchus von Mauretanien andererseits war unschlüssig, was er mit dem Flüchtling anstellen sollte, der selbstredend mit Gold und Juwelen beladen angekommen war und das Blaue vom Himmel versprach.

Dies war der Moment, wo Oberstintendant Sulla zu Marius ging und ihm vorschlug, allein zu Bocchus zu reiten und Jugurtha herauszuholen. Der Generalissimus hielt die Idee für wahnsinnig, denn die halbwilden Mauri waren bekannt dafür, daß sie auch den harmlosesten Leuten die Kehle durchschnitten. Aber er gab seine Zustimmung, teils in vager Hoffnung, teils aus einer Regung seines Zwerchfells: Sulla war ein Cornelier, verarmter aber höchster Adel. Sollte er ruhig!

Er war damals dreiunddreißig Jahre alt und etwa im Range eines Ministerialrates im Finanzministerium, als er jenes Tier bestieg, für das ihn im stillen Marius hielt, ein Kamel. So begann er den Ritt durch die Wüste, nicht mutterseelenallein, jedoch fast. Ein kleiner Stab begleitete ihn.

König Bocchus empfing ihn und hörte ihn an. Dann

wurde Sulla abgeführt, sah und hörte nichts mehr. Bei Bocchus begann ein erbittertes Tauziehen zwischen Jugurtha, der, um seinen Kopf zu retten, dem Mauri sein halbes Königreich versprach, und einer kleinen Gruppe von Beratern, die um keinen Preis die römischen Legionen auf dem Halse haben wollten. Es stand auf des Messers Schneide, Sulla schloß mit seinem Leben ab.

Doch das Glück war mit ihm. Bocchus entschied sich für Rom. Tollkühn forderte Sulla Jugurtha. Er erhielt ihn. Am Halfter führte er ihn zu Marius, der nun der große Mann war und seinen Triumphzug bekam, mit Jugurtha in Ketten vor dem vergoldeten Wagen.

Von Sulla war nicht viel die Rede. Er machte dann als Offizier und Einheitsführer verschiedene Feldzüge mit, kam langsam zu einem gewissen Ruf, je mehr Marius in den Schatten trat. Und jetzt hatte er also den ersten Oberbefehl und siegreichen Feldzug hinter sich — leider in einem Bruderkrieg — nicht schön, aber nicht zu ändern.

*

Lucius Cornelius, aus der verarmten Linie der Sulla, war ein äußerst disziplinierter Mann, gänzlich uneigennützig, ohne Eitelkeit, weil ohne Illusionen über die Menschen. Er war als Offizier fleißig wie Napoleon, stets auf das Genaueste präpariert, schnell im Entschluß und von gefährlicher Schärfe. Er war gebildet, sprach natürlich Griechisch, war mit den Historikern und Philosophen des alten Hellas vertraut und aß eine Scheibe trockenes Brot mit der Grandezza, als wäre es ein Stück Pfauenpastete.

Das alles mag im Urteil der heutigen Zeit noch hingehen, aber er hatte einen für uns nicht mehr verzeihlichen Fehler: er fand die damalige politische und moralische Entwicklung zum Kotzen. Und da hört es nun wirklich auf! Mit dieser Ansicht befinden wir uns in bester Gesellschaft; auch die Plebs von Rom hatte an diesem Mann keinen Gefallen. Nie ging er über den Fischmarkt und versprach höhere Löhne, nie grüßte er einen Straßenfeger zuerst, sondern immer umgekehrt, nie nahm er das Wort Volkstribun in den Mund, ohne einen Hustenanfall zu bekommen. Andererseits sahen ihn die Upper Tens nie bei einem Gelage und nie in der schönen Brüderlichkeit einer Besoffenheit. Dabei konnte dieser Mensch durchaus lachen und fröhlich sein. Was so furchtbar störte, war seine Anschauung, daß es den sogenannten gesunden Menschenverstand der Masse nicht gäbe, daß die Heiligsprechung der Quantität vor der Qualität gegen jede Vernunft sei, und daß der Fortschrittswahn bisher nur Mist geboren habe. Der Mann — wir wollen es mal beim Namen nennen — war einfach ein Konservativer.

Und wie das so geht: Im Jahre 88 wurde er Konsul. Ein Teil der Plebs scheint ihn gewählt zu haben.

In diesem Jahre wurde eine Expedition nach Kleinasien nötig. Mithridates, König von Pontus, einem Riesenterritorium zwischen dem Schwarzen Meer und Cypern, fiel seit Jahren regelmäßig in das römische »Asia« ein, das etwa der einstigen griechischen Provinz vom Bosporus bis zur Insel Rhodos entsprach. Er empfand die Römer als Einbrecher und rottete sie, wo er sie erwischte, systematisch aus. Bis jetzt waren es achtzigtausend Tote. Die Toten schrien zum Himmel, die Lebenden zu Rom.

Der Senat sammelte eine bedeutende Streitmacht in Süditalien, um sie dort einzuschiffen. Mit dem Oberbefehl wurde einer der Konsuln selbst betraut, Sulla. Zugegeben, laut Verfassung war das in Ordnung. Aber die Plebs dabei überhaupt nicht um ihre Meinung zu fragen, war eine glatte Ohrfeige für jeden selbstbewußten Schuhmacher und Bäcker, von denen mancher es als alter Soldat bis zum Feldwebel gebracht hatte und von der Sache was verstand. Es gab garnicht so wenige aus dem Volke, die viel lieber Marius an der Spitze gesehen hätten, und zwar nicht nur einfache Leute, nein, auch Marius selbst. Er hatte zwar die Siebzig überschritten, aber was besagt das? Schließlich war Moses Zweiundachtzig, als die Kinder Israels Kanaan eroberten.
Die Tributkomitien, eiligst mit Neubürgern aufgefüllt, beschlossen, Marius den Oberbefehl zu übertragen.
Es ist richtig, das war ein Verfassungsbruch. Na, schön. Und? Motiviert das die Reaktion Sullas? Er verlangte die Ächtung der Schuldigen. Daran war vom Senat natürlich nicht zu denken, schließlich waren ja auch noch die Proletarier als außerparlamentarische Opposition da.
Sulla reiste nach Süden ab und holte das Heer. Zum erstenmal in der Geschichte führte ein Konsul Soldaten gegen Rom! Die Offiziere waren bedenklich, aber die Truppe folgte Sulla, den sie als Feldherrn verehrte, sofort.
Der Senat bekam einen Heidenschreck. Er schickte dem Konsul eine Delegation entgegen, die der hohe Herr einfach beiseite schob. Da kann man mal sehen! Er glaubte dem Senat nicht, noch Herr der Lage zu sein. Mit blanker Waffe marschierte er in Rom ein. Alle

Quellen sind sich allerdings einig, daß nicht die geringsten Ausschreitungen vorkamen.
Die Ächtung der Verfassungsbrecher durchzusetzen, war nun eine Kleinigkeit. Sulla begnügte sich zunächst mit zehn Namen, darunter Marius. Dem alten Kämpen gelang es, auf einem Schiff nach Afrika zu fliehen. Seine Mitstreiter mußte er in der Eile leider zurücklassen.
Nachdem Sulla noch einige Gesetze suspendiert hatte, darunter wirklich unverständlicherweise das Einbürgerungsgesetz, und nachdem er die Konsulatswahlen für 87 durchgeführt hatte (nicht für seine Person), verließ er Rom und trat den Feldzug gegen Mithridates an.
Während Sulla an der Front war, nahm man in Rom das wichtigste Anliegen der Menschheit wieder auf: den Parteikampf. Die beiden neuen Konsuln waren Patrizier, ein konzilianter Herr namens Gnaeus Octavius (der Vorfahre des späteren Kaisers Augustus) und ein Cornelier aus dem Zweig der Cinna, nicht der Sulla.
Zwei Patrizier könnten im ersten Moment bedenklich stimmen, aber keine Sorge, Octavius war ein friedlicher Mann, der sich schon im voraus vor allen Scherereien bekreuzigte, und Cinna gehörte zu jenen fortschrittlichen Aristokraten, die stets up to date sind, wie heute unsere linksgesteuerten Freiherren und Grafen.
Auf Cinna war also in diesem Sinne Verlaß. Er versuchte sofort, durch Komitienbeschluß alles rückgängig zu machen, was Sulla durchgesetzt hatte. Das Volk jedoch, und das ist ja der ewige Jammer, zeigte keine Einigkeit. Altbürger standen gegen Zugewanderte auf, es kam, ohne daß der zaghafte Herr Octavius etwa als Opponent auch nur einen Finger zu rühren brauchte,

zu blutigen Straßenkämpfen; Cinna unterlag, floh aufs Land, dort sammelte er Sklaven und einige Garnisons-Einheiten, die er reichlich mit Geld bestach, und rief Marius aus Afrika zurück. Sein Trumpf-As.

Der Alte kam. Und damit beginnt ein wenig schöner Abschnitt der römischen Geschichte. Freilich kommt es darauf an, durch welche Brille man ihn sieht. Es geschah ja schließlich alles fürs Volk.

Die Gefühle, die sich inzwischen bei Marius aufgespeichert hatten, kann man schlicht mit Tollwut bezeichnen. Er marschierte nach heftiger Gegenwehr der Bürger als Triumphator in Rom ein und begann ein jakobinisches Schreckensregiment. Ein leidiges Kapitel, aber man kann es schlecht weglassen.

Marius bediente sich einer Bande von regelrechten Strolchen, zum größten Teil entfesselten Sklaven und Hafengesindel. Als erstes ließ er seine persönlichen Gegner ermorden, dann seine politischen, alle oder fast alle ohne auch nur den Schein eines Gerichts, und schließlich ließ er seine Schergen auf die Wohlhabenden los. Es wurden Tausende umgebracht, auf der Straße erstochen oder nachts aus den Häusern gezerrt, erschlagen und in den Tiber geworfen. Ihr Geld und Gut wurde »konfisziert«. Kein Mensch weiß, wo es geblieben ist. Marius selbst hat sich bestimmt nicht vom Gold, sondern nur vom Blutrausch leiten lassen. Zu seinen Opfern gehörte auch der amtierende Konsul Octavius, dessen Kreuzschlagen also erfolglos geblieben war, sowie Marius' alter Kriegskamerad Lutatius Catulus, sein Mitkämpfer gegen die Cimbern, dem er nie den Konkurrenzruhm verziehen hatte. Sein Haß machte vor nichts halt. Zahllose gänzlich unpolitische, ja unbemittelte Männer wurden einen Kopf kürzer gemacht, weil gerade dieser Kopf ihn ärgerte, wenn sie Gelehrte oder prominente Vertreter des geistigen Lebens waren.

Ein Flüchtlingsstrom ergoß sich aus Rom, nach Süden, Sulla entgegen.

Das Jahr 86 brach an, mit Marius als Konsul selbstverständlich. Es war das siebente Mal; bedeutungslos, weil er seine Schreckensmacht nicht aus diesem Amte nahm, und bedeutungslos, weil er nur noch wenige Tage lebte. Er starb unerwartet. Unerwartet, aber von jedermann, auch von seinen »Freunden«, herbeigesehnt. Am meisten von Cinna. Ja, Herr Baron lebten noch, er hatte sich scheintot gestellt. Nun war er wieder da, der natürliche Erbe von Volksfreund Marius.

In Rom herrschte das komplette Chaos. Cinna faßte die Gelegenheit beim Schopfe, ließ die Regierungswahlen fallen und ernannte sich selbst zum Konsul. Der Einfachheit halber nominierte er auch gleich seinen Kollegen. Das blieb drei Jahre so. Dann erschlugen ihn seine eigenen Soldaten.

Was Sulla aus der Heimat hörte, muß ihm den Schweiß auf die Stirn getrieben haben. Er konnte nicht weg, er war an den Kriegsschauplatz gefesselt. Aber eines Tages würde er zurückkehren!

Dieser Tag kam im Frühling 83. Im Glanz des Sieges über Mithridates landeten Sulla und sein Heer in Süditalien. Das erste, was er sah, war eine Schar von Romflüchtlingen. Und das erste, was er versprach, war, das Einbürgerungsgesetz gutzuheißen. Etwas Besseres hätte er als erstes garnicht aussprechen können, es ließ bei allen Italikern (außer den Samniten natürlich) das Mißtrauen schwinden.

Dann marschierte er auf Rom. Der Sohn des Marius

hielt noch schnell Nachlese und richtete ein Blutbad unter den Senatoren an; auch der Pontifex wurde im Namen der Freiheit, Gleichheit und Brüderlichkeit abgeschlachtet.

In der Stadt gab es daher eine Menge Leute, die Sullas Erscheinen nicht freudig entgegensahen, viele aus der Soldateska, auch »Offiziere«. Da es jetzt offensichtlich um den Kopf ging, formierte sich diese Terrorgruppe noch einmal in aller Eile und trat Sulla entgegen. Ein hoffnungsloses Unterfangen. Sullas militärisches Genie wog eine Legion auf.

Als er in Rom einzog, gaben sich die Mörder und Marodeure für ihr eigenes Schicksal keinerlei Illusionen mehr hin, und da taten sie recht daran. Anders die heutigen feinsinnigen Historiker. »Die letzten zehn Jahre«, schreibt ein Professor, »hatten unendliches Blut fließen sehen. Sulla war das nicht genug. Er muß der Ansicht gewesen sein, es sei nicht das richtige Blut geflossen.« Achten Sie, meine Freunde, auf die feinen Unterschiede, die unsere Jugenderzieher und Friedensfürsten zwischen »richtigem« und »falschem« Blut machen!

Sulla, für diese zarten Wellenlängen ohne Organ, rächte die Opfer Cinnas und Marius', obwohl es ja das »richtige« Blut gewesen war, das die beiden vergossen hatten! Nicht, daß Sulla der Rache freien Lauf gelassen hätte, nein, das nicht; er ließ fein säuberlich und ordentlich Listen der Verbrecher aufstellen (ein grober Fehler vor der Nachwelt; Marius hat *keine* Listen und Zahlen hinterlassen) und öffentlich aushängen, so daß man wußte, woran man war. Die Betroffenen selbst allerdings ließ er aufhängen, sofern er sie erwischte. Ihre Besitztümer — denn er machte keineswegs vor seiner »Klasse« halt — wurden beschlagnahmt. Sie verschwanden nicht spurlos, sondern wurden öffentlich versteigert. Die Gebeine des alten Marius ließ er in alle Winde verstreuen. Früher hätte ich solch eine Handlung für verwerflich gehalten, aber die Alliierten, die in Deutschland 1945 das gleiche Beispiel gaben und gewiß tadellose Nationen sind, lassen mich nun fortschrittlicher denken.

Als Gegengewicht gegen die von Cinna hereingeholte und freigelassene Meute von Sklaven verfügte Sulla jetzt die Freilassung aller jener Sklaven, die die Terroristen und Weltbeglücker aus ihrem eigenen »Besitz« *nicht* freigelassen hatten. Es waren immerhin zehntausend!

Diese Menschen, die nun zum erstenmal einen Familiennamen tragen sollten, nannten sich aus Dankbarkeit künftig Cornelii. Ich weiß nicht, warum die heutigen Historiker noch nicht auf die listige psychologische Deutung gekommen sind, daß die Sklaven bei dem Namen Cornelius in der Tiefe ihres Herzens gar nicht an Sulla, sondern an Cinna, den anderen Cornelier, gedacht haben, nicht wahr?

Sulla war sich darüber klar, daß zur Restauration der Staatsgewalt mehr als die paar Wochen nötig waren, in denen er dank seiner Militärmacht alles durchsetzen konnte. Er schlug vor — man kann selbstverständlich auch sagen: er ließ sich — auf unbefristete Zeit zum Diktator berufen.

Man tat es. Auf unbestimmte Zeit? Ein glatter Verfassungsbruch, meine Herren Senatoren, soweit Cinna Sie am Leben gelassen hat!

So übel aber wirkte er sich nicht aus, wie wir gleich einmal, ohne in Details zu gehen, sehen wollen.

*

Sulla gab dem Senat, der ja keineswegs etwa nur aus Patriziern bestand, sondern voll von Plebejern war, die Regierungsgewalt zurück. Um mehr Meinungen und Stimmen zur Geltung zu bringen, erhöhte er die Zahl der Sitze von dreihundert auf sechshundert. Die Befugnisse der Volkstribunen reduzierte er auf das, um dessentwillen sie einst erfunden worden waren: sie sollten Anwalt derer sein, denen Unrecht geschehen war, sie sollten den machtlosen, ämterlosen, vielleicht gegenüber einem Gericht hilflosen einzelnen aus der Plebs vertreten. Sie sollten auch wie einst in Fällen von Unrecht und Willkür ihr Veto aussprechen, und sie sollten die Wünsche und Vorschläge der Gesamtheit der Plebs an die Regierung herantragen.
Alle diese Dinge waren ja längst von einer Woge von gewaltsamen Machteroberungen überschwemmt gewesen. Die Volkstribunen hatten sich an das Räderwerk des Staates gestellt, ohne jedoch die Regierungsverantwortung zu übernehmen. Sie hatten von ewig neuen Erpressungen, Forderungen, Machtproben gelebt und bei der Masse mit Appellen an die niedrigsten Instinkte gearbeitet. Diese Entwicklung war um so heftiger und rasanter geworden, als die »Gegenseite« sich erklärlicherweise versteifte. Auch Fehlschläge erwiesen sich als Dynamit — so, wie ein Gewerkschaftsführer der zwanziger Jahre einmal sagte: »Jeder gescheiterte Streik entfacht Wut und ist in Wahrheit ein Sieg«. Sulla empfand es als undenkbar, daß zehn »Rechtsanwälte beim Bundesverfassungsgericht« (nennen wir die Tribunen mal so) dem Bundesverfassungsgericht befehlen konnten, wie das Urteil zu lauten habe. Genau darauf lief es aber hinaus. Sulla nahm auch den Equites, den Unternehmern und Nouveaux riches, die hohe Gerichts-

barkeit, die Gracchus ihnen, um sie zu ködern, gegeben hatte. Der Senat erhielt sie zurück. Wenn einige Geschichtslehrer daran den Kommentar knüpfen, daß damit den vielen ungetreuen Statthaltern der Provinzen vor Gericht von »ihresgleichen« Straffreiheit so gut wie sicher gewesen sei, so ist das sehr farbenblind. Erstens unterschiebt es den Lesern immer wieder die Meinung, der Senat und damit der Gerichtshof sei ein Adelsklüngel gewesen; zweitens unterstellt es, die Praetoren der Provinzen hätten sich ebenfalls aus lauter Peers rekrutiert. Drittens setzt es als selbstverständlich voraus, daß gehobene Stände ungerecht, niedrige dagegen immer gerecht seien; und viertens waren die großen Übel, die Blutsauger der Provinzen, gar nicht die Statthalter, sondern die Steuerpächter, und ausgerechnet die kamen aus dem Equites-Stand, dem Gracchus die Gerichtsbarkeit zugeschustert hatte.

Es ist ermüdend — ich weiß — die Rechnungen unserer pädagogischen Oberkellner dauernd nachprüfen zu müssen, aber es ist notwendig. Sie kennen doch die Geschichte jenes Obers, der auf jede Rechnung zum Schluß den Posten »Geht's« setzte, bis ein Gast ihn fragte: »Was ist das hier zu vier Mark fünfzig: Geht's«?, worauf der Kellner resigniert antwortete: »Also geht's *nicht.*«

Nein, es geht *nicht.*

Vollkommen richtig hat Sulla den Volkstribunen auch einen Strich durch die Rechnung gemacht, über das gefürchtete Sprungbrett eines Tribunen in das Konsulat oder die Praetur zu turnen. Diese Männer sollten sich entscheiden: Jesus oder Pilatus.

Für die Veteranen des Krieges stellte er rund hunderttausend Höfe bereit. Er übergab sie ihnen nicht zum

Weiterverkloppen, er bat auch nicht lange, er machte es zur Bedingung ihrer Versorgung. Da er die Landluft überhaupt für gesünder hielt als die Luft der Halbmillionenstadt, beförderte er auch das lichtscheue, in den Wirren zugewanderte Gesindel an die frische Luft, denn er war nicht der Meinung, jeder könne sich bei jedem einnisten.

Es gab wieder viele Circusspiele und Festlichkeiten. Und es wurde viel gebaut, privat und öffentlich. Rom machte städtebaulich einen großen Schritt nach vorn, neue Quartiere wuchsen hoch, Plätze wurden gepflastert, Staatsgebäude vergrößert, Tempel gestiftet.

Immer noch sah Rom natürlich nicht so aus, wie später in der Kaiserzeit, und wir wollen uns bis dahin einen Rundgang aufsparen.

Aber man *konnte* wenigstens wieder rundgehen, auch nachts. Rom war immer schön gewesen und ist es heute noch, wenn der Mond im Tiber badet oder auf die Pilzköpfe der Pinien fällt. Man fürchtete sich nicht mehr. Man konnte bei offenen Türen schlafen.

Das bedeutet nicht die Welt, gewiß nicht, aber das sind so Sachen, die man ganz gerne hat.

Sulla war jetzt drei Jahre Diktator. Kein gesunder Mann mehr; die Strapazen wirkten nach. Er hatte vom Mithridates-Feldzug aus Asien eine Infektionskrankheit mitgebracht, die ihm zu schaffen machte. Er fand, es sei getan, was zu tun war.

Im Jahre 79 rief er das Volk von Rom zusammen und verkündete ihm, daß er die Diktatur nun niederlege. Er empfahl den Staat der Einsicht des Volkes und das Volk der Einsicht der Macht. Dann winkte er mit einer Handbewegung die Liktoren und die Leibwache weg, stieg von der Rednertribüne und ging allein durch die Menge fort.

Das Volk, Kopf an Kopf, öffnete ihm ehrfürchtig eine Schleuse. Keine Hand erhob sich gegen ihn, kein Dolch. Ungefährdet schritt er an Menschenmauern vorbei durch die Straßen zu seinem Haus. Dort ließ er die Wagen fertigmachen, lud seine Familie ein, bestieg sein Pferd und verließ Rom.

Er besaß in Puteoli (Pozzuoli) bei Neapel ein Gut, auf das er sich zurückzog. Er lebte dort für jede Freundes- und für jede Mörderhand erreichbar. Er lebte so, wie er war: sehr kultiviert, gern im Kreis geistreicher Menschen, auch sinnenfreudig und fröhlich.

Über die Kurzlebigkeit seines Werkes machte er sich keine Illusionen, denn er bekannte, daß dazu der Volkskörper schon zu krank sei. Er war selbstbewußt, aber bescheiden, gütig und zugleich hart, immer aber — wie auch seine Feinde überliefert haben — von achtunggebietender moralischer Autorität. Er lebte nur noch ein Jahr.

Zu seinem Staatsbegräbnis begann eine Völkerwanderung aus allen Teilen Italiens: seine einstige Armee trat noch einmal in Reih und Glied vor ihm an.

*

Sie fragen, ob Sulla mein Ideal sei?

So dürfen Sie nicht fragen. Es gibt kein »Wer«-Ideal, weil jeder »Wer« ge-timed sein muß; es gibt nur ein »Was«-Ideal.

Mein Ideal ist ein Sulla in einem Staat, der keinen Sulla nötig hat.

beginnt für einen honorigen Römer sehr ärgerlich: die ersten Dichter und Schriftsteller treten auf. Sie befinden sich natürlich sofort in der bekannten Lage eines unliebsamen Subjekts. Doch die Regierung hat beklagenswerterweise keine Zeit, sich mit ihnen zu befassen, denn gerade jetzt bricht eine tödliche Gefahr herein: der Spartakus-Aufstand, den ich Ihrer besonderen Aufmerksamkeit empfehle.

Sullas Tagebücher, die er von frühester Zeit an führte, und seine Erinnerungen, die er in Puteoli begann, sind verlorengegangen. Aber seine Zeitgenossen haben sie gekannt, sodaß vieles von ihm sich bei späteren Historikern wiederfindet.

Es wird Ihnen aufgefallen sein, daß wir seit den Punischen Kriegen mit authentischem Material recht gut versorgt sind. Damals, nach dem ersten Krieg, hatte Naevius (gest. 201) die Geschichte des Feldzuges geschrieben — Sie erinnern sich: sehr zum Mißvergnügen der Römer. Dann folgte Fabius Pictor mit der Darstellung des Zweiten Punischen Krieges, Zeitgenosse Hannibals. Ihn zu bemäkeln oder auf ihn als »Schreiberling« herabzusehen, ging schon nicht mehr, denn er war ein Fabier, also ältester Adel, Senator und Gesandter. (Nach der Schlacht bei Cannae hatten die Römer ihn zum Delphischen Orakel geschickt, um von der Pythia guten Rat zu holen, auch wenn er teuer war).

Kurzum, mit Fabius Pictor war die Geschichtsschreibung salonfähig geworden. Das aber war, bis zur Zeit Catos auch das Äußerste, was ein ernsthafter Mann tun durfte.

Davon profitierte ein Herr Ennius, eng mit Scipio Africanus befreundet, was ihn so kühn machte, nicht nur eine weit ausholende Geschichte im Stile Homers, die »Annales«, sondern sogar Tragödien zu wagen.

Immer noch kümmerte sich keine Seele um Quellen, Zeugnisse und Dokumente aus Roms frühester Zeit. Eine alte Inschrift war für sie Null, Steine blieben für sie stumm, alte Bauten waren alte Bauten und nichts weiter, Erinnerungen im Volk längst überwuchert von Erfindungen und Phantastik. Rom lebte in der Gegenwart, im Militärischen, im Juristischen und im Handel. Es spürte keine Lücke. Bis Sulla waren die Römer ganz egozentrische, gegenwartsbezogene Menschen, deren Geschichtsbewußtsein über ein paar Sagen und Mythen nicht hinausging.

Mit Sulla wurde es schlagartig anders. Wie so oft in Epochen des Konservativismus flammte plötzlich eine wahre Leidenschaft für die Geschichte des Volkes auf. Denn so wenig schwer es ist, der Masse einzuimpfen, daß die Vergangenheit geringer als ein alter Hut sei, so wenig schwer ist es auch, die Jugend das Gegenteil zu lehren.

Ich sagte, es sei nicht schwer. Aber es ist eine teuflische Sache; sie setzt voraus, daß man Vergleiche nicht zu scheuen braucht. Erklärt man »Vaterland« für komisch und Liebe für eine Variante von Harndrang, dann ist man der Sorge enthoben, als Amöbe entlarvt zu werden. Setzt man die Ideale wieder ein, so werden sie an einem selbst sogleich zu erbarmungslosen Maßstäben.

Sulla brauchte die Maßstäbe nicht zu scheuen. Das ist nicht mein Urteil allein, das haben alle seine Gegner bezeugt. Er ist der erste in der langen Geschichte Roms, der die Königszeit, diese ängstlich versteckte elektromagnetische Epoche ins Bewußtsein zurückbra hte. Er *scheute* nicht, er *wünschte* die Konfrontation! Er wünschte, die republikanische Gründerzeit zu erhellen, er wollte — im Bewußtsein, daß es vielleicht der letzte Moment war — die Geschichte Roms vor dem Versinken in Vergessenheit retten. Er wünschte sich Michelangelos, die die Gestalten der Urzeit in Marmor hauen sollten. Er suchte und förderte. Er erlebte das Ergebnis nicht mehr: Kein Michelangelo, lauter Thoraks.

Wie die Pilze schossen die Geschichtsschreiber hoch. Keiner von ihnen hatte die geringste Ahnung, die über das hinausging, was jedermann wußte, nämlich fast nichts. Aber sie waren von glühendem, nicht ganz sauberem Eifer beseelt, das Dunkel der Vergangenheit zu erhellen und die Lücken auszufüllen. Das machten sie auf die Weise, daß sie für alle Zeiträume, die dessen bedurften, Gestalten und Ereignisse erfanden. So saßen sie mit Griffel und Täfelchen in der Hand unter der Pergola ihres Häuschens oder am offenen Fenster ihrer Wohnung im dritten Stock und zwitscherten Hübsches, Spannendes, Liebliches vor sich hin: Nachtigallen für Rom. Man sollte wenigstens die Bekanntesten unter ihnen nennen, nicht in dem Sinne, wie man Ranke und Mommsen erwähnt, sondern wie Hauff und Andersen. Es waren die Herren Claudius Quadrigarius, Gaius Macer und Valerius Antias. Es sind die sogenannten »jüngeren Annalisten«. Ihre Kuckuckseier findet man noch siebzig Jahre später in den Büchern des Livius.

Wo es im Garten des Geistes so hoch herging, wo so

viele dem Staate nützliche Pflanzen hochschossen, konnte es gar nicht anders sein, als daß auch das Unkraut sich hervorwagte: die Dichtung. Schon Plautus hatte, als Hannibal erledigt und Rom in Gönnerlaune war, Komödien geschrieben. Kenner der Geschichte sind von der Behauptung nicht abzubringen, daß die Römer sogar gelacht hätten.

Nach Plautus schaffte Terenz (Terentius Afer, ehemaliger Sklave, gest. 159) den Sprung auf die Bretter, die damals eher die Verbannung als die Welt bedeuteten. Das alles zur Zeit Catos, man möchte es nicht glauben.

Dann folgt ein Vakuum. In der Hölle des Bürgerkriegs dichtet man außer den Haustüren nichts.

Nun könnte man fragen: Und was war unter Sulla da? Nur ein paar Säuglinge, die noch in der Wiege lagen, und Knaben, die Murmeln spielten. Sulla regierte übrigens nur drei Jahre, wir wollen es nicht vergessen.

Aber dann kamen sie: Lukrez (Lucretius), Catull (Catullus), Sallust (Sallustius). Lukrez ist ein philosophierender Epikuräer. Er endete durch Selbstmord. Wie man Epikuräer sein kann, also ein Anbeter der Sinnenfreude und des Genießens, und zugleich Selbstmörder, das erklärt uns ein moderner Literaturhistoriker in einer Literaturgeschichte: »Er lebte unter Sulla, einer Vorgestalt Hitlers, und man kann ihm also seine Umdüsterung nicht verübeln.« Wie böse die heutige Welt doch ist, und wie verlogen! Lukrez, dem wir im übrigen gar nichts »verübeln«, hat von seinen vierundvierzig Lebensjahren Sulla ganze drei Jahre als Knabe erlebt. So sieht dann die Wahrheit aus.

Er verrät in vielen seiner Verse schon Schwermut; was

wissen wir außerdem von seinem privaten Leben? So gut wie nichts.

Catull, neun Jahre jünger, ist schon um 54 dreiunddreißigjährig gestorben. »Er war eines reichen Mannes Sohn und konnte es sich deshalb gestatten, in Gefühlen zu schwelgen.« (Unser Literaturhistoriker.) Catull ist Roms erster reiner und bedeutender Dichter. Am Grabe des Bruders schrieb er:

»Ach, so früh, so früh der Bruder dem Bruder geraubt! Nimm, lieber Bruder, mein Opfer, von Tränen naß, und lebe wohl, leb wohl auf ewig.«

Und seine Geliebte betete er an:

»Laß uns leben, Geliebte, laß uns lieben!
Kümmre dich nicht um das Munkeln und Grämeln
und den Staub überlebter, vertrockneter Sitten.
Die Sonne wird ewig kommen und gehen und
wiederum kommen, doch wenn unser eigenes kleines
Flämmchen einst sinkt, dann schlafen wir
eine Nacht für immer.
Liebste, küsse mich hundert- und tausendmal, und
noch einmal tausend und tausend,
damit wir das Schicksal verwirren, daß es die
Summe nicht weiß und uns neidet.«

Das ist schön. Alkaios und Pindar sind die Väter, die ihn allerdings um Haupteslänge überragen.

Der dritte der Generation ist Sallust, geboren 86, gestorben 35.

»In einigem Abstand«, schreibt unser Literaturhistoriker, »muß hier Sallust genannt werden. Er fing als Politiker an und wurde, wie mancher andere, so reich durch diese Tätigkeit, daß er die berühmten Sallust'schen Gärten anlegen konnte. Hier hat er dann in Beschaulichkeit seine Geschichtsstudien getrieben und seine

Bücher verfaßt. Manches stimmt nicht, aber das ist ihm gleich.« Ja, aber uns ist es nicht gleich.

Sallust begann als Volkstribun, sprang dann in die Senatslaufbahn über, wurde aus dem Senat wegen persönlicher Dinge ausgestoßen, warf sich an den nächsten Machthaber heran, bis er die Stelle eines Statthalters in Numidien erhielt, wo er der größte Blutsauger und Erpresser wurde. Volksfreund und ehemaliger Tribun Sallust wurde natürlich nie zur Rechenschaft gezogen und verbrachte den Rest seines Lebens, den er sich gewiß länger vorgestellt hat, »in Beschaulichkeit«. Sein Hauptanliegen war, die berüchtigte Verschwörung des Catilina zu verewigen und für diesen Strauchritter eine Lanze zu brechen. Zu Herrn Catilina und seinesgleichen kommen wir jetzt.

*

Sulla hatte kaum die Augen geschlossen, da bröckelte Stück für Stück dessen ab, was er errichtet hatte. Es war eigentlich gar nicht die gedankenlose Masse, die das Gebäude zum Einsturz brachte, obwohl auch dies nicht verwunderlich gewesen wäre, denn sie schreit Hosiannah und Kreuzige in einem Atemzug. Ja, man kann nicht einmal den Einpeitschern, die sofort wieder in den Sattel kletterten, die Schuld geben. Die wahren Schuldigen waren die Optimaten selbst, Patrizier und Equites, zu morsch, um noch Rückgrat zu zeigen, zu feige, um noch die Brust hinzuhalten, zu bequem, um nicht den Weg der geringsten Mühe zu gehen. Jeder fand ein Mäntelchen für sein schwaches Kreuz, man wollte »Härten wiedergutmachen« — Sullas natürlich; Marius' und Cinnas nicht, die hatte es nie gegeben.

Man wollte »Gefallen tun«, man wollte sich »Freunde schaffen« und Brücken für die Zukunft bauen, eine Zukunft, die schon wieder etwas rötelte. Man wollte vor allem nicht »immer der einzige Dumme« sein, das heißt, nicht mehr integer. Sulla hatte viele verärgert, er hatte das Mindestalter für die Ämter heraufgesetzt, um der Jugend, die noch nicht trocken hinter den Ohren war, ein paar Lehrjahre des Lebens mehr aufzubrummen. Er hatte den Ämterschacher unterbunden, die Vetternwirtschaft, die Bestechung, lauter Dinge, die das Leben so ergibt und die doch wirklich nicht schlimm sind. So hören wir denn, daß man mit »Politik« wieder reich werden konnte; daß die Proskribierten der Verurteilungslisten, die Sulla bekanntlich alle getötet hatte, wieder auferstanden und auf Betreiben einflußreicher Verwandter nach Rom zurückkehren durften; daß die Volkstribunen wieder ihre Massen aufwiegelten und »Beschlüsse« durchsetzten; daß ein Konsul versuchte, sich unter den Augen des Senats, dieser Bude voller Manager und Feiglinge, zu einem neuen Robespierre zu machen, was ihm im letzten Moment mißlang; daß ein Subjekt wie Catilina, den gutgläubige Sozialisten heute noch für einen der Ihren halten, einen Geheimbund organisierte mit dem Ziel, die Konsuln zu ermorden und sich an die Spitze zu bringen. Daß die Lebensmittelversorgung Roms in größte Gefahr geriet, weil sich riesige Seeräubergemeinden mit ganzen Flotten und Landfestungen gründeten und die Meere zu beherrschen begannen; daß Mithridates in Asia seine Schlachtfeste wieder aufnahm, und daß ein ehemaliger marianischer Offizier in Spanien die Iberer aufwiegelte, sich zu ihrem König ausrufen ließ, sich als römische »Exilregierung« betrachtete, sich mit dem Staatsfeind

Mithridates verbündete und ein Heer gegen Rom aufstellte.
Ein langes Kapitel von Unruhen, Mord und Totschlag, Revolten und Ängsten, das einer ganzen Generation den Frieden ihres Lebens stahl.

*

In den Beginn dieser Zeit, in das Jahr 73, fällt ein Ereignis, das um vieles gefährlicher war als der ganze andere aufgequirlte Morast, ein Ereignis von der Wucht eines Vulkanausbruchs. Seltsamerweise spricht man nicht gern davon, denn die Wurzeln sind peinlich, und die Gedanken, die einem dabei kommen können, nicht minder. Grund genug, daß wir uns sofort darüber hermachen. Nur bitte ich Sie, über *meine* Gedanken nicht zu erschrecken.
Ich spreche vom Spartakus-Aufstand!
Nehmen wir an, Sie hätten den Namen Spartakus nie gehört, dann will ich Ihnen beim Nachschlagen behilflich sein. Ein zehnbändiges Geschichtswerk widmet ihm vier Zeilen. Es spricht von einem »örtlichen Sklavenaufstand, einer Meuterei einer Gladiatorenbande, die den Umfang eines bedrohlichen Krieges annahm, der zwei Jahre lang die Regierungstruppen in Atem hielt. Erst im Jahre 71 v. Chr. glückte es dem Marcus Licinius Crassus, durch umsichtige Kriegsführung Italien von dieser Geißel zu befreien.«
In einer französischen Historie Roms, von 1960, stehen zwei Zeilen: »Im Süden Italiens sammelten sich revoltierende Sklaven um den Thraker Spartakus. Zehn Legionen waren nötig, um sie zu vernichten.«
Meyers Konversationslexikon, der alte, unbestechliche

Meyer, gibt ihm im Drange von zweihunderttausend Stichwörtern noch zwölf Zeilen: »Spartakus, Führer im Sklaven- oder Gladiatorenkrieg 73--71 v. Chr., von Geburt ein freier Thrazier, kam als Kriegsgefangener in die Gladiatorenschule zu Capua, entfloh mit siebzig Genossen, besetzte den Vesuv, schlug den Prätor Varinius und gewann Zulauf bis auf siebzigtausend Mann. Nunmehr bemächtigte er sich Süditaliens, besiegte viermal die Römer, bis ihn, schon hundertzwanzigtausend Mann stark, der Prätor M. Licinius Crassus 71 nach der Südwestspitze Italiens drängte. Er fiel bei Potelia mit sechzigtausend Sklaven. Die Gefangenen wurden gekreuzigt, die Überlebenden, die sich durchgeschlagen hatten, von Pompeius am Fuße der Alpen vernichtet.«

Hiermit, meine verehrten Leser, wissen Sie alles, was Sie wissen dürfen, ja sogar — durch Meyer — schon etwas zu viel.

Auf den ersten Blick scheint das Thema so recht nach dem Herzen von Volksfreunden zu sein: Die Ärmsten der Armen stehen auf. Erhebung, Befreiung, Gleichheit, Brüderlichkeit. Ach, möchte man ausrufen, daß das ein Gracchus, ein Marius nicht mehr erlebte!

Bei genauerem Hinsehen aber erweist es sich als ein Thema von fürchterlicher Strenge, als eine Gewissenserforschung, die den meisten über die Kräfte geht. Dieser Spartakus ist das »Heiss Eysen« der mittelalterlichen Gottesgerichte, von dem Hans Sachs sagt, nur der ganz Wahrhaftige könne es »neun Schritte tragen, ohne daß die Hand verbrenne«. Passen Sie jetzt gut auf, ob *ich* es neun Schritte tragen kann.

Die Gladiatoren-»Spiele« gehörten neben den Wagenrennen zu den begehrtesten Volksbelustigungen der

Römer. Sie waren nicht ihre Erfindung, aber sie hätten es sein können, jedenfalls schätzten die Griechen ihre Nachbarn so ein und verachteten sie dafür tief. Ursprünglich scheinen es bei den Etruskern Schwertkämpfe bei Leichenfeiern von vornehmen Verstorbenen gewesen zu sein, und auch da wahrscheinlich schon eine Umformung früherer Menschenopfer, die einmal in grauer Vorzeit vorgekommen sein mochten. Von den Etruskern übernahmen es bereitwilligst die Römer, nicht mehr als Riten natürlich, sondern als Belustigung. Der Circus Maximus (das Colosseum gab es noch nicht) faßte anfangs, als die Tribünen noch aus Holz waren, vielleicht zehn- oder zwanzig-, später hundertfünfzigtausend Zuschauer. In der ersten Zeit der Republik waren Gladiatorenschaukämpfe so selten, wie die Festtage überhaupt selten waren. Dann setzten sie sich in der Gunst der Masse immer mehr durch (die Nobilität hat kaum teilgenommen), und um 100 v. Chr. schon bedeuteten sie der Plebs das ganze Glück, Inbegriff dessen, was das Leben lebenswert machte; »das bißchen Freude«, das »unsereins« hatte.

Nach Sulla, also zur Zeit des Spartakus, waren die Gladiatoren-Veranstaltungen längst nicht mehr an Feste gebunden, sondern Unternehmen, von denen eines das andere jagte, wie bei uns die Renntage. Und wie es heute chic ist, sich einen Stall zu halten, so gab es damals zahlreiche Nouveaux riches, die sich Gladiatorenkasernen hielten. Dort lebten die Kämpfer hinter Gittern, trainierten tagaus tagein, wurden verladen, wenn sie irgendwo aufzutreten hatten, kehrten zurück oder auch nicht zurück und wurden wieder aufgefrischt. Die Besitzer solcher »Ställe« waren fast nie selbst Veranstalter von Circus-Spielen, sondern vermieteten die Gladiatoren an die Unternehmer. Von Quittungen aus einer Provinzstadt wissen wir, daß man zwanzig Denare pro Mann verlangte, sofern er unversehrt zurückkam, das Doppelte, wenn er verwundet wurde, und tausend Denare für jeden Toten. Um vieles mehr zahlte und erwartete man natürlich in Rom. Die Rechnungen waren nie niedrig, denn je größer die Verluste, desto schöner die Veranstaltung. Zur Zeit des Spartakus traten zweihundert bis dreihundert Paare auf; bei den acht von Kaiser Augustus gegebenen Staatsspielen fochten zehntausend Mann, ebenso viele bei den Volksfesten, die Trajan einhundertdreiundzwanzig Tage lang veranstaltete. Dazu ertönte dezente Musik auf der Ktesibios-Orgel.

Wenn zu Beginn der Veranstaltung die Schar der Gladiatoren, den federgeschmückten Visierhelm auf dem Kopf, das blanke Schwert in der Faust, zum Parademarsch einzogen, war das ein Anblick, der das Volk von den Bänken riß: Die Morituri, die »Todgeweihten« kamen — ein Schauer ging durch die Menge, und sie dankte es ihnen mit lautem, freudigem Jubel.

Der schönste Kampf schien den Römern der samnische. Der Gladiator trug den Raupenhelm, Schild und Stoßschwert, Eisenschuppen am rechten Arm und Lederschienen an den Beinen. Helm oder Schild zu zerspalten oder den Arm abzuschlagen, waren Augenblicke höchster Spannung, aber der klassische Sieg war immer noch der Stoß ins Herz. Auch der thrakische Kampf mit dem Sichelschwert war schön. Schön und gruselig auch der Retiarius, der Netzkämpfer, der das Fangnetz über den Kopf des Gegners warf und ihn dann mit dem Dreizack zu töten versuchte. Es gab auch Kämpfer, die von Kopf bis Fuß gepanzert waren. Da gab es nur eine aussichtsreiche Chance: sie durch den Sehschlitz in die Augen zu stechen. Etwas für Feinschmecker.

In all diesen Sparten kannte das Volk sich fachmännisch aus; es stellte Prognosen an, schloß Wetten ab, erhitzte sich auf der Straße vorher und nachher, feierte, zankte und verfeindete sich, und wenn ein Liebling fiel, war es richtig traurig.

Was man nicht vermuten sollte, war aber doch der Fall: Es gab auch Feiglinge unter den Gladiatoren, es gab Verwundete, die die Hand hoben als Bitte um Gnade. Da kam es dann darauf an, wie man die Sache ansah: Handelte es sich um einen Neuling, so hatte es wirklich keinen Sinn, ihn zu begnadigen, denn die Prozedur würde sich voraussichtlich dauernd wiederholen. Waren es aber Männer, die bereits schöne Kämpfe geliefert hatten, dann konnte man schon ein Auge zudrücken und die Tücher schwenken zum Zeichen, daß das Volk ihm das Leben schenkte.

Das Problem, woher die Gladiatoren kamen und wie sie sich rekrutierten, hatte man sehr einfach angepackt und gelöst.

Die Römer, die ja zu jeder Zeit irgendwo, sei es auch an fernen Grenzen und in bescheidenem Ausmaße, Krieg führten, machten jeden Kriegsgefangenen zunächst einmal prinzipiell zum Sklaven. Gebildete Sklaven, Menschen, die vorher in ihrer Heimat Aristokraten oder Ärzte oder Philosophen gewesen waren, hatten die gute Chance, Hauslehrer oder Erzieher oder Ähnliches bei ihrem Besitzer zu werden. Das Gros fand Verwendung auf dem Lande, in Werkstätten, auf dem Bau, als Ruderer (schlimm), in den Minen (schlimmer), in den Werften oder im Haushalt. Die körperlich besonders imponierenden, die Giganten, die Athletischen, wurden zum Tode verurteilt. Das war natürlich nur eine kleine Finte. Man teilte ihnen mit, daß sie begnadigt würden, wenn sie einwilligten, Gladiator zu werden. Man half da also ein bißchen nach, zugegeben. Alle entschieden sich naturgemäß für die Laufbahn eines Schwertkämpfers. Aber auch Freiwilligen stand dieser Beruf offen, durchaus. Er bot Ruhm und Belohnung, und dem Sklaven schließlich sogar die Befreiung — nicht unbedingt von der Sklaverei, aber zumindest vom Gladiatorenberuf —, wenn ein Kämpfer drei Jahre lang unbesiegt geblieben war. Das soll vorgekommen sein.

Spartakus war in der Kaserne von Capua zu der Ansicht gelangt, daß drei Jahre gleich tausend Tage und eine lange Zeit seien. Ihm kam der Gedanke, man könne die Frage »Sterben oder Überleben« auch vorverlegen, und zwar gleich auf morgen. Er hatte viele Freunde, wirkliche Freunde unter seinen Kampfgenossen, Freunde, die bei jeder Vermietung davor zitterten, gegeneinander zu kommen. Sie alle teilten seine Meinung. Spartakus war von Geburt ein freier Thraker, er stammte also aus der Gegend des heutigen Bulgariens, ein kluger Mann, ein Mann mit Weitblick, rascher Auffassungsgabe, Verantwortungsbewußtsein, ein Mann von deutlicher Noblesse trotz seines ungeschlachten Wesens und seiner titanischen Figur, die über sein leidempfindliches Herz hinwegtäuschte. Er wollte nicht Sklave sein, er wollte, daß niemand Sklave sei. Und er wollte nicht sterben. Das war eigentlich alles, was ihn bewog. Nichts Kompliziertes also, nichts, was die hochempfindliche, die so fein differenzierte, schöne Volksseele Roms nicht hätte begreifen können.

Wie oft hatte Spartakus nicht die Plebs beobachten können, wie sie, keine Kosten und keine Zeit scheuend, von weit hergereist kam, nur um den Gladiatoren am Vorabend ihres Kampfes bei der »libera cena« zuzusehen, einer — nun sagen wir — Henkersmahlzeit, die in der Öffentlichkeit stattfand. Die Gladiatoren haßten dieses Fressen, denn da galt es, mit gutem Appetit tüchtig zuzugreifen, um sich nicht dem Spott der Menge auszusetzen. Und er hatte die Plebs gesehen, wie sie in den Circus strömte, heiter und wohlgenährt, oft mit Pferd und Wagen, das große Wort führend, Gebäck und Früchte knabbernd, ein Näpfchen hier an einer Bude trinkend, ein Würstchen dort an einem Stand essend, mit den Sesterzen und Denaren in der Hand klimpernd. Nein, nichts zu erwarten von diesen »Armen«. Und er dachte an Thrakien, wo man Bauer und Jäger war, abends müde aber glücklich in das Dorf heimkehrte, mit Freunden um das Feuer saß, ein Stückchen Ziegenfleisch teilte, eine Schale voll geröstetem Korn in Milch aß und mit den Hunden spielte oder die Käuzchen nachäffte und neckte. Jetzt war er ein Stück Vieh, sie hatten ihm den »Eid« abgenommen, seinem Herrn blind zu gehorchen, auch auf Befehl sich »schlagen, brennen, verwunden und töten zu lassen«.
Eines Tages im Jahre 73, nach dem Training, ehe die Waffen wieder eingesammelt und verschlossen wurden, brach Spartakus mit siebzig seiner Kameraden aus, Thraker, Germanen und keltische Gallier. Sie bahnten sich den Weg mit Waffengewalt und versteckten sich bei Einbruch der Dunkelheit an den Hängen des Vesuvs. Wie vorauszusehen, war niemand da, der sie hätte verfolgen können. Siebzig Gladiatoren, die Elite

der Fechter — dafür, so schätzte der Kasernenkommandant, wären ein- bis zweihundert Soldaten nötig gewesen. Wir werden später sehen, daß der Herr sich irrte: in der letzten Schlacht besiegte, wie die alten Quellen berichten, Spartakus allein einhundert. Gelernt ist gelernt.

Die Kunde vom Ausbruch der Gladiatoren verbreitete sich in Windeseile. Rom war zunächst nicht erschrocken, nur empört. Feine Zustände, fluchte das Volk. Und wie diese Siebzig hausten! Erpreßten Nahrung bei den Bauern, räuberten in den Vorräten, fraßen die Obstgärten kahl und vergriffen sich sogar an den jungen Kirschplantagen, dem Augapfel des Exkonsuls Lucullus, der mit so vieler Mühe die ersten Bäumchen aus Asia importiert hatte.

Die Siebzig am Vesuv bekamen schon in den nächsten Tagen Verstärkung. Immer neue Grüppchen von Sklaven kletterten des Nachts den Berg hinauf, mit Waffen, Kleidung, Lebensmitteln, mit allem, was sie aus den Häusern ihrer Herren mitgehen lassen konnten. Die Schar der Morituri — jetzt waren sie endgültig morituri — wuchs. Die erste Polizeitruppe, die man gegen sie ausschickte, wurde mühelos geschlagen, solche Versuche waren ja Kinderspiele gegen die Kämpfe in der Arena. Sorge machten nur die Verpflegung, die Bewaffnung und die Frage, wie es weitergehen sollte. Sie zählten jetzt schon fast ein halbes Tausend.

Man wählte einen Führer: Spartakus. Anscheinend mit großer Einmütigkeit, was nicht selbstverständlich ist, denn noch zwei andere hatten den Ausbruch mitorganisiert und großen Einfluß besessen, vielleicht als siegreiche Kämpfer, vielleicht auch durch ihre Persönlichkeit: die beiden Kelten Crixus und Oenomaus. Daß

wir ihre Namen kennen, zeigt schon ihre Bedeutung. Den Namen Crixus müssen Sie sich merken. Dieser Mann verkörperte das Verhängnis.
Die überragende Figur ist von Anfang an Spartakus gewesen. Theodor Mommsen hat die Vermutung ausgesprochen, daß der Thraker von vornehmster Herkunft war; es hat in Thrakien tatsächlich eine mächtige Familie gegeben, deren Name sehr ähnlich klingt. Aber von Einfluß ist das bestimmt nicht gewesen. Der Thraker war, als es militärisch ernst wurde, schon deshalb unersetzlich, weil er als gepreßter Kriegsgefangener lange im römischen Heer gekämpft und Erfahrung gesammelt hatte. Er kannte ihre Kriegsmaschinerie genau.
Seine Feuerprobe als Führer folgte auf dem Fuß.
Der Aufstand war von Capua aus nicht mehr zu bewältigen — Rom schaltete sich ein; ein äußerst dummer Zeitpunkt für die Römer, denn ihre Kerntruppen kämpften in Kleinasien, man war also gezwungen, Miliz zu schicken. Man entschloß sich, die Zahl nicht zu niedrig zu greifen: dreitausend Mann — eine halbe Legion. Gegen vierhundert, das schien eine glatte Rechnung. Den Oberbefehl bekam ein Prätor, Name unwichtig. Der Prätor zog in Eilmärschen los. Den ersten Schreck bekam er, als er von Capua südwärts zog und sich dem Golf näherte, wo die prächtigen, gepflegten Landsitze der reichen Römer und ihre winterlichen »Luftkurorte« Pompeji und Herkulaneum lagen: Die Landsitze verwüstet, die Sklaven verschwunden, alles Eßbare gestohlen. Den zweiten Schreck bekam er, als er am Fuße des Vesuvs angekommen war und feststellen mußte, daß die Empörer in einer steilen Schlucht saßen, deren Zugang so eng

war, daß man nur einzeln durchkonnte. Erkennen konnte man aus der Höhe nichts, die Schlucht war bewaldet und mit Sträuchern und Reben bewachsen. Sie ist heute nicht mehr zu identifizieren, denn der Ausbruch des Vesuvs, hundertfünfzig Jahre später, hat die ganze Struktur des Berges verändert.

Der Prätor beschloß das einzig Richtige: den Zugang zu besetzen. Er schlug davor ein Lager auf und wartete.

Nicht lange. Mit selbstverfertigten Leitern und Seilen aus den zähen Schlingästen der Reben erkletterte Spartakus die Steilwände, gelangte in der Nacht in den Rücken der unbesorgten Römer und überrumpelte sie im Morgengrauen so überraschend, daß es auf seiner Seite nicht einen Toten gab.

Eine halbe Legion vernichtet, lautlos, in einer Stunde! Rom war erschrocken, das Volk wutschnaubend gegen den Senat, der »alles falsch« gemacht und dreitausend Familien in Trauer gestürzt hatte. Jetzt galt es zu handeln, und zwar rasch, denn es wurde Herbst.

Man hob neue Miliz aus, um die Garnisonen zunächst noch intakt zu lassen: zwei komplette Legionen, zwölftausend Mann. Eine Armee. Oberbefehlshaber wurde der Stadtkommandant von Rom, Varinius. (Fataler Name: Alles, was mit Var anfing, hat kein Glück gehabt: Varro, Varus, Varius, Varinius.)

Spartakus hatte inzwischen den Vesuv verlassen, er war jetzt etwa fünftausend Mann stark — etwas eng in einer Schlucht.

Varinius sichtete ihn eines Mittags kurz in einer Ebene der Campania. Der Haufe verschwand südwärts und sog die Römer hinter sich her. Im zerklüfteten Bergland der Lucania riß das Heer des Varinius ausein-

ander, und in drei kurzen Schlägen vernichtete Spartakus die zwölftausend Mann. Unter den wenigen, die sich durch Flucht retten konnten, befand sich — wie könnte es anders sein — der unersetzliche General.
Eine schicksalsschwere, legendäre Schlacht; jedenfalls nannte es Varinius eine »Schlacht«. Spartakus nicht. Ihm war klar, daß es, wie damals am Vesuv, eine abenteuerliche Improvisation gewesen war. Dieser Abschnitt mußte nun beendet sein, aus der Bande mußte eine Armee werden. Die Zeit, die man ihm lassen würde, war der kurze Winter. Er brauchte ein festes Standquartier und Hinterland. Ehe Kälte, Regen und Schnee kamen, nahm er daher noch eine Reihe von mittleren Städten im Sturm und ließ sich in ihnen nieder.
Hier brach zum erstenmal der verhängnisvolle Zwiespalt zwischen ihm und Crixus aus. Der Kelte führte ihm vor Augen, wie *er* sich die Revolution dachte, und was die Welt von ihm zu erwarten hatte. Die Kelten mordeten, brannten, vergewaltigten, raubten, plünderten, rafften Gold und Silber in Körben zusammen und schleppten Zentnerlasten mit sich herum. Im Anblick der Macht und nach dem ersten Tropfen Blut, den Crixus geleckt hatte, beherrschte ihn nur noch ein einziger Trieb: der ewige verächtliche, widerliche Traum des Pöbels — oh nein, nicht gleich zu sein — sondern die Welt umzukehren, die Herren zu Dienern und die Diener zu Herren zu machen. Die Umstülpung erst — die ist süß. Ein Instinkt, den nicht einmal ein Tier besitzt.
Mit Crixus war zweifellos nicht zu reden. Für ihn war Spartakus nur ein halber Genosse, ein Mann, der kein Klassenbewußtsein besaß. Die Frage, wie Crixus sich

das Morgen und Übermorgen vorstellte, ist müßig; der Pöbel lebt im Augenblick.

Aus dem, was Crixus tat, und dem, wie Spartakus reagierte, können wir auch ohne antike Quellen heute noch deutlich ihre Gedanken erkennen. Spartakus' Ziel, als sie noch zu siebzig waren, wird die Heimkehr, die Flucht nach Thrakien gewesen sein. Seit seine Revolte eine Revolution, eine Bewegung geworden war und ihm eine Riesenlast auf die Schultern gelegt hatte, sah er die Welt mit anderen Augen. Er konnte nicht mehr fliehen, er war eine Verheißung geworden. Das große Schwungrad des Schicksals war in Gang gekommen, er mußte es mit Siegen, mit beständigen Siegen füttern, bis es raste und bis Rom ihm nicht mehr in die Speichen fallen konnte. Seine Armee mußte über Italien rollen, hin und zurück, kreuz und quer. Alles, was Ketten trug, mußte aufstehen, alle Sklaven ihre Herren verlassen und des Weges gehen. Es mußten unendliche Scharen sein, er wußte nicht, wieviele. Aber wir heute wissen es: eine Million. Dem Koloß Rom mußten diese Million Hände abgeschlagen werden, und der Tyrann der Welt würde wieder zurückfallen zu dem, was er vor den Samnitenkriegen gewesen war. Siege waren nötig, Siege als Fanal für die Sklaven, aufzustehen, und zwar gefahrlos aufzustehen. Denn in der Sklaverei verkümmert leicht der Mut.

Deshalb war das Schauspiel, das Crixus bot, so erschreckend. Spartakus brauchte Verbündete, nicht Tote. Er brauchte Felder und Ernten, nicht Wüsten. Er brauchte Städte und Volksstämme, die sich sicher fühlen konnten, sobald sie von Rom abfielen. Er wollte nicht, daß »Spartakus« so viel wie »Tod« bedeutete,

nicht einmal für seine ehemaligen Peiniger. Er brauchte ihre Sorglosigkeit so lange wie möglich.
Im Vergleich zu Spartakus war Crixus ein Nichts für die Menschheit, weniger als ein aufsässiger Diener, der sich damit begnügt, seinem Herrn eines Nachts die Kehle durchzuschneiden. Mit seinem wertlosen Herzen und engen Gehirn hätte er auch als Sohn eines Sklavenhändlers und Millionärs so, wie er war, bleiben können. Im Pöbel und in Gerhart Hauptmanns Herrn Dreißiger trifft sich, von der einen und von der anderen Seite kommend, der Circulus menschlicher Gestalten im Nullpunkt.

*

Spartakus verbot den Besitz von Gold und Silber, er untersagte jeden Komfort im Lager, jagte die Truppe bei Regen und Schnee hinaus und exerzierte von morgens bis abends. Er richtete Schmieden ein, in denen Speerspitzen, Pfeile, Schwerter und Schilde hausgemacht hergestellt wurden, und ließ eine Schar junger Sklaven reiten lernen. Er zog Offiziere heran und zeigte ihnen auf der Schreibtafel die Taktiken der Römer. Er pflanzte in ihre verwundeten Herzen das Gefühl, den Weg der Illegalität hinter sich gelassen zu haben, ein Heer geworden zu sein und im Kriege zu stehen. Eine Fremdenlegion war in Italien eingebrochen, der Feind stand im Land wie einst Pyrrhos oder Hannibal. Spartakus verkündete das Jus belli, das Kriegsrecht.
Crixus betrachtete das alles mit Widerwillen. Auch der Neid wird eine Rolle gespielt haben. Als Spartakus im März 72 den Abbruch des Lagers befahl, sonderte

sich Crixus mit seinen Kelten ab und machte sich selbständig. Es werden etwa Zehntausend gewesen sein, ein Drittel der Gesamtheit. Crixus hatte nicht einmal die Absicht, mit dem Thraker in Tuchfühlung zu bleiben, es war ein offener Bruch. Spartakus ging in die Berge, Crixus in die Ebene. Spartakus blieb diesseits des Apennin, er ging jenseits. Er wollte die Küste plündern. Der Verdacht, er habe über die Adria nach Illyrien verschwinden wollen, ist bei seinem Charakter und seiner Hirnlosigkeit sicher unbegründet.
In Rom herrschte Alarmstimmung. Man hatte die Wintermonate dazu genutzt, aus dem Fundus der Garnisonen und der Städte ein weiteres Heer zusammenzubringen. Der unerhörte Schritt, beide Konsuln als Oberbefehlshaber an die Front zu schicken, zeigt, wie ernst man die Lage sah. Sechs Legionen, vierzigtausend Schwerbewaffnete und Reiter stampften, daß die Erde dröhnte, heran. Man wußte, wo Spartakus stand. Daß Crixus sich von ihm getrennt hatte, war eine freudige Überraschung.
Bitte, verlieren Sie, meine verehrten Leser, jetzt nicht die Geduld, wenn ich Ihnen von der Apenninschlacht etwas sorgfältiger berichte. Wenigstens einmal müssen Sie genug zu sehen bekommen, um die Feldherrnbegabung des ehemaligen Sklaven Spartakus zu ahnen.
Die Konsuln zogen mit der Hauptmacht ins Gebirge, um den Thraker dort festzunageln, während eine Abteilung unter einem Prätor sich inzwischen die Kelten vornahm. Der Prätor fand Crixus am Fuße des Monte Garganus, dicht am Meer, griff ihn sofort an und besiegte ihn. Die Hälfte der Sklaven wurde erschlagen, auch Crixus lag unter dem Berg von Toten.
Die Überlebenden retteten sich ins Gebirge und such-

ten Spartakus. Sie fanden ihn leider nicht viel früher, als auch der Prätor schon im Rücken auftauchte.
Die Zange war zugeschnappt.
Spartakus nahm die Hiobsbotschaft ruhig auf. Er tat zuerst das Wichtigste, was zu tun war: sich genau über den Stand der römischen Armeen, ihre Stärke, ihre Bewegungen zu informieren. Das sagt sich leicht, zu verwirklichen ist es sehr schwer. Wer je eine Kesselschlacht mitgemacht hat, weiß, daß das Schlimmste von allem das Abgeschnittensein von jeder Nachricht, das totale Im-Dunkeln-Tappen über den Feind ist.
Eben dies war die erste große Leistung Spartakus' vor der Schlacht. Als nächstes erzwang er durch einen Scheinangriff den Zusammenschluß der Prätor-Legionen mit der Ersten Konsulararmee.
Sobald er dadurch den Rücken frei hatte, stürzte er sich mit aller Wucht und Schnelligkeit auf die Zweite Konsulararmee und schlug sie innerhalb von Stunden. Dann machte er kehrt, riß die zwanzigtausend Mann in die Flanke der im Scheingefecht verhedderten Ersten Armee und vernichtete auch sie.
Zwei Schlachten, ehe die Sonne gesunken war!
Die Beute an Kriegsmaterial war ungeheuer. Auch die Legionsadler fielen in seine Hand. Und hätte er Reiterei besessen, so wären nicht einmal die beiden Konsuln entkommen. Wie lange lag die Zeit zurück, als Konsuln noch auf dem Schlachtfeld fielen! Da galoppierten sie hin! Ohne Adler, ohne Schild, ohne Schwert, nur mit der Kriegskasse bewaffnet. Es war die größte römische Katastrophe seit Cannae und Arausio.
Dreihundert römische Gefangene ließ Spartakus hinrichten. Daß sie sich gegenseitig als »Gladiatoren«

töten mußten, ist sicher ein Greuelmärchen der Römer. Gewiß war Spartakus ein harter Mann, der bei seiner Revolution das Schild »Bitte nicht den Rasen betreten« nicht achtete. Aber er war nicht grausam. Noch nach seinem Ende fanden sich in seinem Lager dreitausend römische Gefangene unverletzt.
Die Völker des Mittelmeeres hielten den Atem an. Der Name Spartakus schoß wie ein Komet in den Himmel. Der Sklave schickte sich an, die Nemesis zu werden. Der Koloß Rom, der verhaßte Tyrann der Welt, wankte! Der Weg zum Tiber war frei!
Spartakus beschritt ihn nicht. Er ließ Rom, das bibbernde Rom liegen und ging nordwärts. Alles deutete darauf hin, daß er jetzt Italien verlassen wollte. In Gedanken sah er in seinem Gefolge eine Million marschierender Sklaven. In diesen Tagen würden sie aufbrechen! Er hatte ihnen das Signal gegeben. Rom war ohnmächtig.
In der Po-Ebene, bei Mutina (Modena) stellten sich ihm noch einmal Römer entgegen, die Grenzgarnison, eine Legion verängstigter Rekruten. Er schlug sie.

*

Hier, in seinem Feldlager bei Modena, in einer nächtlichen Stunde, in der Spartakus sein Leben noch einmal an sich vorüberziehen ließ, stand das Abendland am Scheideweg. Der thrakische Sklave, der in diesem Augenblick unser Los in der Hand hielt, faßte einen Entschluß, der zum Schicksal Europas wurde, zum Schicksal für ihn, für Rom und nach zweitausend Jahren noch für uns Nachkommen; einen unbegreiflichen Entschluß: umzukehren.
Bis auf den heutigen Tag rätseln die Historiker daran herum, was oder wer ihn zu diesem verhängnisvollen

Schritt angesichts des Tores zur Freiheit bewogen hat. Eine Nacht, eine Stunde, eine Sekunde, die alles entschied; die einen Strich durch alles Errungene machte, durch alle Siege, alle Hoffnungen, alle Träume.

Ältere Historiker vermuten, daß ihn die vielen einheimischen Hirten und Landarbeiter, die sich zu ihm geschlagen hatten, nicht ziehen lassen wollten.

Aber warum gingen die Gallier, Germanen, Thraker nicht? Der sowjetische Historiker Uttschenko glaubt, daß die Schwierigkeit der Alpenüberquerung schreckte. Aber der Weg nach Thrakien führt über Triest und der nach Gallien über Nizza.

Francis Ridley, der Engländer, sieht in der Entscheidung kein Geheimnis; er ist überzeugt, daß Spartakus in Italien bleiben und einen »sozialistischen Sonnenstaat, eine Art Heliopolis wie Moskau« gründen wollte.

Ich glaube, daß sein Beweggrund von viel größerem sittlichen Ernst war als dieser utopische Unfug. Mehrere Quellen sprechen davon, daß Spartakus an einen gigantischen Exodus aller Sklaven gedacht hat. Nun sah er, daß die Million nicht aufgestanden und nicht gefolgt war. Und er schloß daraus, daß er sich geirrt hatte: er war noch *nicht* der Sieger. In den Hunderten von kleinen Städten und den Zehntausenden von Landgütern lag also die Hand Roms fest wie vorher auf den Sklaven. Ja, so mußte es sein.

Er vergaß, daß es Hunderttausende gab, denen es gut ging, und die ihm nicht folgen *wollten.* Er war in dem Irrtum befangen, sie hätten sein Signal gesehen, ohne sich rühren zu können. Wenn er Italien verließ, nahm er ihre letzte Hoffnung mit. Niemals mehr würde ein neuer Spartakus aufstehen.

So beschloß er, Italien noch einmal kreuz und quer

zu durchziehen. Weiter zu siegen, zu werben, Hoffnungen zu wecken. Tatsächlich wuchs seine Armee von Tag zu Tag. Bald waren es an die Hunderttausend. Aber wo blieben die anderen? Als er unter den Mauern Roms vorbeimarschierte, gab es keinen Sklaven, der ihm von innen die Tore öffnete, nicht einen der drei- bis vierhunderttausend, die drinnen lebten. Das war ein erschreckendes Menetekel.

Er sah es nicht.

Wir können heute nicht mehr entscheiden, ob es ein Fehler war, die Stadt nicht anzugreifen. Spartakus besaß kein Belagerungsgerät, das ist richtig. Aber Rom hatte damals schon fast eine Million Einwohner, Hunger und Durst hätte es bald zu Fall gebracht. Der zweite tragische Irrtum?

Kaum war die Sklavenarmee vorbeigezogen, als die Römer wieder fieberhaft zu rüsten begannen. Als Spartakus in Thurii, seinem alten Stützpunkt am Golf von Tarent, ankam, holte ihn schon die Nachricht ein, acht römische Legionen seien im Anmarsch. Nicht zu fassen, wie dieser Militärstaat funktionierte.

Eine Vorhut, die gegen den Befehl des Kommandierenden Spartakus angriff, besiegte er. Wenige konnten sich retten. Der Oberbefehlshaber ließ den besiegten römischen Leutnant und jeden zehnten der Geflohenen hinrichten. Seit Menschengedenken war ein solches Exempel nicht statuiert worden!

Dieses bemerkenswerte Scheusal von General war der zum Prätor ernannte und von dem verängstigten Senat mit außerordentlichen Vollmachten ausgestattete Crassus. Er war zu dieser Ehre (um die er sich gerissen hatte) gekommen, weil kein anderer sie haben wollte. Man fand für das kommende Jahr überhaupt

nur noch mit Mühe zwei Männer, die bereit waren, Konsul zu werden. So dicht sah man in Rom das Schwert des Spartakus über sich.
Crassus war zu diesem Zeitpunkt zweiundvierzig Jahre alt. Er war Plebejer aus der Gens Licinius und dem Zweig, der den Beinamen »der Dicke« führte. Schon Vater Crassus hatte Geld, Sohn Crassus stellte alles in den Schatten; er war durch Sklavenhandel und Spekulationen der reichste Mann Roms geworden.
»Reich, was das ist?« hat er selbst einmal gesagt. »Reich ist, wer ein ganzes Heer auf eigene Kosten aufstellen kann, ohne es zu spüren.« Auch dieses Heer hier ging zur Hälfte auf seine Rechnung. Mit der Gefühllosigkeit eines Börsianers betrachtete er es als seine Aktie.
Der erste ernste Zusammenstoß zwischen den Legionen und Spartakus endete unentschieden. Auf beiden Seiten waren die Verluste hoch, es sollen sechstausend Sklaven gefallen sein. Spartakus zog seine Armee vorsichtig zurück und ging weiter südwärts über die Silaberge nach Rhegium (Reggio Calabria). Was er dort erhoffte, wissen wir aus den Quellen: er nahm Kontakt mit den Piraten auf, die ihr Revier in der Meerenge zwischen Rhegium und Sizilien hatten, um sie für eine Überfahrt seiner Truppen anzuheuern. Sizilien als Endstation wäre tatsächlich eine gute Chance gewesen. Aber die Piraten ließen ihn im Stich. In Sichtnähe und doch unerreichbar lag die Insel vor ihm. Rechts und links das Meer, in seinem Rücken die Legionen des Crassus. Der Zipfel Land, auf dem er stand, war zur Falle geworden.
Fünfzigtausend römische Soldaten hoben in Windeseile einen fünf Meter tiefen, achtundfünfzig Kilometer

langen Graben aus, der die Sklaven endgültig abschnitt. Es war klar: Crassus wollte sie aushungern.
Es kam der Winter, streng wie selten, mit Sturm, Eis und Schnee. Die Lage schien hoffnungslos, aber Spartakus rettete sich noch einmal. In einer Nacht, bei eiskaltem Schneegestöber, stieg er über den Graben und erstürmte die Schanze. Am nächsten Morgen war er verschwunden.
Von nun an aber ging alles schief. In Tarent landete Lucullus mit seiner Macedonien-Armee, von Gallien herab kam Pompeius mit den Spanien-Legionen, und die Kelten trennten sich abermals von Spartakus. Crassus, das schwache Glied erkennend, heftete sich an ihre Fersen.
Erste Schlacht an der Lucanischen Küste. Spartakus eilt im letzten Moment herbei und rettet die Kelten.
Zweite Schlacht am Silarus-Fluß. Spartakus, wieder zu Hilfe gerufen, kommt zu spät und findet zwölftausend Tote. Er fühlt, das Ende ist nahe und nicht mehr abzuwenden.
Dritte Schlacht bei Petelia (Calabrien), März 71. Spartakus wird verwundet. Er versucht mit einer kleinen Schar Gladiatoren durch das römische Heer zum Feldherrnzelt des Crassus vorzudringen. Aber zwei Centurien, die das Zelt verteidigen, sind zu viel, Spartakus blutet aus vielen Wunden, wird schwächer und schwächer und stirbt unter einem Hagel von Speeren.
Der Kampf ist aus. Er hat von einem einzigen Mann gelebt, und der ist tot.
Fünftausend Sklaven konnten fliehen. Pompeius fing sie in der Toskana ab und vernichtete sie.
Sechstausend fielen in Crassus' Hand. Er ließ sie ent-

lang der Via Appia von Capua bis Rom lebendig ans Kreuz nageln.

> »Der Krieg des Spartakus und der Sklaven war der gerechteste, vielleicht der einzig gerechte Krieg der Geschichte.«
>
> Voltaire.

Spartakus ist nicht identisch mit denen, die ihre utopischen Programme in ihn hineindichten. Spartakus war ein Kämpfer für den humansten, den elementarsten Gedanken einer menschlichen Existenz: das Leben ohne Versklavung. Er hat nicht an »Sozialismus«, nicht an »Klassen«, nicht an »Rechte«, nicht an arm oder reich gedacht, nur an den guten Gott, der nicht gewollt haben kann, daß ein Mensch ein Stück Ware, eine »res« ist; der nicht gewollt haben kann, daß ein Mensch Heimat, Freiheit, Liebe, Hoffnung verliert ohne eine Schuld. Spartakus kann von allen, denen das heilig ist, in Anspruch genommen werden. Auch ich nehme ihn für mich in Anspruch, und mein ganzes Herz ist mit ihm. Ich bin »Spartakist«, stellen Sie sich vor! Ich wäre es damals gewesen und bin es heute. Spartakus kann von allen in Besitz genommen werden, von Weißen und Schwarzen, von Bettlern und Fürsten. Denn wir wollen nicht vergessen, was wahr ist: Unter seinen Sklaven waren auch ehemals Mächtige, ehemals Reiche. Sie alle wurden gleich und werden immer gleich sein auf der Stufe des Sklaven Spartakus.

*

Das Kapitel über das »Heiss Eysen« ist beendet.
An mir können Sie das Wunder beobachten, daß meine Hand unversehrt geblieben ist, und daß ich mir wahrscheinlich dennoch die Finger verbrannt habe.

IM ZEHNTEN KAPITEL

tritt die berühmteste Gestalt der ganzen römischen Geschichte auf, und wir heften uns ihr dicht an die Fersen (außer wenn es schießt), um zu sehen, wie man es macht, Herr eines Weltreichs zu werden.

Drei Männer waren in den nächsten zwanzig Jahren die Hauptdarsteller der römischen Geschichte. Zwei sind uns bereits begegnet: Crassus, der »Dicke«, und Pompeius, jener aus Spanien heimkehrende junge General, der in der Toskana die Reste der Sklaven vernichtet hatte. Gnaeus Pompeius, damals fünfunddreißig Jahre alt, war Offizier unter Sulla gewesen, weshalb er in der Hälfte aller Geschichtsbücher als hochadlig bezeichnet wird, was nicht stimmt. Das Geschlecht der Pompeier war seit eh und je plebejisch. Gnaeus hatte nicht die bescheidenste Ämterlaufbahn hinter sich und war doch, als Liebling Roms, schon General mit ungewöhnlichen Vollmachten. Er hatte in Spanien den Aufstand des Sertorius (»König«) mit Glück niedergerungen und mit ebensolchem Glück die letzten Spartakuskämpfer abgefangen. Als er in Rom einzog, feierte man nicht Crassus, sondern ihn als Sieger über die Sklaven. Ein Sonntagskind, wie es scheint.

Er war ein guter Stratege, gebildet, einigermaßen klug, äußerlich das Gegenteil eines harten Soldaten, mit Stupsnase und weichen, fast fraulichen Zügen und vielleicht deshalb — so heißt es jedenfalls — befangen im Umgang mit Menschen. Mommsen nennt ihn einen »nachgemachten großen Mann« — womit man nicht viel anfangen kann. Aufschlußreicher scheint mir, daß er für einen Römer ungewöhnlich verkomplext war und dieses Leiden mit geheimen, in höchste Höhen zielenden Plänen kompensierte.

Der dritte war einer jener jungen Männer, die auf der Stadtmauer gestanden und zugesehen hatten, wie Spartakus an Rom vorbeizog. Er zählte achtundzwanzig Lenze, hatte den Militärdienst hinter sich und war gerade in das Kollegium der Pontifices gewählt worden — ein frommer, aber nicht ungewöhnlicher Anfang für einen Herrn aus halb patrizischem (stark angeplebstem) Hause. Zur Zeit bedeutete er noch eine Null. Allerdings war seine körperliche Verfassung auch nicht die beste, und wer weiß, was aus ihm überhaupt noch einmal werden würde. Er hieß Gaius Julius aus der Linie Caesar: der letzte seines Geschlechts. Seine Verwandten Lucius Julius Caesar und Gaius Julius Caesar Strabo, der Dichter, waren von Marius umgebracht worden, ungeachtet der Tatsache, daß seine Tante Julia die Frau eben dieses Marius war. Jene Jahre hatten um ihn herum gehörig aufgeräumt. 87 fielen Lucius und Strabo dem Mörder zum Opfer, 85 starb sein Vater, im gleichen Jahr endete Marius, sein »Onkel«, und 84 wurde Cinna erschlagen. Sie werden fragen, was dieser fürchterliche Cinna mit Gaius Julius Caesar zu tun hat. Eine nicht nur naheliegende, sondern auch ziemlich delikate Frage. Durch Tante Julia war Gaius Julius in den Kreis von Marius und Cinna geraten, die den unreifen Burschen — ja, nennen wir's mal so — brennend interessierten. Wir werden später sehen, in welchem Punkte. Er war so stark interessiert, daß er nichts dabei fand, Cinnas Tochter in einem Moment zu heiraten (84), als sich Cinna bereits als der halbverrückte Terrorist entpuppt hatte. Gaius Julius war damals sechzehn Jahre alt gewesen.

Eine beachtliche Ausgangsposition für einen späteren Caesar, nicht wahr? Er würde Ihnen geantwortet haben: durchaus nicht; und ich antworte Ihnen dasselbe. Dazu wird noch manches zu sagen sein, was bisher keine Generation so gut nachfühlen konnte wie unsere Gegenwart.

Die Verhältnisse in Rom — und Rom bedeutete das Reich — waren vor dem Jahre 70 so, wie sie nach all den Ereignissen nicht anders sein konnten, nämlich wirr und vergiftet. Der Mithridatische Krieg, immer noch nicht abgeschlossen, dann der Spanienfeldzug gegen Sertorius (»König«), der Sklavenkrieg, die Aufstände an allen Ecken und Enden des Imperiums, die absolute Beherrschung des Mittelmeeres durch die Seeräuber, die Verknappung der Importe, die ständige Verteuerung, der hemmungslose Wucher der Equites vor allem der Steuerpächter, die Machenschaften des Abenteurers Catilina (auch für ihn interessierte Julius Caesar sich eine Zeitlang sehr), die Monsterprozesse des damaligen Konsuls Cicero gegen den Blutsauger Verres von Sizilien, die verschlafene Unfähigkeit des Senats, das resignierte Sichzurückziehen der Patrizier, von denen man kaum noch etwas hört, die Auferstehung der Volkstribunen, die neue Überflutung durch Proletarier, die Verarmung der Provinzbauern — was soll man da erwarten? Die Ordnung, die Verantwortung, die Rechtssicherheit der Sullanischen Verfassung waren längst dahin; die Bevorzugung der Optimaten aber lebte noch, obwohl sie nichts mehr leisteten, und brachte die ganze, einst sinnvolle und rettende Verfassung als reaktionär in Mißkredit. Die Plebs hatte recht. Sie hatte recht, auch wenn sie gewiß nicht imstande war, es besser zu machen. Sulla hatte es schon ausgesprochen: der Volkskörper war bereits krank.

Was ich klarstellen möchte (wobei ich zum ersten- und letztenmal die Ausdrücke »rechts« und »links« benutze), ist: Was »rechts« war, hatte in den Augen des einfachen Mannes abgewirtschaftet. Noch schlimmer bei den Proletariern: »Rechts« war des Teufels.

Es ist eine Eigentümlichkeit der »Linken«, ihre Ideen stets streng von Personen und deren Unzulänglichkeiten zu trennen. Auch die katholische Kirche als Ideologie verwahrt sich ja energisch gegen ihre Verantwortlichkeit für eine Gestalt wie Alexander VI. oder Torquemada. »Rechts« dagegen ist nicht im Besitz dieser Annehmlichkeit. »Rechts« wird angeblich immer »verkörpert durch . . .«. Nun ist das tatsächlich nicht so gänzlich falsch. »Rechts« hat nicht ein so evidentes »Programm« wie »links«. Was hätte Sulla schon groß verkünden können? Rechtssicherheit, Ordnungsprinzip, Qualität vor Quantität, Erfahrung vor Jugend, Schamhaftigkeit vor Zügellosigkeit, Leistung vor Anspruch — das sind alles keine zündenden Blitze; das muß tatsächlich »verkörpert« werden. Und wenn jemand kommt, es verkörpert und durchsetzt — was hat er dann schon geboten? — dann ist es sofort weiter nichts mehr als die famose, sichere Basis für einen »Fortschritt«, der nun unbedingt in die Wege geleitet werden muß, weil ein Zustand ohne Veränderung »unweigerlich« ein Rückschritt ist. Verändern aber ist nun mal die Domäne der Linken. Solange Adam und Eva ihren Zustand für akzeptabel hielten und konservierten, waren sie »rechts«. Als sie ihre Ansicht änderten, waren sie »links«. Der Erfolg ist bekannt.

Im Herbst 71, als es zur Wahl der Konsuln für das nächste Jahr kam, bewies »Rechts« eine Ahnungslosigkeit und Dummheit, die sich sofort rächten: Pompeius und Crassus wünschten sich vom Weihnachtsmann für ihre Verdienste das Konsulat und fanden dafür bei »Rechts« nur basses Erstaunen. Wo war die Amtslaufbahn, die sie hätten vorweisen können?
Warum wollten sie übrigens durchaus Konsuln werden? Beide Fälle sind klar. Crassus wollte es aus demselben Grunde werden, aus dem sich auch heute finanziell kräftige Kohlenhändler und Illustriertenverleger den Titel kaufen — wenn auch nicht von Rom, dann wenigstens von Guatemala oder Hindustan. Bei seinem Gelde wollte Crassus »sich das gönnen«. Pompeius dagegen strebte wirklich nach Macht. Das Konsulat sollte nur das Trampolin für ganz andere Ziele sein. Er hat es nie ausgesprochen, aber der Preis, den er für das Konsulat zu zahlen bereit war, beweist es. Kein Geldpreis, sondern etwas viel schwerer Wiegendes, viel Gravierenderes: seine politische Anschauung. Als er sah, daß die Optimaten, Patrizier und Ritter, ihn ablehnten, schlich er sich in die Volksversammlungen, machte sich an die Tribunen heran und verkaufte sich mit Haut und Haaren für »dreißig Silberlinge«.
Crassus eilte ihm, als er das Manöver sah, sofort hinterher; die beiden politischen Kümmelblättler versprachen der Plebs die Beseitigung der gesamten Sullanischen Verfassung und die Wiederherstellung der alten Macht der Volkstribunen.
Na, mehr kann man nicht bieten, nicht wahr? Freudig gingen die Komitien auf den Handel ein und stiegen sogleich auf die akustischen Barrikaden. Gnaeus Pompeius und Licinius Crassus wurden auf Druck der Plebs

Konsuln. Ehrenmänner halten Wort: Nach einem Jahr war von der Sullanischen Verfassung nichts mehr übrig. »Damit jeder sah, daß Sulla der Vergangenheit angehörte«, schreibt ein moderner Historiker befriedigt. »Hinfort war es wieder möglich, das Volkstribunat zu einem eigenen Aktionszentrum zu machen. Der Weg war wieder frei für Agitation und Entfesselung der Massenleidenschaft.«

Mit großem Interesse hatte Gaius Julius diesen Salto mortale beobachtet. Er war der erste, der den Herren gratulierte. Wahrscheinlich zum »mortale«.

Etwas unheimlich, dieser junge Mann von dreißig Jahren, der soeben Senator geworden war; schmaler, knochiger Kopf, schütteres Haar, ironischer Mund, verhangene Augen, hohe Stimme, leise Sprache — wenn überhaupt. Er konnte so geschickt schweigen wie reden oder schreiben. Unterschätzen Sie seinen »Bellum Gallicum« nicht, den er zwanzig Jahre später schrieb! Das ist kein »Adenauer-Deutsch«, das ist »Luther-Deutsch«, Berechnung vom ersten bis zum letzten Buchstaben, Quartaner-Latein, einfache Sätze, alltägliche Vokabeln, klarer Inhalt. Ein Meisterwerk an kunstvoller Kunstlosigkeit.

Aber das liegt erst in einer Zeit, als er begriffen werden wollte. Im Augenblick legte er noch keinen Wert darauf. Er wollte nicht als Dreijähriger ins Derby gehen, sondern als Fünfjähriger, die bekanntlich ein höheres Stehvermögen haben. Infolgedessen trat er, als Pompeius und Crassus an die Staatsführung kamen, keineswegs ins Rampenlicht. Treu und brav ging er 68 als Quästor nach Spanien und übernahm 65 ebenso geduldig das Amt eines Ädilen. Das war nicht gerade erschütternd. Pompeius hatte sich zum Beispiel nie mit solchen Fingerübungen abgegeben. Als Ädil hatte Gaius Julius die Ordnungs- und Marktpolizei unter sich und war gleichzeitig Circus-Direktor — das ist natürlich unhöflich ausgedrückt, aber er selbst hätte es sicher so genannt. Dennoch muß man diese Zeit im »Amt für öffentliche Vergnügungen« aus einem interessanten Grunde erwähnen: Er veranstaltete ungewöhnlich viele und ungewöhnlich prächtige Spiele ohne, zum Staunen des Senats, besonders tief in die Staatskasse greifen zu müssen. Nicht etwa, daß die Julier reich gewesen wären, nein; diese Spiele, die seinen Namen besonders beim Pöbel so ungemein beliebt machten, bezahlte in Wahrheit sein Freund Crassus, bei dem er so verschuldet war, daß man ihn dort schon fast als stillen Teilhaber der Familie behandeln mußte.

Pompeius' Stern stieg indessen immer höher. Mit Recht übrigens, wie eine Bewährungsprobe zeigte, die nicht von Pappe war. Die Seeräuber hatten sich zu einer Geißel ausgewachsen, die die wirtschaftliche Existenz Roms jetzt ernsthaft gefährdete. Truppentransporte auf Kriegsschiffen waren die einzigen, die das Mittelmeer noch sicher befahren konnten, Handelsschiffe wagten kaum noch auszulaufen. Der Kleinkrieg gegen die Räuber war gescheitert; man sah ein, daß eine Generalreinigung des »mare nostrum« kommen mußte — ein ausgewachsener, wahrscheinlich jahrelanger Krieg, denn die Piraten saßen überall an den Hunderten von Kilometer langen Küsten Kleinasiens, Macedoniens, Kretas und Siziliens. Von Pompeius selbst ging der Vorschlag aus, einen Oberbefehlshaber mit diktatorischer Gewalt für das Mittelmeer zu ernennen, und jedermann wußte natürlich, wen er meinte. Er sprach es nicht aus, das taten die Tribunen.

Es eilte. Der Senat stimmte über die Ernennung von Pompeius ab: Er fiel durch mit allen Stimmen außer einer, Caesars. Das war wieder einmal ein hübscher und im übrigen todsicherer Eklat. Die Volksversammlung hob den Beschluß des Senats auf und wählte Pompeius. Mit Recht. Caesar war der erste, der der Plebs zu diesem Urteil gratulierte. Schon sanken die Kornpreise.

Ein schwieriger Krieg.

In vierzig Tagen säuberte Pompeius, nachdem er Gibraltar zugemacht hatte, den Westteil und in abermals anderthalb Monaten, nachdem er die Dardanellen verstopft hatte, den Osttteil des Mittelmeeres. Den Hauptschlag führte er in Cilicien (gegenüber Cypern). Wer ihm an Land in die Hände fiel, wurde begnadigt, mitgenommen und in Achaia und Süditalien angesiedelt, ein Großmut, den die Piraten wirklich nicht hatten erwarten können.

Den glanzvollen Einzug in Rom kann man sich vorstellen.

Gaius Julius war einer der ersten, die gratulierten.

Daß Pompeius sofort anschließend den Auftrag bekam, nun auch mit Mithridates endgültig Schluß zu machen, war nur logisch. Ja, der alte Pontus-König lebte immer noch. Von Sulla geschlagen, von Lucullus geschlagen, alle fünf Minuten geschlagen, stand er immer wieder auf, sobald die Luft rein war. Wenn er das fertigbrachte, kann man unschwer darauf schließen, daß die Römer in Kleinasien als »Befreier« herzlich verhaßt waren. Da der alte Herr seine Gepflogenheit, die römischen Siedler zu köpfen, auch als fast Siebzigjähriger nicht aufgab, wollte Rom nicht auf die biologische Lösung warten.

Ein begehrtes Kommando. Einst Sulla, dann der nicht weniger populäre Lucullus, jetzt Pompeius.
In einem Jahr erledigte er auch diese Aufgabe. Er schlug Mithridates und hatte dann das Glück, daß der Alte sich das Leben nahm, was er bisher noch nie getan hatte.
Ehe Pompeius heimkehren konnte, wurde er noch nach Palästina als »Schlichter« gerufen. Zwei Brüder aus der regierenden Priesterdynastie der Makkabäer zankten sich um die Macht. Pompeius schlichtete, interessanterweise hier im ganz konservativen Sinne, und schnitt zugleich ein Stück Judäa ab — für Rom. Dann machte er auf einer der schönen Sonnen-Inseln ein bißchen Ferien, ordnete von dort aus sehr richtig aber leider etwas selbstherrlich den gesamten römischen Orient neu in »Provinzen« und »Schutzstaaten«, was der Senat nicht nur mit Unmut sondern vielmehr mit Angst zur Kenntnis nahm. Die Herren verkannten den preußischen Beamteneifer des Pompeius und deuteten ihn als Vorankündigung einer Alleinherrschaft. Als der siegreiche Feldherr mit seinem riesigen Heer und der großen Flotte im Jahre 62 auf dem Heimweg war, bekam man im Rom der oberen Kreise das große Zittern! Sogar Freund Crassus begab sich vorsichtshalber ohne Hinterlassung einer Adresse aufs Land.
Ein geradezu komischer Irrtum, fast ein Witz.
Er zeigt, daß man Pompeius in seinen Zielen durchaus richtig einschätzte, daß man ihn in seinem Charakter aber total verkannte. Er bewies es sogleich. Er landete in Brundisium und dann — —
dann entließ er sein Heer bis auf den letzten Mann. Ich sage »sein« Heer, denn es wäre ihm durch dick und dünn gefolgt. Die vielen Tausende gaben ihre Muske-

ten ab und gingen nach Hause. Von einem Tag auf den anderen war Pompeius Rentner. Er war überzeugt, nun auf legalem Wege den Lohn zu ernten und der mächtigste Mann des römischen Reiches zu werden. Dies entsprach seiner Mentalität; er war eben doch ein schlechter Verräter seiner Weltanschauung gewesen.
Außerdem war er als Psychologe ein Idiot. Was erwartete er eigentlich von der Senatspartei, die er mit den Komitien überfahren, und was von den Patriziern, denen er die Sullanische Ordnung zerrissen vor die Füße geworfen hatte? Wirklich seltsam. Die Senatoren belehrten ihn, indem sie alle Anordnungen im Orient sofort annullierten. An ein neues Konsulat war offensichtlich nicht zu denken. Auf die Bewilligung seines Triumphzuges ließen sie ihn ein geschlagenes Jahr warten!
Das Heer entlassen! Gaius Julius schüttelte zuerst den Kopf und anschließend dem Pompeius die Hand. Es war ein ehrlicher Dank für die Lehren, die Pompeius ihm mit seinem Leben erteilt hatte. Die Belehrung war nun vollständig, er wußte jetzt alles, was es zu wissen gab.
Beachtenswert ist, daß Gaius Julius dem Pompeius real für seine Laufbahn wenig oder nichts verdankte. Der große Feldherr, sowieso fast immer unterwegs, hatte sich um den Julier gar nicht gekümmert. Warum sollte er ihn auch beachten?
Caesars Rückhalt lag bei den Tribunen. Auch die Optimaten waren nicht ausgesprochen feindlich gegen ihn; privat verkehrte er mit vielen, denn seine Familie galt als nobel, wenn sie auch bei weitem nicht so gut war, wie er es später wahrhaben wollte. Sein Vaterhaus stand im Subura-Viertel, einem Kleineleute-Bezirk.

Seine Abstammung von Aeneas ist natürlich Unsinn, aber auch in dem ersten Jahrhundert der Republik war das Stammbäumchen noch weit und breit nicht zu sehen. Die heutigen Geschichtsschreiber tragen dazu bei, die Begriffe Aristokratie, Patriziat und Ritterschaft endgültig zu verwischen. Pompeius wird »von höchstem Adel«, die Gracchen werden »Aristokraten« und Octavian, der spätere Augustus, ist »aus alter Familie«. Octavians Großvater, ein wohlhabender Provinzler, war überhaupt der erste, von dem die Geschichte etwas weiß, vor ihm nur leere Blätter.

Um klarzustellen, wie die Verhältnisse wirklich lagen: Ursprünglich gab es nur die Zweiteilung patres (Väter, Oberhäupter, Fürsorger) und plebs (pleo, plenus, voll, massig, Menge). Die Bildung des Patriziats begann unter den frühen Königen, Gründungs-Uradel wie etwa die Fabier (der »Cunctator«), die Valerier (Sullas Frau), oder die Quinctier (Cincinnatus). Es setzte sich fort als Landbesitz- und Schwertadel, etwa der Cornelier (Sulla, Scipio), der Furier (Camillus), der Claudier (Appius), der Manlier (Manlius, der das Kapitol gegen Brennus hielt), der Marcier (Coriolan, falls er historisch ist) oder der Servilier. Abgeschlossen war die Bildung dieses Standes bestimmt um 338, als Latium römisch wurde und die Aufnahme nachbarlichen Adels aufhörte. Darnach stiegen aus der Plebs zwei Gruppen auf: Jene Familien, die sehr häufig hohe Ämter (kurulische = Curia) bekleideten und sich als eine Art Beamten-Neuadel fühlten und auch von unseren Schreibern jetzt diensteifrig als »Adel« bezeichnet werden, sowie die »Equites«, eine Schicht wohlhabender Plebejer, die einst das Vorrecht (in Wahrheit die Pflicht) gehabt hatten, beim Militärdienst ein Pferd (equus) zu stellen.

Sie fühlten sich sehr bald als »Geld-Adel«. Zog so ein Eques durch Wahl in den Senat ein, so stieg er in seiner Vorstellung postwendend in die Beamtennobilität auf. Er fühlte sich umso mehr dazu berechtigt, als ihn der neue Senatorenstuhl sein bisheriges Privileg kostete, Handel und Spekulation zu treiben. Senatoren durften nur im Grundbesitz ihr Geld anlegen. (Unser Eques-Senator spekulierte nun nicht mehr selbst, sondern über seinen Neffen, versteht sich.)

Inzwischen war längst die eine Schicht so viel wert wie die andere, nämlich im Prinzip garnichts. Vielleicht machte der Uradel noch eine Ausnahme. Es ist so erfreulich, daß man fast nichts mehr von ihm hört. Er bewirtschaftete seine Güter, schimpfte vor sich hin, trank abends sein Viertelchen Chianti und starb von Zeit zu Zeit den Heldentod.

Alle diese Gruppen waren »in«, wie man heute, wenn man auf der Höhe ist, sagt. Auch Gaius Julius war »in«, schon begann er langsam ein »big« zu werden. (Entschuldigen Sie, falls ich diese schicken modernen Worte etwas unkorrekt verwende, ich bin nicht »in«.)

Caesar — eigentlich sollte man ihn vorläufig zwecks »Gefühlsentfremdung« noch nicht so nennen — Gaius Julius also war 65 Ädil gewesen, 63 wurde er Pontifex maximus, was damals natürlich nicht Papst war, sondern eine Kombination aus Präsident des Kirchenrats und Kultusminister, und dann, 62, hatte er das hohe Amt eines Prätors von Rom erreicht, ausgerechnet in dem Moment, als der Skandal mit Catilina ans Licht kam. Gaius Julius verhielt sich still, ließ Cicero, der die Mordverschwörung aufgedeckt hatte, seine Reden halten (Latein, Oberstufe) und drehte Daumen. Cicero (ich lese zu meinem Staunen gerade, daß auch er wieder

»adlig« war) hatte als Rechtsanwalt und brillanter Redner seinen Weg gemacht, war Senator und schließlich 63 Konsul geworden. Er gebärdete sich kolossal konservativ (was er wirklich war) und kolossal aristokratisch (was er nicht war). Er war nobel genug, Catilina den Wink zu geben, aus Rom zu verschwinden, ehe er ihn dann aber wegen Mordversuchs an den Konsuln und Hochverrats zum Tode verurteilen ließ.

Hier hörte Senator Gaius Julius mit dem Daumendrehen auf, hob die Hand und stimmte dagegen. Er war für »lebenslänglich«. Eine besondere Begründung hatte er nicht, er meinte nur: Wer römischer Bürger sei, sei a priori etwas so Besonderes in der Welt, daß er niemals zum Tode verurteilt werden dürfe. Reiner Quatsch, aber beim Volke ungeheuer eindrucksvoll. (Catilina wurde später bei Pistoia erwischt und fiel im Kampf.)

Im Jahre 61 ging Gaius Julius als Proprätor (Statthalter) nach Spanien. Er verwaltete das Land gut, protegierte die Steuerpächter des Crassus und sorgte auch für sich.

60 war er wieder in Rom und stellte fest, daß sich inzwischen nichts Neues ereignet hatte. Pompeius saß immer noch grollend in der Ecke, Crassus zerriß vor seinen Augen wie Fugger vor Maximilian die Schuldscheine Caesars, und das ganze Rom war abermals um einen Grad zielloser und korrupter geworden. Die Raffsucht beherrschte alle Schichten bis hinunter zu den Proletariern, die mit derselben Gleichgültigkeit wie die anderen Stände auf ihre begrenzte Weise, aber ebenso aufreizend, Volksgut und Lebensmittel vergeudeten und verkommen ließen. Die Quartiere des Proletariats sahen wie Mülleimer aus, allein schon der Anblick

schürte den Haß gegen die Hauseigentümer. Doch die Eigentümer standen hilflos vor der Frage, wie man ganze Straßenzüge mit zehntausend Männern, Frauen und Kindern evakuieren könnte, um die Häuser zu erneuern. Die Volkstribunen sprachen nicht von diesen Problemen und nicht von der Plage des stadtfremden Gesindels, sie sprachen nur von arm und reich, von Establishment, vom Sturz der »Gesellschaft«, von der »Macht dem Volke« und von »anders«.

Die Besten der Römer lebten schon garnicht mehr in Rom; sie hatten die Stadt verlassen und besaßen kein Gewicht und keinen Einfluß mehr. Der einzige, der auf seiten der Konservativen im Senat noch herumtobte und auf den Tisch schlug, war Cato minor, der Urenkel des alten »Ceterum censeo Carthaginem esse delendam«. Die übrigen hörten so wenig nach rechts und nach links, wie eine Mutter den Krach von zehn Kindern wahrnimmt, während sie kocht. Und kochen taten sie in Rom alle, die einen ihr Süppchen, die anderen vor Wut.

In dieser Situation ging Gaius Julius zu Pompeius und anschließend zu Crassus und machte ihnen einen Vorschlag, den unsere höhere Schuljugend heute noch mit Namen und Jahreszahl auswendiglernen muß, obwohl es schade um diese Mühe ist: Die drei schlossen im Jahre 60 das »Erste Triumvirat« — Dreimännerbündnis. Die Idee kam von Gaius Julius und war seiner würdig. Das Triumvirat hatte, da keiner der drei im Augenblick eine Machtposition besaß, nicht die geringste juristische Basis; es hatte nichts außer dem wohlklingenden Namen. Es war weniger als die Blutsbrüderschaft zwischen Old Shatterhand und Winnetou; sie redeten sich nicht einmal mit »mein roter Bruder« an.

Es war — wie soll man es nennen — ein Investment-Unternehmen. Die Formel, auf der es basierte, war von gängiger Gründungsart: Crassus gab das Geld, Pompeius seinen untadeligen Namen und seine Verbindungen, Gaius Julius die Idee. Die Dividenden sollten *so* aussehen: Crassus wünschte sich vor den permanent drohenden Anklagen wegen Wuchers und Ausbeutung zu schützen, Pompeius wünschte, seine Neuordnung Kleinasiens wieder eingeführt und seine Veteranen versorgt zu sehen. Um diese beiden Wünsche zu erfüllen, bedurfte es eines Konsuls, der das sofort und rücksichtslos innerhalb eines Amtsjahres durchsetzte. Pompeius war unbeliebt, Crassus, den schon Sulla sich vom Leibe gehalten hatte, roch übelst — Gaius Julius also mußte Konsul werden. Mit vereinten Kräften wurde er es.
Wir brauchten uns ihm nicht Schritt für Schritt so an die Fersen zu heften, würden wir an ihm nicht mit so einmaliger Genauigkeit das Werden eines »Cäsaren« verfolgen können, eines Diktators in einer Zeit, wo man bereit war, einen Diktator zu steinigen. Hier sehen wir einen Mann sozusagen bei Nacht und Nebel, ohne seine weltanschauliche Laterne angezündet zu haben, über ein schwieriges Gebirge klettern. Sie verstehen mich nicht? Dann will ich den gleichen Satz, leicht verändert, wiederholen: Hier sehen Sie einen Maskierten sozusagen bei Nacht und Nebel, ohne seine weltanschauliche Laterne angezündet zu haben, über das schwierige Volksgebirge auf dem einzigen, nicht verfemten Wege klettern.
Haben Sie es nicht gewußt? Wir werden es bald ganz deutlich sehen.
In Rom war man in seinen (linken) Kreisen ahnungslos. Auch die Gegenseite fürchtete ihn nur als Auf-

weicher und Pöbelfreund. Der fähigste Kopf der Konservativen, Cato minor — auch er wehrte sich nur aus diesem Grunde mit Händen und Füßen gegen die Kandidatur des Gaius Julius. Er näherte sich sogar Pompeius als Gentleman mit offenen Worten, um ihn als Kandidaten gegen Gaius Julius zu gewinnen. Aber Pompeius fühlte sich an das Triumvirat gebunden. Außerdem war er noch beleidigt. Und außerdem und schließlich war Gaius Julius sein Schwiegervater, jawohl, Caesar hatte ihm seine geliebte Tochter gegeben. Gerade eben. Kein schlechter Schachzug.

59 also wurde Gaius Julius Konsul. Die Ausschüttung der Dividende erfolgte auf dem Fuße: Pompeius wurde glänzend rehabilitiert, Kleinasien bekam die pompeische Verfassung zurück und die Veteranen erhielten ihre Versorgung und Belohnung. Crassus wurde zum wohlriechenden Ehrenmann erklärt, durchaus würdig, demnächst wieder einmal Konsul zu werden, wenn er genug stiftete und seine liebgewordenen »Freimessen an zehntausend Tischen« gab. Auch den Tribunen wurde großzügig der Hals gestopft. Dies alles geschah in tumultuarischen Senatssitzungen und unzählige Male »ein wenig außerhalb der Legalität«, wie man in Bonn zu sagen pflegt.

War es denn nun so schön, Konsul zu sein?

Nein. Dennoch hätte Gaius Julius für dieses Amt auch einen noch höheren Preis bezahlt. Nicht, weil er Konsul sein wollte — so seltsam das klingt —, sondern weil er Konsul *gewesen* sein wollte. Genau das war es auch, was Cato minor hatte verhindern wollen. Er fürchtete nicht nur das Konsulat des Juliers, er fürchtete viel mehr das Jahr danach. Er war weitsichtig genug.

Was steckt dahinter?
Dahinter steckt der im Gesetz verankerte Brauch, einem abtretenden Konsul eine »Provinz« mit prokonsularischer Gewalt für ein Jahr zuzuweisen. Sulla hatte das italische Kernland zur Verhinderung von Militärputschen »entmilitarisiert«, die Heeresgruppen alle auf die Randprovinzen verteilt und damit dem Zugriff der regierenden Konsuln oder Volkstribunen entzogen, was sehr weise und sauber war; seit Sulla bekam also niemand mehr, der in Rom war, Militär in die Hand (außer Polizei und ein paar Rekruten, versteht sich). Cato minor sah nur zu deutlich, daß alle Vorbereitungen des Juliers darauf abgezielt hatten, *nach* seinem Konsulat als Prokonsul in irgendeiner Randprovinz die dort stehenden Legionen, fünfzigtausend, hunderttausend Mann oder mehr, in die Hand zu bekommen. Das war es, was ihm den Schweiß schon auf die Stirn trieb, als die Establishmentkollegen immer noch nichts außer ihrem Stuhl und ihrem abendlichen Kassensturz sehen wollten.
Aber es kam noch dicker, als Cato minor gefürchtet hatte. Die Volksversammlung beschloß ein Extragesetz, wonach Gaius Julius nicht nur *eine* Provinz, sondern drei erhielt, und auch nicht für ein Jahr, sondern für fünf. Der Senat hatte ihm Illyricum (Dalmatien) zugedacht — wirklich ein Kanten trockenes Brot mit dem Meer zwischen ihm und Rom. Die Volksversammlung, nach langer Bearbeitung durch Pompeius, verlieh ihm Oberitalien (Gallia cisalpina) und Südfrankreich (Gallia Narbonensis) dazu. An diesen Beschlüssen, auch wenn sie zehnmal »Gesetz« genannt wurden, war so gut wie alles verfassungswidrig. Der Senat duckte sich. Nur Cato minor war dem Herzinfarkt nahe, als er

»hörte«, daß Gaius Julius sich auch noch seine Offiziere selbst aussuchen und ernennen konnte.

Er hatte richtig gehört. Fast könnte man sagen: Es stimmte, was der Senat am nächsten Morgen in der Zeitung[1] las. Derartig hatte man seit Marius und Cinna die Regierung nicht mehr überfahren.

War es wenigstens ein Trost, daß Gaius Julius nach einem Jahr nicht schon wieder in Rom auftauchen konnte? Prokonsuln und ihre Truppen durften laut Verfassung die Grenzen ihrer Provinz auch nicht mit einem Fuß überschreiten oder verlassen!

Der Senat hielt es für einen Trost. Er übersah, daß Gaius Julius keine Eile hatte. In fünf Jahren würde er ganz Gallien erobern und der Unersetzliche, der Vater seiner Soldaten werden. Fünf Jahre sind eine lange Zeit. Es war nur nötig zu siegen. Und das sollte sich zeigen.

Er verließ Rom, nachdem er der Stadt noch ein fürchterliches Kuckucksei ins Nest gelegt hatte: durch seine Protektion wurde ein gewisser Clodius Volkstribun. Bis heute rätselt man herum, ob Gaius Julius sich über diesen Mann im klaren war oder nicht.

Clodius war ein Anarchist reinsten Wassers. Nach Caesars Abreise ließ er in Rom den Teufel los. Als Volkstribun unantastbar, versorgte er seine Bande mit schweren Waffen, und dann ging es los. Zu keiner Stunde konnte man mehr die Straßen betreten ohne zu horchen, ob sich aus irgendeiner Richtung die Bande näherte. Man hörte sie wie eine Brandung schon von fern, denn Clodius und Genossen befanden sich in einer

[1] Tatsächlich, Caesar gab als Erster die »Acta diurna« heraus, Sitzungsberichte und Tagesnachrichten, die er vervielfältigen und aushängen ließ.

Verfassung von permanentem »high«. Der unantastbare Volkstribun steigerte sich immer mehr in zügellose Raserei, vergaß schließlich auch das Triumvirat, dessen Protektion er seine Wahl verdankte, und zog eines Tages vor die Stadtvilla des Pompeius, um sie zu stürmen. Leider tat er es dann doch nicht, womit Pompeius eine heilsame Lehre erspart blieb. Wer oder was den Irrsinnigen davon abhielt, weiß man nicht (jedenfalls ich weiß es nicht, ich habe es nirgends gefunden), vielleicht Pompeius selbst, der ein mutiger Mann war.

Die Tage von Marius und Cinna waren wieder da! Wahlen fanden nicht mehr statt. Die Curia ging in Flammen auf: Reichstagsbrand! Es bildeten sich Gegenbanden, Blutfehdegruppen, Selbsthilfecorps und Ku-Klux-Klaner. Alles warf mit Steinen, dolchte, zündelte, schlug nieder, brach ein bei Hoch und Niedrig, Oben und Unten, Rechts und Links. Nicht nur die Senatoren zitterten, auch die Schneidermeister zitterten. Und Polizisten waren vogelfrei. Meine Herren — wem sage ich das? Ich führe es eigentlich auch nur an, weil es ja immerhin möglich ist, daß einmal eine Zeit kommt, die diese Dinge nicht mehr von Augenschein kennt.

Was die Terroristen nicht bedachten, war, daß einem sehr großen Teil der Plebs ein Licht aufging. Sie arbeiteten unbeabsichtigt einem kommenden starken Mann in die Hand. Gaius Julius äußerte sich nicht ein einziges Mal zu den Zuständen in Rom. Ob er imstande gewesen wäre, Clodius abzuwinken, ist natürlich ungeklärt.

Schließlich regelte sich dieses Problem auf biologischem Wege: Clodius wurde in einer Straßenschlacht erschlagen, und die Epidemie ließ etwas nach. Im Jahre 55 gab es schon wieder Konsuln, und siehe da: sie hießen Pompeius und Crassus. Daß Gaius Julius *hier* gewinkt hatte, das *ist* geklärt. Die drei hatten sich zuvor in Lucca getroffen. Gaius Julius hatte gerade die Tour de France hinter sich.

*

»Diebus omnino duodeviginti trans Rhenum consumptis satis et ad laudem et ad utilitatem profectum . . .« Damals in Quarta stolperte ich über keine Vokabel, heute stolpere ich über die Stelle »Zur Ehre des römischen Volkes«.
Für den ganzen Krieg, der ein giftiger, rein imperialistischer Raubzug der bösen Wölfin war, gab es keinen ernstzunehmenden Anlaß. Die Gallier lebten einigermaßen in Frieden, und wenn sie es nicht taten, weil sie keine Engel waren, so blieben es kurze Stammesfehden, oft hart, aber immer räumlich begrenzt. Die Gallier waren vom Schlage der heutigen Iren, das heißt Kelten, große Kerle, jähzornig, im Grunde gutmütig, ein bißchen skurril, eigensinnig, sehr tapfer, ehrfürchtig, zum Feudalismus erzogen und auch neigend. Sie hielten die Römer, die sie als südfranzösische Besatzung kannten, für die Heuschreckenplage der Welt, die Generäle für bewaffnete Bankiers, Italien keineswegs für »Gods own country«, sondern für eine Räuberhöhle, und Rom mit seiner angeblichen Million Menschen für eine Erfindung. Für Gods own country hielten sie ihr eigenes, das von den Pyrenäen bis zur Mosel und zur Seine reichte, und in dem auf einen Quadratkilometer drei Menschen, siebzig Stück Wild und fünfhundert Baumriesen mit dreitausend Vögeln kamen. Für bedeutende Ereignisse hielten sie einen Krieg, einen Blitzschlag, ein Druidenopfer, eine Geburt und eine Schweinshaxe. Was sie brauchten, machten sie sich selbst, vom Dienstmäd-

chennachwuchs bis zum Streitroß. Für beider Zucht waren sie berühmt. Sie liebten und ritten gleichermaßen ausdauernd und freihändig und hielten die Römer hie wie da für Plattfüßler. Gaius Julius, sofern sie ihn zu Gesicht bekamen, machte auf sie trotz seiner prächtigen Umgebung keinen allzugroßen Eindruck. Wenn sie ihn mit ihren Stammesfürsten verglichen, als reine Plastik sozusagen, so schien er ihnen ein Zwilling, dessen zweiter Teil zur Komplettierung der Portion noch nachzuliefern war. Zwei Juliusse ergaben etwa einen halben Vercingetorix. Den Namen Vercingetorix kannte Gaius Julius, seit er in Südfrankreich war, nur zu gut. Dieser Mensch, Fürst des Arverner-Stammes in der heutigen Auvergne, gehörte zu den Unbelehrbaren. Ein Unbelehrbarer ist ein Mann, der nicht einsieht, daß er durch eine Siegermacht von irgendetwas befreit oder vor irgendetwas geschützt werden muß.

Gaius Julius hatte in langen Jahren, mit großer Mühe und nur Undank der Kelten erntend, alle Stämme Galliens unter römischen Schutz genommen, indem er nacheinander einen vor dem anderen schützte. Er war auch zweimal auf Brücken, die er kurz schlug und lang besang, über den Rhein gegangen. Er war hinübergegangen, um dem gefürchteten Sueben-Herzog Ariovist (Personalbeschreibung siehe wie bei Vercingetorix) zu sagen, er möge sich ja nicht unterstehen, sich noch einmal in die inneren Angelegenheiten fremder Völker einzumischen. Gaius Julius war sogar zweimal kurz über den Ärmelkanal nach England gefahren, um nachzusehen, ob von dort etwa Gefahr für Rom drohe. Und wie recht hatte er doch! Denn kaum betrat er mit einigen Legionen ganz friedlich die Insel, da stellten sich ihm die Briten feindselig entgegen. Er verschob die

Beseitigung dieses gefährlichen Nachbarn Roms auf später, da sich inzwischen unter der Führung von Vercingetorix ganz Gallien gegen die römische Schutzherrschaft erhoben hatte. Vercingetorix hatte in der Zwischenzeit eine Leistung vollbracht wie der unglückliche Shawnee-Häuptling Tecumseh, der 1805 die Indianerstämme zum letzten Existenzkampf gegen die Amerikaner vereinte. Der Ausgang ist bekannt.
Daß Vercingetorix das gleiche Schicksal wie Tecumseh oder Montezuma erleiden würde, dürfte jedermann, der Gottes Güte kennt, klar sein.
Gaius Julius machte also schleunigst kehrt und raste wieder quer durch Belgien und Frankreich zurück. Das ging nun schon seit 58 so, jetzt schrieb man 52, und die Gallier zeigten sich noch immer erschreckend reaktionär. Um die Angelegenheit nun exemplarisch zu erledigen, bekam er seine Statthalterschaft noch einmal von Rom verlängert. Schon auf der Schulbank habe ich gelernt, daß ich mich darüber wundern soll. Es sei dies ein außerordentliches Zugeständnis der Konsuln gewesen. Das ist aber gar nichts gegen meine heutige Verwunderung. Es gab nämlich gar keine Konsuln. Seit drei Jahren schon nicht mehr. Während wir mit Gaius Julius in Gallien weilten, sahen Sie wahrscheinlich die Stadt Rom in der Ferne in gewisser Feierlichkeit und besonnt daliegen, ein Bild, das Sie unbedingt korrigieren müssen. Die Riesenstadt Rom ist ein ewiger Unruheherd, ein permanenter Vulkan, obwohl Clodius tot ist. Niemand weiß genau, warum. Den Bürgern geht es gut, sofern sie sich entschließen, zu arbeiten. Sozialistische Parolen gibt es eigentlich gar nicht mehr. Die Parolen, die jetzt durch die Straßen gellen aus den Kehlen jugendlicher Terroristen haben nichts mehr mit der

Wirklichkeit zu tun, nichts mehr mit dem Leben. »Denen, die im Sinne der Republik handeln, ist alles erlaubt. Die Republik will freie Menschen in ihrem Schoß, sie ist entschlossen, alle anderen auszurotten!« Es waren genau diese Leitsätze der Jakobiner; als Droge offenbar uralt. Es gibt in der Geschichte so manche glaubenlose Epoche, die sich im politischen Wahnsinn einen Ersatz für religiösen Wahnsinn schafft.

Sie müssen Rom in diesem Augenblick so sehen wie Paris in den schizophrenen Maitagen des Jahres 1968. Mord, Barrikaden, Bandenkämpfe. Wer nach Polizei rief, war rechts. Rechts war Unterdrückung und Terror. Die Terroristen wiederholten es unermüdlich. Es genügten wenige, um den Anschein einer Bewegung zu erwecken.

Daß Gaius Julius das alles wußte, ist sicher. Sicher ist auch, daß er es mit Vergnügen konstatierte. Er rührte keine Hand, obwohl sein Arm lang genug gewesen wäre. Er fand, es lief alles sehr gut. Dieses eine Jahr brauchte er noch, um Gallien niederzuwerfen und Vercingetorix zu fangen. Und dann — ja, was dann? Niemand kannte seine Gedanken.

Er war mitten im Feldzug, als ihn eine Nachricht erreichte, die ihn erheblich aufregte: Pompeius, vierundfünfzigjähriger Pensionär, seit Julias Tode vor zwei Jahren Exschwiegersohn und seit Crassus' Tode vor einem Jahr Ex-Triumvir, hatte soeben den Hilferuf des Senats angenommen und sich zum Diktator ernennen lassen. (Natürlich durfte man das Wort Diktator in diesen Zeiten nicht in den Mund nehmen, man nannte es »Consul sine collega«, alleiniger Konsul). Was Gaius Julius befürchtete, trat ein: Pompeius, der ehemalige »Volksfreund«, griff durch und stellte die Ordnung in Rom wieder her. Der starke Mann war da, zu früh! Eine schlechte Nachricht.

Da sie nicht zu ändern war, widmete sich Gaius Julius, ohne sich beirren zu lassen, Gallien. Seinem Feldherrntalent glückte alles. In vier großen Schlachten eroberte er noch einmal ganz Frankreich und Belgien und krönte seinen Sieg durch die Gefangennahme Vercingetorix' — so, wie er es sich vorgenommen hatte. Bei genauerem Hinsehen waren seine Taten nicht immer sehr schön gewesen, aber wer sieht nach vierzehn Tagen noch so genau hin? Vercingetorix hatte sich für sein Volk geopfert und im Vertrauen auf die Soldatenehre freiwillig gestellt. Gaius Julius ließ ihn später wie einen Verbrecher im Kerker hinrichten. Staatsräson, verstehen Sie?

Gallien war römisch, der blutige Krieg zuende, es blieb nichts mehr zu tun. Wir sind also bei dem »Und dann?« angelangt. Niemand war gespannter als Pompeius. Seine Gefühle für Gaius Julius sanken unter den Gefrierpunkt. Der Mann war ihm unheimlich geworden. Er erwartete stündlich eine Bombe.

Sie platzte am 10. Januar 49 v. Chr.

Gaius Julius hatte sich um das Amt des Konsuls beworben. Zu diesem Zweck hätte er in Rom erscheinen müssen. Das wiederum durfte er nicht als Statthalter. Es begann ein zähes Hinundher: die Volkstribunen versuchten, ihm jeden Gefallen zu tun, aber der Senat mit Pompeius, Cicero und dem jungen Cato hatte zu seiner Zivilcourage zurückgefunden und stemmte sich gegen alle Ausnahmegesetze.

Gaius Julius stellte die Vertrauensfrage: Ich lege mein Amt und mein Kommando nieder, wenn Pompeius dasselbe tut.

Auf den ersten Blick ein honoriger Vorschlag. Auf den zweiten Blick eine Unverschämtheit. Und tatächlich haben die Senatoren eine solche Forderung eines Mannes, den sie sowieso jederzeit abberufen konnten, nicht verstanden. Das heißt — sie *haben* sie verstanden: als das, was sie war. Ihre Antwort war die Ausrufung des Staatsnotstandes.

Die Volkstribunen (unter Zurücklassung des Volkes natürlich) suchten das Weite; was dem staunenden Senat gar manches offenbarte.

Am 9. Januar trafen die Volksfreunde bei Volksfreund Gaius Julius mit diesen Neuigkeiten ein; eine Nacht überlegte er, am 10. Januar schob er alles beiseite und nahm die Maske ab: Caesar kam darunter hervor.

Der neue Caesar hob die Hand, und die Vorhut seines Heeres setzte sich über den Rubicon, das Grenzflüßchen zwischen seiner Statthalterschaft und dem römischen Vaterland, gegen Rom in Marsch. Gebildet, wie Caesar war, zitierte er dabei in tadellosem Griechisch für die Nachwelt ein Wort des Dichters Menander: »ἀνεϱϱίφϑω κύβος« — der Würfel möge fallen![1]

[1] Lateinisch: alea iacta esto, nicht est (ist gefallen), wie fälschlich überliefert.

hätte, wenn es nach Caesar gegangen wäre, hundert Seiten füllen sollen, aber Brutus und Cassius verkürzten es mit dem Dolch auf achtzehn. Leider? Zum Glück? Klug? Dumm? Die Weltgeschichte ist wie ein Reisebüro, es gibt Auskunft über Züge und Anschlüsse; die Fahrkarte mit dem Ziel lösen die Reisenden.

Nicht wie Marius vom Pöbel gerufen und nicht wie Sulla vom Senat, von niemand gerufen, mit dem Stigma des Empörers auf der Stirn, marschierte Caesar durch das Land.

Die kleinen Städte zogen den Kopf ein und warteten. Sie waren nicht pro, nicht contra, sie hatten nur Angst. Sechzigtausend Schwerbewaffnete sind ein furchteinjagender Anblick.

Der Senat wußte, wie sechzigtausend Legionäre aussehen. Er selbst hatte, getreu dem Sullanischen Gesetz, nicht einen einzigen zur Hand. Er beschloß daher das Vernünftigste, was er tun konnte: zu emigrieren. Er übersiedelte nach Süditalien. Süditalien war Roms unerschöpfliches Kräftereservoir, Süditalien war ein Gegner jeder Empörung, von Süditalien aus sollte wie zu Sullas Zeiten Rom wiedererobert werden. Die Garnisonen dort waren gegen Caesar, die Legionen in Afrika waren gegen Caesar, Marsilia im Herzen seiner eigenen Provinz war gegen ihn, wer war *für* ihn? Nicht einmal die römische Plebs, für die er immer eine Sphinx gewesen war. Sie fürchtete ihn nicht, sie glaubte, ihn unbesorgt erwarten zu können. Sie war sich nur völlig im unklaren, was der Mann wollte. Man greift nicht zum Schwert, um bloß Konsul zu werden. Was ging in seinem Kopfe vor?

Natürlich kann man die Frage auf sich beruhen lassen, die Ereignisse verfolgen und zum nächsten übergehen. Dann wird die Geschichte ein Wachsfigurenkabinett. Aber die Römer waren aus Fleisch und Blut, weinten und lachten (selten), grübelten und planten, hatten Furcht, hatten Sehnsüchte, waren zögernd, waren entschlossen, Treibende oder Getriebene. Ihre Zeit war ihre Gegenwart, unbekannt schon die nächste Stunde. Nur wir wissen, wie es weiterging, nämlich: die römische Geschichte bricht um, die lange, lange Zeit der Demokratie endet, die Diktatoren und Kaiser kommen. Wer war Caesar? Nemesis? Bewußt? Unbewußt? Erkannt? Nicht erkannt? Herzen haben die Weltgeschichte mehr bewegt als Gehirne, und immer sind es die Herzen, nach denen unser eigenes fragen wird.

Das Bild Caesars hat viele Wandlungen durchgemacht. Seine Zeitgenossen sahen in ihm einen Mann, der an die Macht kommen wollte und an die Macht kam. Die Umstände, so glaubte man, ließen nur eine Form zu: die Diktatur. Er schlidderte in sie hinein. Seine beiden Biographen, Sueton und Plutarch, sehen ihn wie einen Feldherrn des Lebens, als allgemein gültiges »Wer wagt, gewinnt«. Wenn das stimmen würde, könnten wir die Akten über ihn schließen. Kaiser Augustus, der schon im Jahre 40 (noch als General!) überraschend den Titel »Imperator Caesar« annahm, wußte es besser. Er sah in ihm einen von der Entwicklung quergeschriebenen Sichtwechsel.

Petrarca, und nach ihm die ganze Renaissance, betrachtete Caesar zum erstenmal als »Genie«. Genie war für jene Epoche Tornado, wehender Mantel, Götterzorn, Titanenschicksal. Auch Columbus wäre für Petrarca ein Genie gewesen, und in dessen Kopf spielte sich wirklich nichts ab.

Erst im neunzehnten Jahrhundert gab man dem Genie-Begriff einen tieferen Inhalt. Hegel hielt Caesar für das bewußte Genie, den überschauenden Geist der Geschichte.

Sie haben natürlich bemerkt, daß alle diese Auffassungen eine Voraussetzung haben: die Billigung der Tat Caesars. Der große Historiker Mommsen war der erste, der das Kriterium »gut« oder »schlecht« beiseite schob und an den Kern der Frage heranging, was Caesar wollte und was er von der Weltgeschichte richtig erkannte. Mommsen glaubte, daß Caesar ohne persönliche Wünsche war; daß er Zuckungen der Demokratie richtig als Todeszuckungen eines verfallenden Körpers erkannte; daß er an den Beispielen der späthellenistischen Welt eine Wiedergeburt im Königstum als natürliche Entwicklung bewiesen glaubte; und daß er bewußt auf eine demokratische Monarchie zusteuerte.

Dem widerspricht vieles. Caesar hat die römische Königswürde ausdrücklich abgelehnt, und die Beispiele eines hellenistischen Königstums waren gerade zu seiner Zeit entmutigend schlecht.

Die Gegenwart, vertreten hauptsächlich durch die junge Generation, hat — wie Kinder sind — die Frage nach »gut« und »schlecht« wieder aufgegriffen. Dabei fällt ihr das feurige Urteil nicht schwer: schlecht. Ein Eindringen in die Materie erübrigt sich damit. Aber auch ergraute Historiker zeigen die typischen Verkehrsunfall-Reaktionen: sie nennen Caesar einen Faschisten. Das Erstaunliche an dieser Platitüde ist, daß sie stimmt. Und das wollen wir uns doch einmal genauer ansehen.

In Caesars Kindheit und Jugend fallen: der Bundesgenossenkrieg gegen Rom, der »Börsenkrach« des Jahres 90, der Aufruhr der Proletarier, der Bürgerkrieg des Marius, die Schreckensherrschaft des Cinna, die Hinrichtungen durch Sulla, der erneute Umsturz nach Sullas Tode, der Monsterprozeß gegen Verres, der Sklavenaufstand des Spartakus, die Seeräubereinfälle, die Lebensmittelverknappung, die Inflation, die Verschwörung des Catilina. Er hatte also alle Scheußlichkeiten eines Volkes im Delirium und eines hilflosen Staates erlebt. Natürlich — man kann Rechtsunsicherheit, tägliche Verbrechen, Mord, Aufruhr, Inflation und Straßenschlachten gewohnt werden, oft genügt eine Generation, um diese Dinge für die gegebenen Begleiterscheinungen des Lebens hinzunehmen. Dann ist man ein angenehmer Zeitgenosse und wird »Realist« genannt. Als unrealistisch gilt, wer diese Dinge, die gern das Attribut »vielschichtig« annehmen, entkompliziert und verflucht. Der spätere Caesar hat gezeigt, daß er diese Zustände verfluchte; der junge Caesar schwieg. Er beobachtete die Älteren und ihre Versuche, vor allem Pompeius, und er war ein kühler Beobachter. Er sah, wie es Pompeius erging und löschte auf jeden Fall erst einmal seine Laterne.

Von dem Augenblick ab, als er sich über das Amt des Prokonsuls eine Militärmacht schuf, muß er (sonst hätte sein Streben keinen Sinn gehabt) der Meinung gewesen sein, daß ein Mann wie er an die Macht zu kommen habe. Gewiß nicht aus jenen undefinierbaren allgemeinen Machtgelüsten, die keiner Begründung bedürfen; sondern um die Macht zu einem bestimmten Zweck zu nutzen. Die geheime Vorbereitung seines Ausbrechens von links war ein Meisterwerk. Das zweite Meisterwerk: daß er dann keine Fahne hißte.

Das war seine reine Wahrheit: er hatte keine Fahne. Wer einen Trick dahinter sucht, irrt sich. Der späte Caesar hat bewiesen, daß er keine Ideologie, nicht einmal den Schatten eines »Partei«-Programms besaß. Mit der bestechenden Primitivität eines Faschisten betrachtete er sich als einen der wenigen Nichtkranken und seine Gedanken über Wert und Unwert der Dinge als Kriterium. Für einen solchen Mann gibt es in Zeiten der Fäulnis nur eine Alternative: Gärtner werden oder die Macht ergreifen.

Er wollte nicht eine gewisse Macht, er wollte die alleinige, unumschränkte Macht. Er war sich darüber klar, daß er sich zuvor mit *jedem* Gegner, mit jedem männlichen Tier in der Herde auseinanderzusetzen hatte. Er war bereit; er scheute sich nicht, er brauchte reinen Tisch.

Er stützte sich in dem Moment, als er an die Macht kam, politisch auf niemanden, auf keine Partei, auf keine Gruppe, weder auf die Plebs noch auf den Senat; über beide hatte er gleichermaßen den Stab gebrochen. »Gesunde« würden sich schon finden.

Er war ein Ein-Mann-Unternehmen, eine Ein-Mann-Bewegung. Das blieb er im Grunde bis an sein Ende. Und noch etwas ist typisch: Er stand völlig ratlos vor der Frage der Nachfolgerschaft. Da er davon ausging, der Eine, der Einzige, zu sein, lag ein zweiter »Einziger« gänzlich außerhalb seiner Vorstellung. Er hatte keinen Sohn, er hatte politisch keine »Kinder«, er ist ratlos geblieben. Vielleicht ist das auch die Erklärung für den Fatalismus, mit dem er in den Tod ging.

*

In sechzig Tagen eroberte er die Halbinsel Italien. Widerstand brach er rücksichtslos. Danach jedoch zeigte er sich ohne Härte und Rache. Nach und nach fielen ihm Garnisonen und Legionen von selbst zu. Der Senat floh nach Griechenland.
Das war kein schlechter Rat von Pompeius gewesen. Er war inzwischen zum Oberbefehlshaber ernannt worden und wollte mit der Flotte, die er hatte mitgehen heißen, auf dem Seewege Rom zurückerobern. Noch gab es die Armeen in Griechenland, in Afrika und Spanien.
Wir können es kurz machen; wie Caesar. Er gab niemandem Zeit zum Atemholen, ließ Rom im Standrecht zurück, sandte zwei Legionen nach Sizilien, um die Getreidezufuhr zu sichern, zog selbst über die Pyrenäen, unterwarf die spanischen Legionen, nahm auf dem Rückmarsch Marseille, ging in einem Zuge nach dem Süden, setzte mit sieben Legionen auf wackligen Schiffen über die Adria, stieß bei Durazzo auf Pompeius, Pompeius wich aus, Caesar holte ihn in Thessalien ein und wagte die Entscheidung. Es wurde die Schlacht bei Pharsalus am 9. August 48. Das große, erprobte Feldherrntalent des Pompeius stand dem großen, erprobten Feldherrntalent des Caesar gegenüber, eine Übermacht des Senatsheeres den müden Legionen des Usurpators.
Pharsalus endete mit der totalen Niederlage des

Pompeius, der zu allem Unglück auch noch einen Nervenzusammenbruch erlitt und halsüberkopf weggeschafft werden mußte. Caesar begnadigte nach dem Sieg die Gefangenen (fast das ganze Heer), amnestierte den Senat und alle Flüchtlinge und forderte sie auf, heimzukehren.

Der Frage, ob damit auch Pompeius gemeint war (wir wissen es nicht), wurde er überhoben: Pompeius, wankelmütiger Ex-Schwiegersohn, Ex-Triumvir und Ex-Volksfreund, befand sich zu dieser Zeit bereits zu Schiff auf dem Wege nach Ägypten. Er hatte noch immer große Pläne. Doch am Hofe des Pharao regierte die Wetterfahne; Ptolemäus XIV., Bruder Kleopatras, setzte auf die Karte Caesar und ließ, sozusagen aus Gefälligkeit, Pompeius bei der Landung ermorden. Caesar hat es ihm nicht gedankt, er war traurig und wütend über das unwürdige Ende.

Mit einer kleinen Truppe machte er sich auf den Weg nach Ägypten. Es wurde eine Fahrt in fliegender Hast. Was ihn trieb, war die Chance, mit dem Mord an Pompeius als Aufhänger, in die ägyptischen Thronstreitigkeiten einzugreifen und damit Rom auch am Nil zur höchsten Instanz zu machen.

Die Situation dort war folgende: Der verstorbene Pharao hatte drei Kinder hinterlassen, eine Tochter Kleopatra und zwei jüngere Brüder. Traditionsgemäß heiratete der ältere der beiden seine Schwester und übernahm, zusammen mit ihr, die Herrschaft. Dieser Ptolemäus XIV. war kein Dummkopf und hatte sich bisher die Römer ganz geschickt vom Halse gehalten. Um einen Grad geschickter war Kleopatra, die nach der Ermordung des Pompeius, so gelegen sie ihr gekommen war, sofort von ihrem Bruder und Gemahl ab-

rückte. Sie ahnte, daß Caesar auftauchen würde, und baute vor.
Caesar kam. Er wurde in Alexandria mit höchsten Ehren empfangen. Alexandria müssen wir uns in der Rolle eines Paris in superlativem Glanz vorstellen, dekadent, zynisch, übervölkert, verschwenderisch, lüstern, ohrenbetäubend, augenbetäubend, im Trance entnervender Bacchanale und traumhafter Nilfeste, aber auch hochintellektuell und hochliterarisch. Es besaß die größte Bibliothek der antiken Welt.
Caesar war anfangs nicht schlecht verwirrt. Dazu trug Kleopatra noch bei, die eine sehr betörende Frau gewesen sein muß: nicht schön, aber aufreizend wie eine Lola Montez, amüsant wie eine George Sand und umweht von dem Schlafgeruch einer Halbwüchsigen. Sie war damals etwa einundzwanzig Jahre alt. Sie besann sich keine Sekunde, sich Caesar hinzugeben und ihn glauben zu lassen, daß er unwiderstehlich sei. Auch Caesar besann sich keine Sekunde, Kleopatra zu nehmen und sie glauben zu lassen, daß sie unwiderstehlich sei. Kleopatra wunderte sich daher nicht, daß Caesar am nächsten Morgen Ptolemäus XIV. für abgesetzt und Kleopatra zur alleinigen Königin erklärte. Caesar freute das. Andere etwas Falsches glauben zu lassen, war schon immer seine Stärke.
Aber das ägyptische Heer erhob sich gegen ihn und schloß ihn im Palast von Alexandria ein. Seine kleine Mannschaft lag am Hafen, der Nachschub seiner Truppen war noch nicht da. In diesem Augenblick befand sich Caesar in höchster Lebensgefahr. Der Herr des Imperiums im Kleiderschrank des fremden Schlafzimmers — die Lage ist so läppisch, daß man sie nicht glauben möchte!

Mir persönlich gefällt sie wunderbar. Sie wirkt so versöhnlich zwischen lauter Stahl und Eisen; sie ist wie die ausgleichende Gerechtigkeit für unser Schwitzen in der Geschichtsstunde.

Und jetzt muß ich Ihnen ein Geständnis machen: Ich weiß wirklich nicht mehr genau, wie sich die Sache damals abgespielt hat. Seit ich Bernard Shaw's »Cäsar und Kleopatra« gelesen habe, bin ich immun gegen die Wahrheit. Selbstverständlich lügt Shaw wie gedruckt, ich glaube ihm kein Wort; dennoch kann ich Caesar in Ägypten nicht mehr anders sehen, als von Kleopatra sorgfältig in einen Teppich gerollt und von zwei Dienstmännern ins Freie befördert, wie Shaw es von Kleopatra berichtet. Ich sehe es vor mir, wie man ihn unter einer Laterne am Kai inmitten seiner Offiziere herauswickelt, wie Caesar aufsteht, sich den Rock abklopft und nach Trinkgeld sucht. »Lassen Sie nur, das erledige ich schon«, winkt ein Oberleutnant ab. Und dann richtet sich Caesar auf und sagt: »Na, dann wollen wir mal!«

Zunächst zündeten sie die den Hafen blockierenden Schiffe an, was bekanntlich gewisse Schwierigkeiten bereitet. Dennoch ist es historisch. Dann landeten die Nachschubtruppen, dann folgte die obligate Schlacht, dann siegte Caesar, dann ertrank Ptolemäus im Nil, und dann finden wir Caesar wieder im Schlafzimmer Kleopatras.

Er blieb neun Monate. Es wurde ein Sohn, und Kleopatra nannte ihn Caesarion. Es ist nicht ganz klar, ob es Caesars Kind war; ich tippe auf nein. Caesar tat es auch.

Im Frühling 47 riß ihn eine alarmierende Nachricht aus seinem Kur-Aufenthalt: In Kleinasien hatte der

Sohn des alten Römerhassers Mithridates mobil gemacht, war in die Provinz Asia eingefallen und hatte den römischen Statthalter geschlagen.
Caesar fand von einer Sekunde auf die andere in die rauhe Wirklichkeit zurück, ließ die Sachen packen und traf nach wenigen Tagen in Kleinasien ein. Er gab sich gar nicht erst mit dem Statthalter ab, sondern stieß mit seinem (winzigen) Heer sofort in das Herz des Mithridatischen Reiches zum Pontus durch. Bei Zela wurde er von der Hauptmacht des Feindes gestellt. Der Kampf dauerte fünf Tage und wurde nur von Caesars überlegener Strategie gewonnen. Nach Rom schickte er den kürzesten und elegantesten aller Heeresberichte der Weltgeschichte: »Veni, vidi, vici« — ich kam, sah, siegte.
Im Herbst besuchte er auf einen Sprung Rom. Er sah sich um und fand, daß seine Beauftragten gut gearbeitet hatten. Die Stadt war ruhig, sie arbeitete; der Senat funktionierte, die Tribunen funktionierten, eine Rechtsreform war im Gange, eine neue Gemeindeordnung ausgearbeitet, der zugewanderte Pöbel war aufs Land befördert, die Getreidespende von dreihundertdreißigtausend auf hundertfünfzigtausend Empfänger reduziert. Caesar griff weiter durch, erließ neue Verordnungen für die Justiz, Gesetze gegen Erpresser, Wucherer und Ausbeuter, milderte das Schuldstrafrecht, regelte das Steuersystem neu, begünstigte die Arbeiter in der Landwirtschaft, ergriff Hilfsmaßnahmen für die römische Auswanderung in die Kolonien und die Verbreitung römischen Wesens (am römischen Wesen soll die Welt genesen), gab sämtlichen Gemeinden Siziliens, Südfrankreichs, Spaniens das Bürgerrecht, befahl die Inangriffnahme der Kodi-

fizierung des römischen Rechts, die Trockenlegung von Sümpfen, die Regulierung des Tibers, die Umstellung des Kalenders von Mondphasen auf die moderne Sonnenzeit und schließlich die Ausrottung der abergläubischen Auspizien.

Dann hatte er keine Zeit mehr. Afrika rief.

Dort hatte sich ein großer Teil der Pompeianer gesammelt und der Legionen bemächtigt. Sie glaubten jetzt so weit zu sein, um zum Schlage ausholen zu können. Caesar ersparte ihnen die weite Reise, kam ihnen bis vor ihre Tür entgegen, stellte sie bei Thapsus, südöstlich von Karthago, und schlug sie vernichtend. Der alte Stahlhelmer Cato minor gab sich den Tod.

Es war nun einiges zu tun in Afrika, Caesar tat es. Als er heimkehrte, hinterließ er eine tadellos verwaltete Provinz.

In Rom — er hatte leider wenig Zeit — gönnte er dem Volk das Riesenspektakel eines Triumphzuges. Man feierte und festete bis zur Erschöpfung, es kostete eine Stange Geld, aber es war herrlich. Es gab kein Rechts und kein Links mehr, alles war ein Herz und eine Seele auf der Basis des Schweinebratens. In weiter Ferne lagen die »Probleme«, die einst die Menschen bewegt hatten. Waren diese Geschichten denn wirklich ihre Angelegenheit gewesen? Nur wenige noch legten den Kopf schief und gedachten wehmütig des Genusses, auf eine Kiste steigen und in die offenen Münder der Lauschenden blicken zu können.

SPQR, Senat und Volk, ernannten Caesar auf weitere zehn Jahre zum unumschränkten Diktator. Mehr noch: zum Praefectus moribus, zum alleinigen Richter über Ethik und Moral.

Oh Caesar, denkst du noch manchmal an Alexandria? Lach doch noch mal!

*

Die Söhne des Pompeius — daß solche Leute immer Söhne haben! — die Söhne des Pompeius lebten noch und erhoben sich jetzt in Spanien, gestützt auf die Provinzlegionen und ihre reiche Unerfahrenheit.
Caesar brach abermals auf. Zum Kotzen, Herr Major, wird er in der klassischen Soldatensprache gesagt haben. In der Schlacht bei Munda (südlich Cordoba) bereinigte er mit der Präzision eines Schachgroßmeisters auch diesen letzten Versuch der Unbelehrbaren. In der Tat: Unbelehrbaren. Es gibt Zeitenwenden, wo es die Revolutionäre sind, die die Ewiggestrigen werden.
Als Caesar heimkehrte, ernannte ihn der Senat zum Dictator perpetuus, zum ständigen Oberbefehlshaber des Heeres, zum Pontifex maximus mit göttlichen Ehren und ich weiß nicht, was noch alles, lauter überflüssiges Klingeling. Aber wir wollen dieses Klingeling im Auge behalten, es wurde später eine der Wurzeln des »Cäsarenwahnsinns«, der bei den Neronen keineswegs nur biologische Ursachen hatte.
Caesar war frei davon. Spötter — und er war ein berühmter Spötter — laufen keine Gefahr.
Wir müssen ihn ein bißchen so sehen wie Shakespeare: »Mir haben stets Gefahren im Rücken nur gedroht; wenn sie die Stirn des Caesar werden sehn, sind sie verschwunden ... denn in der Menge weiß ich *einen* nur, der unbesiegbar seinen Platz bewahrt.«; ein bißchen auch so sehen wie Thornton Wilder: »Wieder

ist es Mitternacht, mein lieber Freund, ich sitze an meinem Fenster. Die Motten tanzen um meine Lampe. Der Fluß spiegelt ein verstreutes Licht der Sterne. Drüben auf dem anderen Ufer streiten ein paar trunkene Bürger in einer Taverne, und mitunter trägt die Luft meinen Namen herüber ... Du sprichst von der Vergangenheit. Bei der Erinnerung an ein einziges geflüstertes Wort, an ein Augenpaar, fällt mir die Feder aus der Hand. Rom wird zur Aufgabe eines Kanzleibeamten, mit der ich meine Tage fülle, bis der Tod mich davon erlöst. Bin ich darin sonderbar? Ich erinnere mich, wie ich einst als Priester des Jupiter zum Kapitol hinaufstieg, meine Cornelia mir zur Seite, die ungeborene Julia unter dem Gürtel. Welchen Augenblick, der jenem gleichkäme, hat das Leben seitdem geboten? — Soeben ist die Wache vor meiner Tür abgelöst worden. Die Posten haben die Schwerter aneinandergeschlagen und das Losungswort getauscht. Es lautet für heute Nacht: Caesar wacht.«; ein bißchen auch so sehen wie Bernard Shaw: »Dies ist das ärgste an uns Römern: wir sind bloß Macher, ein in Menschen verwandelter Bienenschwarm. Da lob ich mir einen guten Schwätzer, der genug Witz hat, leben zu können, ohne immerfort etwas tun zu müssen. Eines Tages werde ich mich vielleicht zur Ruhe setzen und eine blaue Toga tragen; inzwischen muß ich auf meine Art, so gut ich kann, vorwärts zu kommen trachten.«; und ein bißchen wie Meyers Lexikon: »Sein Geist umfaßte alle Zweige menschlichen Wissens und war für alles empfänglich.«
Nur: Genießend und behaglich in Rom lebend dürfen Sie ihn nicht sehen. Die längste Zeit, die er Rom genossen hat, war ein halbes Jahr! Das Bild eines

Caesar, der unter seinen Bürgern lebt, sein Leben in der schönen Stadt einrichtet und sie glücklich genießt, ist ein Irrtum. »Bis der Tod mich davon erlöst.« Er war verzweifelt, er wußte nicht, wem er Rom übergeben sollte. Und so berief Caesar jedes Jahr aufs neue Caesar zu seinem Nachfolger.

Natürlich hatte sich in dreieinhalb Jahren ein Kreis von Jüngern herausgeschält. Da war Antonius, schon als Volkstribun Anhänger Caesars, Enkel des von Marius ermordeten Marcus Antonius Primus, jetzt ein Mann von achtunddreißig Jahren. Da war der erfahrene Aemilius Lepidus; zu alt! Dann die beiden Junier, Marcus Brutus und Decimus Brutus. Wenn man nur ihre Köpfe öffnen und hineinschauen könnte! Der Onkel des Marcus Brutus war Cato minor gewesen. Ein Ex-Pompeianer. Caesar wurde nie das Mißtrauen los, obwohl er ihn sehr gern hatte, fast wie einen Sohn (»Auch du, mein Sohn Brutus?«). Decimus Brutus kam aus derselben Gens. Er war ein außerordentlich begabter General, im Augenblick Statthalter von Gallia cisalpina in Mediolanum. Ein besonnener Mann, er würde das Erbe gut verwalten. Verwalten! Einen Vulkan verwalten! Die Wölfin verwalten!

So kam es, daß Caesar seine Hoffnungen auf einen anderen setzte, einen achtzehnjährigen Jüngling, der nicht eine einzige beruhigende Eigenschaft zu besitzen schien, sondern nichts als Ärger bereitete. Rätselhaft, wie Caesar auf ihn verfiel. Vielleicht war es eine Sternstunde, vielleicht erinnerte er sich seiner eigenen Jugend und erkannte sich selbst noch einmal unter der Maske eines Clowns, vielleicht sah er in irgendeinem Augenblick oder hörte aus einem Satz das gezügelte Feuer in diesem Jungen, der im Moment eigentlich nur mit

einem nassen Lappen zu erschlagen war. Vielleicht aber waren es einfache, sentimentale Blutsbande. Es ist nicht wahrscheinlich, aber möglich.
Dieser junge Mann war Caesars Großneffe. Die Schwester Caesars hatte einen gewissen Atius, einen Plebejer, geheiratet. Ihre Tochter Atia heiratete einen wohlbestallten aber bedeutungslosen Mann aus dem Großbürgertum der Provinz, Octavius. Dessen Großvater war, wie böse Zungen behaupten, noch Sklave gewesen. Sein Sohn, Gaius Octavius, war nun dieser rätselhafte Sproß.
Caesar entschloß sich zu einem zunächst nur zivilrechtlichen Schritt: er adoptierte ihn!
Jetzt heißt das Herrchen also Gaius Julius Caesar Octavianus. Er lebte in der Umgebung Caesars. Auf dem nächsten Feldzug, gegen die Parther, sollte er seine »Feuertaufe« erhalten, wovon er wenig begeistert war. Caesar hatte ihn zur Truppe geschickt und kümmerte sich nicht darum.
In diesen Tagen des Jahres 44 zeigte sich Caesar überhaupt in merkwürdiger Weise lethargisch. Längst war ihm zu Ohren gekommen, daß eine Gruppe von Senatoren gegen ihn konspirierte. Das Geflüster nahm fast den Charakter einer Verschwörung an, aber der Diktator reagierte nicht. Man nannte ihm Namen, er winkte ab. Man nannte ihm Gründe, er lächelte. Beim Lupercalienfest am 15. Februar, dem großen Volksfest zu Ehren des Pan (bei dem die Lupercuspriester nackt um den Palatin liefen und mit ihrer Berührung die Menschen entsühnen und die Frauen fruchtbar machen konnten) ereignete sich ein Zwischenfall, der dem Geflüster neue Nahrung gab. Antonius, amtierender Konsul, wie immer überschwenglich und sich als Spre-

cher des Volkes fühlend, trat plötzlich auf Caesar zu, um ihm das Königsdiadem aufs Haupt zu setzen.
Die Volksmenge erstarrte.
Caesar, dem man keine Regung anmerkte, schob die Hand beiseite; Antonius versuchte es noch einmal, Caesar stieß den Stirnreif heftig zurück, eine weithin sichtbare Geste. Das Volk erwachte aus der Erstarrung und brach in lauten Jubel aus. Der Diktator hatte die Königskrone ausgeschlagen!
Hatte er den Plan Marc Antons gekannt? Hatte er die Szene gewollt? War sie als Frage an das Volk gedacht gewesen? Die Verschwörer waren überzeugt davon. Die Vorstellung, es könne dies die »Generalprobe« gewesen sein, brachte sie in fieberhafte Erregung. Sie wagten es sogar, Antonius zu stellen und ihn offen in ihre Umsturzpläne einzuweihen. Antonius war zunächst einmal nichts als verblüfft, wen er da vor sich sah: Marcus Brutus und Cassius, den Präfekten!
Während er sich noch von seiner Überraschung erholte, rollte Cassius alle Pläne vor ihm auf. Aber je länger er redete, desto geistesabwesender wurde Antonius. In welche Situation geriet er da! Was wollten sie eigentlich? Sollte er da mitmachen? Das sei ferne von ihm! Nein, Freund Brutus, nein, Freund Cassius! Er schüttelte traurig den Kopf.
Und dann ging der brave Mann zum Mittagessen.
Wenn das schon erstaunlich ist, so ist noch viel erstaunlicher, daß auch Brutus und Cassius heimmarschierten. Alle Berichte stimmen darin überein, daß die Flammen schon aus dem Dach schlugen und weithin sichtbar waren, und daß dennoch alle Beteiligten sich in unwirklicher Luft bewegten.

Diese Atmosphäre des Unernsten ging zweifellos von Caesar aus. Just jetzt entließ er seine Leibwache. Er trug nun auch beständig die Purpurtoga des Triumphators, die ihn wie die rote Muleta des Torero für den Stier weithin sichtbar machte.
Er schien sich nur für den Partherfeldzug zu interessieren. Aber er war mit dem Herzen nicht dabei, er fühlte sich krank und einsam. Es war nicht die Isolierung des Tyrannen — er ging unbesorgt und völlig ungeschützt unter die Menschen, er schien gerade jetzt besonders liebenswürdig und duldsam — es war die Einsamkeit, die die Resignation begleitet. Natürlich wird er sich jemand eröffnet haben, wahrscheinlich Calpurnia, seiner Frau, aber er wird wohl nicht imstande gewesen sein, ihr den circulus vitiosus seiner Gedanken klarzumachen. Was wollte Brutus, was wollte Cassius? Warum erbitterte sie, daß überall seine Büste stand? Warum? Können Menschen wie sie das nicht ertragen? Warum erbitterte sie, daß er lebenslänglicher Diktator war? Warum hätten sie es leichter ertragen, wenn er jedes Jahr aufs neue berufen worden wäre? Weil die Verewigung der Diktatur die Tyrannis bedeutet und nicht mehr ein Amt? Worte! Worte! Was sind Ideen und Prinzipien gegen Fakten! Blühte nicht Rom? In Wohlstand und Frieden? Und was ist das für ein Wahn: Volksherrschaft? Ist sie heilig? Gilt für sie nicht, was für alles in der Welt gilt: das Metermaß von gut und schlecht? Hatte Brutus die Tage des Cinna und Clodius, der »Volksfreunde«, vergessen? Erinnerte sich Cassius nicht an die tausend Beispiele in der Geschichte? Erinnerte er sich nicht, daß es das Athener *Volk* war, das seinen großen Sohn Sokrates zum Tod verurteilte? Ein halbes Tausend Bürger saßen

zu Gericht — »Volk«. Keiner der geistig führenden Männer Athens hätte so ein Urteil gefällt, keiner wäre so intolerant, keiner so kurzsichtig, keiner so von Leidenschaften verhetzt gewesen. Jedoch es ging Quantität vor Qualität.

Dieser unselige Traum der Plebs.

Er wollte nicht darüber nachdenken. Alea jacta esto.

Vor der Senatssitzung vom 15. März erkrankte er leicht und beabsichtigte, ihr fernzubleiben. Aber auf Drängen entschloß er sich zu gehen. Er ging zu Fuß. Unterwegs steckte man ihm noch einmal eine dringende Warnung zu — er ließ sie unbeachtet.

Im Senat herrschte verräterische Nervosität. Die Verschwörer beeilten sich, das Eisen noch glühend zu schmieden, und legten Caesar eine Fangfrage vor. Er fällte, wie erwartet, eine unpopuläre Entscheidung. Man bat. Er lehnte ab. In diesem Augenblick sprangen die Verschwörer vor und zogen die Dolche. Casca stieß als erster zu. Caesar schlug ihm die Hand weg. Vielleicht glaubte er, damit das Attentat überstanden zu haben, die Wirkung auf das Volk wäre unbezahlbar gewesen. Aber er irrte sich, im nächsten Moment schon zuckten die Dolche von allen Seiten auf ihn nieder — tu quoque, Brute! Als er sah, daß er verloren war, verhüllte er das Haupt mit der Purpurtoga und ließ sich ermorden.

15. März 44 v. Chr.

IM ZWÖLFTEN KAPITEL

probiert ein Neunzehnjähriger das gescheiterte Experiment Caesars noch einmal: sein Adoptivsohn Octavian, ein harmlos aussehender kränklicher Bläßling von der Gefährlichkeit einer Klapperschlange.

Notieren wir.
Die Zahl der Verschwörer betrug etwa sechzig. Das Volk hatte daran keinen Anteil.
Die Zahl der Dolchstiche betrug dreiundzwanzig. Sie saßen auch im Genick und im Rücken.
Zwei Senatoren hatten — vergeblich — versucht, Caesar beizuspringen; Antonius war nicht darunter.
Testamentseröffnung durch Antonius als Konsul. Caesar schenkte seine Gärten als öffentliche Parks dem Volke und vermachte jedem einzelnen der römischen Plebs eine Geldsumme von dreihundert Sesterzen. (1 Sesterze = $1/4$ Denar = ca. 1,50 DM an Kaufkraft.)
Den Rest des großen Vermögens erbte Octavian.
Ein politischer Nachfolger war nicht genannt.
Das Testament hatte sich in der Hand Calpurnias befunden, die es zusammen mit allen noch nicht veröffentlichten Verfügungen und dem ganzen Archiv des Privatbüros nicht Octavian, sondern Antonius übergab.

*

Nach dem Mord waren die Senatoren kopflos auseinandergestoben. Die Leiche lag verlassen unter dem

— Ironie des Schicksals — Pompeiusstandbild, das Caesar seinem Freundfeind errichtet hatte.

Sklaven schleppten den noch blutenden Leichnam durch die Straßen zu seinem Haus.

Von den Verschwörern war nichts zu sehen. Erst viele Stunden später tauchte hier und da einer in den Plebejer-Vierteln auf, um die Stimmung zu erkunden, zog sich jedoch schnell wieder zurück. Viele ließen ihre Häuser durch gemietete Gladiatoren bewachen.

In einem deutschen Lehrbuch steht der Satz: »Caesars Feinde hatten deutlich gefühlt, daß alle Taten des großen Mannes nicht über eines hinwegtäuschen konnten: den völligen Verlust der Freiheit.«

Das Wort »Freiheit« hätte nun eigentlich durch die Stadt fliegen müssen, aber es flog nicht.

Das Volk begriff die Tat nicht. Denn was ist »Freiheit«?

Freiheit ist die körperliche und moralische Selbstbestimmung im Rahmen einer von der Schicksalsgemeinschaft gutgeheißenen Verfassung. Das Volk von Rom war nicht der Meinung, diese Freiheit nicht besessen zu haben; jetzt fürchtete es sich von dem Verlust der Ordnung.

Der Senat ließ sich zunächst nicht mehr zusammentrommeln, die Regierung war lahmgelegt.

Erst langsam wurden die Verschwörer — immer noch mit gepacktem Koffer — kühner. Es bildeten sich Propagandatrupps, die das Volk zum Hurrah aufrütteln sollten. Der Erfolg war mager.

Als der Tag des Leichenbegängnisses kam, wußte weder die eine noch die andere Seite, wie es um die Stimmung stand.

Der Tote war auf dem Forum aufgebahrt, ganz Rom auf den Beinen.
Am unsichersten fühlte sich Antonius. Als Konsul (jetzt einziger Konsul) hatte er die Totenrede zu halten. Mit sportlichem Schwung bestieg er die Rednertribüne, elegant, schnittig, auf schön getrimmt und mit der damaligen Rarität eines kurzen Vollbarts verziert.
Er begann seine Rede behutsam, tastete sich langsam vor, sah, daß das Volk die ersten verfänglichen Formulierungen (pro Caesar) schluckte und entschloß sich, va banque zu spielen. Er riß das Steuer herum, geriet selbst in Feuer, las das Testament vor und mündete in eine Hymne auf den Toten ein. Die Plebs, wie erlöst aus allen Zweifeln, brach in Jubel aus. Und als der Holzstoß, auf dem der tote »Tyrann« lag, entzündet wurde, sprengten die Menschen die Absperrung, rissen Brände heraus und stürmten los, um die Häuser der Mörder anzustecken. In heller Panik flohen die Verschwörer und verbargen sich. Antonius hatte Mühe, den Aufruhr zu bändigen.
Als sich Wochen später die Gemüter beruhigt hatten, brachte Cicero als erste neue Handlung des Senats zwei Beschlüsse durch, die das klügste waren, was man im Moment machen konnte: die Amnestie der Verschwörer und die Bestätigung aller Gesetze und Pläne Caesars. *Dafür* also war Caesar gestorben. Oh Caesar, lach doch noch einmal!
Die Begnadigung der Attentäter war ein geschickter Schachzug. Die Verschwörer wurden damit als Mörder, die der Begnadigung bedurften, festgenagelt, aber als Märtyrer verhindert. Sie wurden aus Rom ver-

bannt und gingen — natürlich frei und an nichts notleidend — in die Provinzen. Wo die Heere standen. Doch daran dachte im Moment niemand.

Eine ganze Reihe von Leuten sah nun ihren Weizen blühen. Es ging ganz offen um die Nachfolge Caesars, eine recht seltsame Anschauung all dieser Herren, die soeben erst mitgeholfen hatten, sich des Machthabers zu entledigen.

Da gab es also Marcus Antonius, den Mann, der das Steuer herumgerissen und dem Volke klargemacht hatte, daß ein Diktator gut ist, wenn er gut ist. Antonius fühlte sich aus mehreren Gründen stark: Er galt als der Vertraute Caesars und sein Treuhänder. Er war, nachdem man ihm einen unbedeutenden Mann als zweiten Konsul zur Seite gegeben hatte, praktisch consul sine collega. (Sueton behauptet, er sei völlig größenwahnsinnig mit einem Löwengespann durch die Straßen gefahren.) Und er war im Besitz der caesarischen Akten und Handnotizen, das heißt, es lag bei ihm, was er herausholte und als Caesars Willen zum Gesetz erklären lassen wollte. Er konnte auch Fälschungen unterschieben und hat es vielleicht sogar getan. Er war kein schlechter Charakter und ganz gewiß kein echter Bösewicht, aber er war leichtfertig — im übrigen nicht zu vergleichen mit Pompeius. Es ist also falsch, später eine Parallele Pompeius—Caesar und Antonius—Octavian zu sehen. Auch die finanzielle Lage sah anders aus: Pompeius war als Feldherr und Eroberer, wie üblich, reich geworden, Antonius war nie Oberbefehlshaber gewesen. Er steckte im Gegenteil bis über die Ohren in Schulden. Als ihm Calpurnia das Erbe zu treuen Händen übergab, dachte er gar nicht daran, Octavian an das Geld heranzulassen. Er stellte sich taub und bezahlte vor allem einmal seine eigenen Gläubiger. Dies alles erfuhr das Volk erst, als Octavian es ausposaunte.

Octavian, der im März 44 als Vorkommando Caesars bei den Truppen in Apollonia geweilt und sich dort amüsiert hatte, war in gestrecktem Galopp nach Rom zurückgekommen, denn ihm schwante Böses. Das eine, was ihm geschwant hatte, war zum Glück inzwischen schon in Ordnung gebracht, nämlich die Glorifizierung Caesars. Das andere traf prompt ein: Er bekam sein Erbe nicht ausbezahlt. Dieser Schlag ist es wahrscheinlich gewesen, der den neunzehnjährigen Jungen erwachen ließ. Er, der sich bisher im Vertrauen auf seinen allmächtigen Adoptivvater um nichts gekümmert hatte, sah sich plötzlich vor die Alternative gestellt, zu kämpfen oder als Namenloser ins Nichts zurückzufallen. Er wählte das Kämpfen, übrigens gegen den Rat seiner Verwandten, die ihn für untauglich hielten. Er hatte keine Ahnung, in was er sich da einließ.

Mit der Kühnheit des Ignoranten bekannte er sich zunächst einmal als Sohn Caesars, des »Tyrannen«, dem er so ganz und gar nicht glich. Dabei zeigte sich, daß der Junge doch gerissener war, als man vermutet hatte. (Er war *viel* gerissener als Caesar!) Je mehr Antonius gezwungen war, seine eigene Stellung durch die Glorifizierung Caesars und die Verurteilung der Attentäter zu untermauern, desto mehr profitierte Octavian. Schließlich war er und nicht Antonius der Erbe. Er war es, der den Bürgern das Vermächtnis auszahlen wollte. Und als er auf den Schachzug verfiel, die Güter und Häuser Caesars, die sich Antonius beim besten Willen nicht hatte in die Tasche stecken können, zu verauktionieren, um das Geld für das Volk aufzubringen, da gehörte ihm das Herz der Plebs. Antonius war plötzlich in einer sehr schiefen Lage.

Noch ein dritter Mann existierte, mit dem zu rechnen war: Cicero, zweiundsechzig Jahre alt, der untadelige, langweilige, ehrgeizige Aristides der Römer, einstiger Advokat, glänzender Redner, erfolgreicher Schriftsteller, Exkonsul, Exstatthalter, Entdecker der Catilinischen Verschwörung, mehrfach in Ungnade, zum Schluß immer wacker auf der Seite des Siegers, erst Pompeius', dann Caesars, jetzt Antonius', bald Octavians. Er war nicht der Typ des Einzelgängers, er hätte gern mit dem Senat als Instrument geherrscht. Er besaß ein gerüttelt Maß nutzloser Erfahrung und war klarsehend wie ein Professor, das heißt, auf einem Auge blind.

Im Oktober 44 verließ Octavian Rom, angeblich, weil er für sein Leben fürchtete. Vielleicht stimmt es. Jedenfalls tat er etwas Unglaubliches: Er warb unter den Veteranen Caesars auf eigene Kosten ein Privatheer an! Er zahlte generös; er zahlte so gut, daß sogar Einheiten der regulären Truppe zu ihm übergingen. Dabei stellte sich heraus, daß der Name Caesar Wunder wirkte.

Laut Adam Riese war der junge Herr nun ein Hochverräter und reif für das Schwert.

Daß er nicht komplett irrsinnig war, dafür zeugen seine nächsten Schritte. Er entfesselte in Rom eine wilde Hetze gegen Antonius, der mit dem schlechtesten Gegenzug antwortete, der sich denken läßt: er setzte sich aus der Stadt ab und zog aus purer Verlegenheit gegen den aufsässigen Decimus Brutus, einen der verbannten Caesar-Mörder, los. Er hielt es für klug, aus der Schußlinie zu sein, Truppen in die Hand zu bekommen und zugleich eine so edle Aufgabe vorzugeben. Der Senat dachte anders. Cicero stellte ihn in seinen berühmten »Philippischen Reden« als den Mann hin, der in Bälde den Rubicon überschreiten werde, und zeterte über die Machtlosigkeit der Regierung.

Und siehe da, wer nahte als Rettung? Der gute Junge Gaius Julius Caesar Octavianus mit seinem Heer, das er kostenlos dem Senat zur Verfügung stellte.

Man griff zu — und damit war Octavian kein Hochverräter mehr! Der Moment, ihn zu verurteilen, war verpaßt, der Clou geglückt.

Nachdem er alle Hände geschüttelt und reichlich Geld verstreut hatte, machte er sich daran, seine erste Aufgabe im Auftrag des Senats zu lösen. Sie werden es nicht glauben: gegen Antonius zu ziehen.

Warum?

Ja, warum? Erstens wollte man Decimus Brutus schützen, der ein guter Demokrat war, und Demokrat wiegt zu mancher Zeit mehr als Mörder. Und zweitens war das Konsulat des Antonius inzwischen abgelaufen; was der Herr hier unternahm, einen ausgewachsenen Feldzug, war eine reine Eigenmächtigkeit. Decimus Brutus, Verwandter des »tu quoque, Brute«, hatte sich in Modena verschanzt. Antonius war dabei, ihn auszuhungern, als Octavian nahte. Ich sage »Octavian«, und die Boten des Antonius werden es ebenfalls gesagt haben; richtig ist, daß die offiziellen und wirklichen Befehlshaber seines Heeres die beiden amtierenden Konsuln Hirtius und Pansa waren. Offizieller geht's nicht.

Antonius verlor den Kopf und ließ es zu einer Schlacht kommen. Man stelle sich vor: zu einer Schlacht gegen die römischen Konsuln! Er verlor sie gründlich und flüchtete zu Papa Lepidus, der mit seinen Truppen in Südgallien stand.

Die Begegnung von Modena ist bis heute eine mysteriöse Angelegenheit geblieben. Ziemlich sicher ist, daß Octavian so, wie später Friedrich der Große, in seiner ersten Schlacht versagte. Er scheint geflohen zu sein, denn er tauchte erst nach dem Siege wieder auf, ohne Mantel und ohne Pferd. Auch die Umstände um Hirtius und Pansa sind reichlich merkwürdig. Der eine fiel, der andere starb kurz darauf, und es ging das Gerücht, daß Octavian ihn beseitigen ließ. Der Grund wäre leicht einzusehen. Sie erraten ihn nicht? Dann sind Sie kein »Politiker«, mein Herr, und kommen als Führungskraft nicht in Frage.

Octavian kehrte nach Rom zurück, mit der Truppe, versteht sich, die er der Einfachheit halber gleich auf dem Marsfeld lagern ließ. Ein hübscher Haufen Soldaten, der da unter den Augen des Senats kampierte und die schartigen Messer wetzte. Fröhlich lächelnd spazierte des Morgens der Sieger von Modena, der blasse, schmächtige Jüngling Octavian, durch die Reihen der Veteranen und anschließend durch die Reihen der Senatoren, die gerade vor der wichtigen Aufgabe standen, neue Konsuln als Ersatz für die Nichtheimkehrer Hirtius und Pansa zu nominieren.

Was Sie nicht für möglich gehalten hätten und ich auch nicht, geschah: Der Zwanzigjährige wurde gewählt. Volk und Senat waren sich einig: der oder keiner. Behufs dessen mußten nun wieder einige neue Gesetze geschaffen und alte außer Kraft gesetzt werden; im Zeitraffertempo galt es, Ämter zu durcheilen und Titel nachzuholen, kurzum, es geschah für Octavian alles, angesichts dessen ein normaler Bürger, der Stufe für

Stufe zu ersteigen hatte, sich als Idiot vorkommen mußte.

Es sind viele Überlegungen angestellt worden, wie Octavian, dieses unbeschriebene Blatt, das fertiggebracht hat. Natürlich, Geld spielte eine Rolle, aber nicht die entscheidende; seine Mittel waren begrenzt. Eine gewisse Rolle wird auch die politische Situation gespielt haben; die Plebs fürchtete die Rückkehr der Verschwörer, der Senat fürchtete Antonius. Octavian schien es mit keinem zu halten, er hatte Antonius geschlagen, aber Decimus Brutus in der Verbannung gelassen, ohne ihn auch nur anzusehen. Schließlich gab es als dritten Faktor das Militär, das praktisch Herr der Stadt war. Nur: Warum machte das Heer das Spiel dieses unbeschriebenen Blattes mit? Wahrscheinlich unterschätzen wir, wie groß der Eindruck war, den Caesar hinterlassen hatte, wie sehr den Soldaten und dem Volk das politische Leben zum Halse heraushing und wie wenig es sich aus dem ewigen Mitquatschen machte. Man kann das Volk nicht unbegrenzt politisch strapazieren, ohne daß es sich eines Tages ödet und das Ruder abgibt.

Anders ist nicht zu verstehen, was sich Octavian nach seiner Wahl erlauben konnte, ohne daß sich eine Hand dagegen rührte. Mit der drohenden Anwesenheit des Militärs allein ist das nicht zu erklären, sondern nur mit der Erinnerung an Caesar und mit dem Überdruß an der Droge Politik.

Octavian war kaum Konsul, als er seine Karten aufdeckte. Er annullierte die Begnadigung der Verschwörer, verbot die Bezeichnung »Tyrannenmord«, hob damit die moralische Begründung der Tat auf, machte die Mörder also vogelfrei und rehabilitierte dagegen Antonius. Die Schwenkung um 180 Grad geschah in einer Sekunde, verblüffte jedermann — und interessierte in Wahrheit nicht eine Seele. Die »Zerreißprobe« hatte sich als ein Kinderspiel herausgestellt; nur mußte man es gewußt haben! Octavian, zwanzig Jahre alt, hat es gewußt.

Sie müssen ihn als Gestalt richtig sehen. Schlagen Sie sich die Statuen aus dem Kopf, sie sind alle idealisiert. Octavian war ziemlich klein, wirkte aber gut proportioniert; von Geburt an besaß er jene zerbrechliche Gesundheit, die ein langes Leben verspricht. In der Jugend hatte er sich weiter verweichlicht, ein bläßlicher, magenempfindlicher Jüngling mit lückenhaften schlechten Zähnen und am ganzen Körper verpickelt. Er litt an Hautjucken, an Gallenschwellung und von Zeit zu Zeit sehr schmerzhaft an Nierensteinen; die Sehkraft des linken Auges ließ schon nach, und auch das linke Bein zeigte sich schnell überanstrengt und schleppte dann leicht hinterher. Er hatte Kreislaufstörungen, die mitunter seine Finger absterben ließen; wie manche blonde Typen (er hatte seidiges helles Haar) vertrug er keine Sonne, auch nicht im Winter. Er vertrug auch keine Kälte; jedes Jahr befiel ihn ein-, zweimal die Grippe. Reiten vermied er, wo es nur ging, statt dessen ließ er sich in der Sänfte tragen. Er war zaghaft, etwas hypochondrisch und feige, er ängstigte sich bei jedem Gewitter; die blanke Waffe erschreckte ihn, und bei Übungen machte er eine klägliche Figur. Aber alles überstrahlte sein Gesichtsausdruck, der heiter, gelassen und von scheinbar herzlichster Offenheit sein konnte. Tatsächlich war er zu jener Zeit noch ein komplettes Ekel, das Freund und Feind verriet, ein Scheusal, das den Kopf des später von ihm besiegten Marcus Brutus (»tu quoque, Brutus«) abzuschlagen und nach Rom zu schicken befahl und das nach der Einnahme einer Stadt den dreihundert Geiseln, die um ihr Leben baten, gefühllos wie ein Jakobiner antwortete: »Es muß gestorben werden!«

Haben Sie ihn gut vor Augen? Bringen Sie diesen bläßlichen maroden jungen Mann nicht mit irgendeiner Ideologie in Verbindung, er kannte, genau wie Caesar, keine, er war auch entschlossen, sich mit keiner zu beschäftigen. Das verwunderte schon seine Zeitgenossen, die seit Marius gewohnt waren, daß ein Zwanzigjähriger Schaum vor dem Munde hatte. Sie schlossen daraus, daß Octavian im Grunde genommen unpolitisch sei und nur eine gewisse Rolle spielen wolle.

So schlug er, zunächst ungestört und unbeargwöhnt, seine Volten. Mit der größten Frechheit beschwatzte er die Volksversammlung, gegenüber dem Senat mal auf die Pauke zu hauen und eine Kommission einzusetzen, die »die inneren Verhältnisse endlich neu ordnen« sollte. Mit der größten Frechheit nominierte er dafür sich selbst, ferner Antonius und als dritten Lepidus. Punkt, erledigt, noch ehe der Paukenton verklungen war.

Damit gab er eigentlich nur bekannt, was unter den drei Militärmachthabern längst beschlossen war. Der papaliche Lepidus, siebenundvierzig Jahre alt, unter Caesar einst Konsul und Oberbefehlshaber der Reiterei, war derselbe Lepidus, der den flüchtenden Antonius in seinem Lager aufgenommen hatte. Die Zusammenstellung der Kommission war etwas verwirrend für das Volk, aber sie hatte auch was für sich: Jeder schien ein Gegengewicht zum anderen, jeder schnitt den anderen von Machtbildungen ab, Lepidus war ein solider Kon-

trolleur: ein offizielles Triumvirat schien besser als ein geheimes. Man sagte Ja und Amen. Heute fragt man sich natürlich, wozu das alles überhaupt.
An einem Datum, an dem gewöhnlich Tollitäten inthronisiert werden, am 11. 11. 43, wahrscheinlich elf Uhr vormittags, wurden Antonius, Lepidus und Octavian vom römischen Volk zu Triumvirn berufen, »triumviri rei publicae constituendae«. Das Datum sollte man sich, wenn noch ein Plätzchen dafür frei ist, merken: es bedeutet das Ende der Demokratie Roms. Die drei Triumvirn waren nichts als Diktatoren, und der, der übrig blieb, wurde »Kaiser«.

*

Es kam, wie Octavian vermutet hatte und wie es ihm sehr lieb war: Antonius riß sofort das Steuer an sich. Welch eine Wandlung nach seiner Niederlage und Verfemung! Er fühlte sich auf dem Gipfel der Macht, Octavian und Lepidus schienen ihm kein Problem.
Seiner aufgespeicherten Wut gegen den Senat, der ihn geächtet hatte, machte er Luft, indem er die Namen derer herauszuschreiben begann, denen es an den Kragen gehen sollte. Das Gerücht einer großen Verhaftungswelle versetzte das Volk in Unruhe und den Senat in Schrecken. So war das doch nicht gedacht, um Himmelswillen! Dies war der Augenblick, als Octavian aufstand und Mäßigung verlangte. Er sprach von Sicherheit und Frieden, Milde und Verzeihung, und dann ging er hin und nannte Antonius noch ein paar Namen mehr für seine Liste. Zum Schluß standen dreihundert Senatoren und zweitausend Equites darauf.

Überstürzt flohen Tausende aus der Stadt, was die Sache für Antonius sehr vereinfachte. Er beschlagnahmte ihren gesamten Besitz, verkaufte ihn und bezahlte damit die Soldaten. Die unblutige Methode befriedigte alle Teile.

Was die drei Machthaber sonst noch trieben, war zunächst nicht welterschütternd. Lepidus mühte sich, überhaupt etwas zu begreifen und war schlechtester Laune; Octavian ging spazieren; Antonius inspizierte achtzehn Städte auf die Möglichkeit, Privatbesitz zu enteignen und die Staatskasse neu aufzufüllen. Die Zeiten schienen wiedergekehrt, wo Rom zum Plündern in die Nachbarschaft ging. Sonst geschah nichts, keine Neuerungen, keine Reformen, kein Schritt vorwärts, kein Schritt rückwärts. Was bedeutete das alles? Die Proskriptionen? Die Todesurteile? Die Enteignungen? Die Entmachtung der Magistrate auch in den Kleinstädten? Die verschlossenen Türen der Gerichte? Die vielen Soldaten? Was war das, was sich da zusammenbraute?

Die Wahrheit, die auch bald sichtbar wurde, war, daß Antonius den Bürgerkrieg kommen sah und sich darauf vorbereitete. Im Osten kochte es. Dorthin (Macedonien) waren Cassius und Marcus Brutus (»tu quoque Brutus«) ausgewandert, von dort aus verfolgten sie die ihnen gänzlich unverständliche schimpfliche Entwicklung in Rom, und dort beschlossen sie, noch einmal den Kampf gegen Antonius aufzunehmen. Längst verfluchten sie, Caesar ermordet zu haben, jene Zeiten schienen ihnen nun wie die goldenen Jahre Roms.

Den römischen Statthalter von Macedonien hatten Brutus und Cassius glatt überspielt. Die beiden Caesarmörder waren schon ein Jahr nach ihrer Verbannung die wahren Befehlshaber der dortigen Legionen. Als

Antonius den ersten Versuchsballon startete und zur Ablösung des Statthalters seinen Bruder nach Macedonien schickte, erhielt er eine Antwort, die ihm klarmachte, daß es mit Brutus und Cassius auf Biegen und Brechen gehen würde: Der Antonius-Bruder hatte seinen Fuß kaum an Land gesetzt, da war er schon verhaftet.

Die Jahreszeit war zu weit fortgeschritten, als daß Antonius noch etwas hätte unternehmen können. Auch andere Dinge machten ihm Sorgen. Die Flotte, verstreut über Provinzhäfen, hatte noch keine Miene gemacht, das Triumvirat anzuerkennen; die Admirale im Osten waren sogar offen zu Brutus übergegangen. Auch in Rom selbst stand es nicht gut: die Soldaten zeigten keine Lust, einen Bruderkrieg zu beginnen.

Im Sommer sah die Lawine im Osten so bedrohlich aus, daß Antonius keine Wahl mehr blieb. Durch ungeheure Versprechungen bewog er das Heer mitzumachen, was er wohl dennoch nicht geschafft hätte, wenn es nicht die Mörder ihres Caesar gewesen wären, gegen die es losgehen sollte. Auch Gaius Julius Caesar Octavian sprach zu den Truppen und stellte sich mit Antonius an die Spitze.

Die Überfahrt war nicht einfach, aber sie gelang. Viel schwieriger erwies sich die Bevölkerung und am schwierigsten die Versorgung. Das Land betrachtete die Truppen als Räuber, und sie wurden es notgedrungen. Die Lage war alles andere als rosig. Aber Antonius lavierte sich genau wie Caesar vor sechs Jahren ganz gut durch. Im Herbst kam es zur Entscheidung. Sie fiel in zwei aufeinanderfolgenden Schlachten bei Philippi. Die erste Schlacht verlief unentschieden. Antonius war kein Feldherr von Gottes Gnaden, hätte aber vielleicht dennoch

gesiegt, wenn Octavian, der einen Flügel befehligte, nicht eine solche militärische Flasche gewesen wäre. Er floh sogar. Wieder einmal.
Auch auf der Gegenseite standen keine Genies. Cassius, dessen Truppe den Antonius auf dem Halse hatte, besaß so wenig Überblick über die Gesamtlage, daß er sich besiegt glaubte und Selbstmord beging. Aber auch Antonius glaubte sich, als Octavian schreckensbleich angerannt kam, geschlagen — kurzum, es war eine Orgie von Dilettantismus.
Brutus, allein geblieben, wußte ebenfalls nicht, was ein Caesar oder ein Pompeius in solcher Lage getan hätten. Er wartete, bis Antonius noch einmal auf ihn stieß, und gab sich, als die Schlacht eine schlimme Wendung nahm, wie Cassius den Tod.
Als genialer Feldherr und unwiderstehlicher Held kehrte Antonius heim. Rom staunte; wer hätte das gedacht! Schau, schau! Von Octavian war nicht weiter die Rede. Unauffällig und gern verschwand er während des ersten Trubels in seinem bescheidenen Hause an der »Stiegengasse der Ringschmiede«.
In Rom gab es nur noch *einen* Herrn und Gebieter: Antonius. Er übte die reine Militärdiktatur aus, ohne politische Linie, ohne Weltanschauung, ohne ethische Ziele. So, wie man des Morgens die Post aufschlitzt und erledigt, so wurden die anfallenden Fragen entschieden. Die Bürger hatten nur einen einzigen Wunsch: nicht ebenfalls eine anfallende Frage zu werden. Man verkroch sich, hielt den Atem an und betete, Caesar möge wiederkommen. Jetzt verfluchte man wirklich seine Mörder, deren Sieg bei Philippi auch keine anderen Zeiten gebracht hätte; eine Ansicht, die die heutigen Historiker erstaunlicherweise teilen. In der Tat: Rom

bekam seine dritten Zähne; dabei war es gleichgültig, ob von den letzten echten zuerst die linken oder die rechten ausfielen. Die einen wie die anderen unnütz.
Aber, wie sollte es weitergehen? Wäre in diesem Augenblick ein Spartakus aufgestanden oder ein Brennus oder ein Vercingetorix, so würde Rom untergegangen sein.
Also, wie sollte es weitergehen? Nicht wahr: Man wird geradezu unruhig bei dem Gedanken, wie das Schicksal es noch hinkriegen soll, diesen mißkreditierten, unqualifizierten Jämmerling Octavian in Kürze zum Herrn der Welt zu machen? Im Augenblick hätte Antonius ihn mit zwei Fingern zerdrücken können.
Daß er es nicht tat, soll daran gelegen haben, daß »die Aufgaben des Reiches zu mannigfaltig waren, um von einer einzigen Stelle aus wahrgenommen zu werden.«
Das ist ja das Allerneueste! Die Konsuln haben es gekonnt, Caesar konnte es, Augustus später konnte es, alle. Nein, der Grund war ein anderer, er läßt sich aus den Handlungen des Antonius leicht ablesen: Der Herr war der Arbeit müde und wollte jetzt ernten. Er teilte das Imperium in drei Herrschaftsbereiche und nahm sich — typisch — den Orient, fern ab von den Geschäften Roms. Der prunkvolle, schläfrige, reiche Orient war das gegebene Bett für einen großherrlichen Pensionär. Dort war — solange man Rom Rom sein ließ — nichts aktuell, nichts brennend, nichts drohend. Dort war man Pascha mit sechs Roß-Schweifen — ungerechnet seines eigenen. Schön-Antonius war erst vierzig Jahre alt.
Lepidus »erhielt« Afrika. Brummig und nichts mehr begreifend dampfte er ab, möglichst rasch, ehe die beiden anderen sich vielleicht eines Schlimmeren besannen und ihm die Regentschaft in Rom aufhalsten.

Die blasse Viper Octavian blieb in Italien zurück. Nominell sprach Antonius ihm die Statthalterschaft in Spanien zu; aber da einer der Triumvirn in Rom sein mußte, war es notgedrungen Octavian. Antonius sah keine Gefahr darin. Er hinterließ ihm als Kuckuckseier noch die schier unlösbare Aufgabe, hundertachtzigtausend Veteranen zu versorgen und mit dem Sohn des Pompeius fertig zu werden, der immer noch und ungerührt vom Ende des Brutus und Cassius mit einer demokratisch gesinnten Flotte in Sizilien saß und sich guter Gesundheit erfreute.
So glaubte Antonius alles aufs beste geordnet und begab sich wehenden Mantels in den Orient. Er hatte sich Tarsos ausgesucht, eine hübsche Stadt an der kleinasiatischen Küste gegenüber Cypern. Eine Generation später wurde dort der Rabbi und Teppichweber Scha'ul-Paulus geboren.
Eine der ersten Handlungen, die Seine Herrlichkeit Antonius in Tarsos vornahm, war, Kleopatra vor seinen Thron zu zitieren, auf daß sich diese ägyptische Null, dieses »Nichts vor Römeraugen« wegen ihrer Unterstützung des Cassius verantworte.
Das kluge Mädchen ahnte, was wir auch ahnen: daß sie nicht verurteilt, sondern besichtigt werden sollte. Sie zog daher ihr Blauseidenes an und machte sich auf den achthundert Kilometer langen Weg.
Als Pharaonin, als Geliebte Caesars und Mutter des Caesarion wußte sie, was sie sich schuldig war: sie reiste auf dem Reichsprunkschiff mit purpurnen Segeln (pro Quadratmeter zweitausend Denare) und goldenem Thron. Dem Römer fielen fast die Augen aus dem Kopf. Der Prozeß wurde, wie so vieles in der Welt, im Himmelbett von Alexandria entschieden, wo Antonius

den Rest seines Lebens als Austragler zuzubringen beschloß.

*

Das eine der beiden Kuckuckseier, die Octavian vorfand, erledigte sich auf einfache Weise. Die Versorgung der Veteranen, zu der er sich gänzlich unfähig zeigte oder vielleicht auch zeigen wollte, nahmen die alten Landsknechte selbst in die Hand, indem sie Höfe und Häuser auf dem Lande einfach requirierten. Es löste viel Ärger aus, auch für ihn. Weiteren unerwarteten Ärger bereiteten ihm Frau Antonius, die Dame Fulvia, sowie der jüngere Bruder des Antonius, die beide in Rom zurückgeblieben waren und auf eigene Faust Politik machten. Fulvia haßte den Caesarjüngling wie die Pest. Erstens war sie die Tochter eines streng sozialistischen Hauses, zweitens war sie die Frau des Antonius, drittens war sie die Witwe des Anarchisten Clodius, den Caesar gleichgültig hatte untergehen lassen, viertens war ihre Tochter Clodia die erste Frau des blutjungen Octavian gewesen, und Octavian hatte sie ihr unberührt mit bestem Dank zurückgeschickt. Sie spie Feuer, wenn sie nur den Namen Octavian hörte.
Ihre Idee war, Octavian zu Handlungen zu provozieren, die Antonius zwingen mußten, zurückzukehren und offen gegen den Caesarsprößling vorzugehen. Bei diesem lebensgefährlichen Spielchen mit der Viper zeigte sich Fulvia ihrem Schwager weit überlegen — wie der Skrupellosere immer der Überlegene ist. Fulvia ging sogar so weit, das Leben des Antoniusbruders als Köder auszuwerfen. Ihre Rechnung ging anfangs tadellos auf, es kam zum offenen Kriegsausbruch zwischen den beiden Männern, nur in einem Punkte verrechnete sie sich: als Octavian seinen Gegner erwischte, ließ er

ihn nicht über die Klinge springen. Immerhin, das alles waren alarmierende Nachrichten für Antonius in Alexandria. Der Bruder gefangen, die Flotte des Sextus Pompeius vor Ostia, die Getreidezufuhr gesperrt — er riß sich von Kleopatra los, bestieg fluchend ein Schiff und brauste ab.

Als er mit seinem Kontingent in Brundisium landen wollte, fand er den Hafen versperrt: An Land standen Truppen Octavians mit blanker Waffe. Schöne Überraschung!

Noch einmal erwachte Antonius' alter Kampfgeist, seine Wut, sein gefürchteter Jähzorn, und er beschloß, mit dem Bengel Octavian ein Ende zu machen. Wenn er auch kein Feldherrngenie war, so war er dem Jungen immer noch hoch überlegen.

In diesem Augenblick hing Octavians Schicksal an einem seidenen Faden.

Der tote Caesar rettete ihn. Dessen alte Soldaten waren es, die da auf beiden Seiten standen, alte Kameraden; sie hätten sich mit Namen anrufen können; Väter standen hier, Söhne dort — zum erstenmal revoltierten die Legionen, warfen die Schwerter in die Scheide zurück und verlangten den Frieden. Sie schickten alte Feldwebel zu den Offizieren und alte Offiziere zu den Generälen, und die Generäle, selbst angewidert von den Machtkämpfen, begaben sich zu den beiden Triumvirn und »rieten« (wobei sie mit einer Handbewegung auf die sitzstreikenden Soldaten wiesen) zu einer Aussprache zwischen Antonius und Octavian.

Es war das erste und, soviel ich weiß, letzte Mal in der Geschichte der Menschheit, daß zwei Armeen für den Frieden streikten.

Die Zusammenkunft fand tatsächlich statt und verlief

dank der Vermittlung des aufrichtigen, gemütlichen Maecenas, der seinen Freund Octavian begleitete, verhältnismäßig gut. Octavian selbst war aalglatt und liebenswürdig, Antonius resigniert. An Staatspolitik dachte er längst nicht mehr. Die berühmte Deutung, hier habe der Kosmopolit dem Nationalisten, der Hellenist dem Stadtrömer gegenübergestanden, ist ein geistreiches aber frommes Märchen. Antonius wollte seine Ruhe. Er war sogar bereit, den anderen Störenfried, den hochverräterischen Pompeiussohn, auf Sizilien und Sardinien anzuerkennen, er hat es unglaublicherweise bald darauf sogar wirklich getan. Das Volk verstand von all dem kein Wort; es atmete nur auf, daß der Albdruck des Bürgerkriegs von ihm genommen war.

Zu früh. Octavian verzieh nicht.

Während er Antonius betrachtete, kam ihm zunächst einmal ein ausgezeichneter Gedanke. Der Mann da vor ihm hatte gerade seine Frau verloren (Fulvia war, wie Indro Montanelli so schön schreibt, kurz zuvor vor Wut zerplatzt) — ein Witwer regte stets Octavians Gedanken an, er war ein leidenschaftlicher Ehevermittler. Zur Stunde lag allerdings nichts ferner, als Antonius zu verheiraten, und bei dem unerforschlichen Charakter Octavians bedeutete das, daß er im Gegenteil sofort daranging, ihm eine neue Frau zu besorgen, und zwar, um das Maß unserer Verwirrung voll zu machen: seine Schwester Octavia. Können Sie Mühle spielen? Wissen Sie, was eine Zwickmühle ist? Antonius wußte es *nicht;* er heiratete Octavia.

Dies alles passierte im Jahre 40.

Nun befand der edle junge Mann sich also wieder allein in Rom. Der nächste Schachzug war, Sextus Pompeius fertigzumachen. Das jüngste Stillhalteabkommen störte

Octavian dabei nicht im geringsten, im Gegenteil, es gefiel ihm, den Pompeius-Sohn ahnungslos zu wissen. Weit schwieriger gestaltete sich die Frage, wie er fertig zu machen sei.
Durch Vermittlung seiner Schwester schwatzte er zunächst Antonius einen Teil der Orientflotte ab und versprach ihm im Austausch dafür drei Legionen, die Antonius nie zu sehen bekam. Dann stachelte er Lepidus auf, was nicht schwer war, denn Sextus und seine Piratenschiffe machten dem Alten in Afrika das Leben ziemlich einsam. Lepidus war Triumvir, darum war seine Stimme wichtig. Ansonsten hielt Octavian ihn bei Gott nicht für einen geeigneten Feldherrn. Nein, als Feldherrn gegen Sextus Pompeius setzte er auf einen ganz anderen Mann, auf einen Freund, so alt, so jung wie er selbst, das heißt, inzwischen sechsundzwanzig.
Sechsundzwanzig! Unter Sulla hätte man da Regierungsrat werden können. Octavian hielt seinen Freund schlankweg für ein Militärgenie, so wie der Freund ihn für ein politisches hielt. Der junge Mann hieß Vipsanius Agrippa. Es lohnt sich, bei ihm einen Moment zu verweilen.
Wir kennen seine Büste, sie steht in den Uffizien in Florenz. Wenn man sie neben das Bild hält, das aller Wahrscheinlichkeit nach dem jungen Octavian am ähnlichsten ist, den Torso im Museum von Arles, dann glaubt man, die Unterschriften seien vertauscht. Agrippas Züge sind die des geborenen Herrschers. Alles, was der Volksmund als geballte Energie deutet, hat er: das »energische« Kinn (Fugger, Elisabeth I., Friedrich der Große, Briand, Goebbels, Mao, Chruschtschow hatten keines), die »kühne« Nase, den »herben« Mund und die »scharfen« Augen unter geraden Brauen. Er sah so un-

gemütlich aus, wie Octavian es war, und Octavian sah so gemütlich aus, wie Agrippa es in Wahrheit gewesen ist.

Mit keineswegs »kühner«, aber dafür untrüglicher Nase hatte Octavian die Fähigkeiten seines Kommilitonen frühzeitig gewittert, was eben deshalb so erstaunlich ist, weil er selbst nicht das geringste Urteil im Militärischen besaß. Im Jahre 40 bereits war es der damals zweiundzwanzigjährige Agrippa gewesen, der den Antoniusbruder im Auftrag Octavians besiegt und seinem Freund zu Füßen gelegt hatte. Jetzt stürzte Octavian ihn vertrauensselig in das Abenteuer eines ausgewachsenen Seekrieges. Der piratende Pompeiussohn war gewiß nicht von Pappe. Ein Jahr später wußte man, wovon Octavian schon immer überzeugt gewesen war: daß »nicht von Pappe sein« gegen einen Agrippa nicht genügte. In der Seeschlacht von Naulochos (bei Messina) im Jahre 36 schlug Agrippa den »Seekönig« vernichtend. Octavian war mit von der Partie, aber leider befiel ihn gerade, als der Kampf begann, eine solche Müdigkeit, daß er die Schlacht verschlief; dies nebenbei.

Das Schicksalsrad begann, in Schwung zu kommen. Lepidus beging die Unvorsichtigkeit, sich auch Sizilien in die Tasche stecken zu wollen. Octavian klagte ihn des Amtsmißbrauchs an und hatte keine Schwierigkeiten, ihn kaltzustellen. Danach zitierte er ihn nach Rom und überließ ihm die Planstelle des Pontifex maximus, das heißt, er schickte ihn in das Trappistenkloster. Der Senat setzte dem tüchtigen Octavian, dem Besieger des Piraten Sextus, dem Entlarver des gefährlichen Lepidus, dem Befreier von dem Gespenst der Hungersnot, eine goldene Statue. Die erste. Octavian dankte mit bewegten Worten, wobei sein Gesicht die bekannte harmlose Herzlichkeit ausdrückte, und holte gleich noch ein paar andere Nüsse aus dem Sack, verkündete Staatsschuldenerlaß und Steuerermäßigung und dankte den Göttern, daß das Triumvirat nun bald überflüssig werde und die reine Demokratie wieder anbrechen könne.

Ein wunderschöner Augenblick.

Aber kein Vergleich zu dem, den er wenig später erlebte, als die Post aus Ephesos, dem gegenwärtigen Sitz Antonius', eintraf. Herrliche schlechte Nachrichten! Gewiß — die Heirat Antonius—Octavia war eine Zwickmühle gewesen, die Antonius in jedem Falle erledigt hätte, selbst im dümmsten Falle, nämlich bei glücklicher Ehe, als Gefesselter, an die Schürze Gebundener. Um wieviel schöner jetzt die katastrophalen Neuigkeiten!

Es waren drei.

Erstens: Antonius schickte Octavia den Scheidebrief. (Die Römer würden es böse aufnehmen, denn Octavia galt als Muster einer edlen Frau.)

Zweitens: Antonius und Kleopatra hatten sich vermählt. (Das würde Rom nie verzeihen.)

Drittens: Antonius hatte römisches Gebiet an Kleopatra verschenkt und zum ägyptischen Reich geschlagen. (Das war Hoch- und Landesverrat, ein furchtbarer Schlag für die Antoniusanhänger.)

Es gab noch andere Einzelheiten, weniger politisch als einfach lächerlich: Antonius bezeichnete sich als den zur Erde niedergestiegenen Dionys, und Kleopatra titulierte den zehnjährigen Caesarion »König der Könige«. Kein Zweifel, der Wahnsinnige legte es drauf an, sich von Rom zu lösen und ein orientalisches Sultanat zu

errichten mit der Zigeunerin an seiner Seite. Interessant mußte sein, was in seinem Privattestament stehen mochte, das er bei den Vestalinnen deponiert hatte.
Octavian zögerte keinen Augenblick, dieses Dokument in die Hand zu bekommen. Der Pontifex maximus hatte als einziger Zutritt zu dem Tempel, Pontifex maximus war Lepidus. Er holte das Testament, Octavian erbrach das Siegel und las: Wieder jene Landschenkung an Kleopatra, nicht neu, aber nun schriftlich. Und noch ein Satz war brauchbar: Antonius wünschte, falls er in Rom sterben sollte, nach Alexandria überführt zu werden.
Als Octavian mit den Dokumenten in der Hand die Rednertribüne bestieg, war Antonius bereits so gut wie tot. Volksversammlung und Senat setzten ihn als Triumvirn ab und brandmarkten ihn als Verräter. Vor der letzten Konsequenz, Hand an ihn zu legen, zuckte man noch zurück. Der ganze Haß entlud sich gegen Kleopatra. Rom erklärte ihr den Krieg und machte mobil.

*

Kleopatra und Antonius waren eins, ihr Schicksal nicht mehr zu trennen. Die Königin hatte den stärksten Mann des Imperiums an sich fesseln wollen und glaubte, ihn in Antonius an sich gefesselt zu haben. Die sonst so kluge Frau merkte nicht, daß sie im Kreise dachte: Gerade dadurch, *daß* ein Mann ihr verfiel, bewies er, daß er nicht der Stärkste war.
Nach einem langen zähen Krieg fiel im Herbst 31 die Entscheidung in der Seeschlacht von Aktium. (Suchen Sie es nicht im Osten, es liegt gegenüber der Insel Leukos an der Westküste Griechenlands, also vor den Toren Italiens!) Wieder war es Agrippa, der sie ge-

wann. Zu Lande fielen ihm neunzehn Legionen der Orientarmee in die Hände.
Kleopatra und Antonius war der Ausbruch aus der Umklammerung gelungen. Sie flohen auf zwei Schiffen, wohlversehen mit den Sakramenten der Kriegskasse. Ziel: Ägypten.
Ihre Galgenfrist dauerte nur einen Winter lang. Im Frühling setzte Octavian nach Alexandria über. Antonius gab noch nicht auf und formierte das ägyptische Heer — ahnungslos, daß Kleopatra ihn bereits verriet. Sie hob hinter seinem Rücken alle Befehle auf und sandte Octavian zum Zeichen ihres aktuellen Gesinnungswechsels heimlich den Marschallstab und Stirnreif ihres »Dionys«.
Im August 30 zog Octavian in die Residenz am Nil ein — Antonius beging Selbstmord.
Es kam der spannende Augenblick, als Kleopatra dem Sieger, dem dritten ihrer langen Laufbahn, begegnete. Noch einmal setzte sie auf die Karte, die so oft gestochen hatte: auf sich selbst.
Wir kennen ihr Bild aus mehreren Münzen und, klar und deutlich, von dem Kalksteinkopf des Britischen Museums in London, das heißt: hoffen wir für sie, daß nicht die Münze, sondern die Büste ihr ähnelt. Auf der Münze hat sie die Reize eines wetterfesten Beduinenscheichs. In London aber sieht sie, obwohl die Grundzüge die gleichen sind, sehr interessant aus. Aber eben nur interessant. Wenn man irgendwann von »kühnen« Zügen sprechen kann, dann hier. Antonius muß ein sehr unerschrockener Mann gewesen sein, sich in ihre Arme zu kuscheln. Ich persönlich zum Beispiel leide nicht unter Albdrücken, aber ich fordere es auch nicht heraus.

Das Gesicht der ältlich gewordenen Kleopatra strahlt nicht einen Hauch von Wärme aus (wobei wir allerdings ihre Augen nicht beurteilen können), nicht einen Hauch von — bedienen wir uns einmal des dumm klingenden Wortes — »Verheißung«; jede Linie zeigt herrische Ich-Bezogenheit, die sich an kein zweites Wesen verliert. Wenn sie wirklich so sinnlich war, wie man erzählt, so muß es eine physische Seite gewesen sein, an der ihre psychische keinen Anteil hatte. Überdies kann man Leidenschaft heucheln. Vielleicht waren es die nicht nur rauschenden, sondern auch berauschenden Feste mit Alkohol und orientalischen Drogen, die ihren störenden harten Intellekt ausschalteten, wobei sie dann zu einem willenlosen Objekt geworden sein kann.

Am ehesten ist Caesar zu verstehen. Zu seiner Zeit war Kleopatra zwanzig, Jugend umstrahlte sie noch; ihr Geist war noch frühreif, abenteuerlich, schulmädchenhaft, verschroben, mit einem Wort: für Caesar eine Fundgrube des Amüsements, eine Quelle der Heiterkeit angesichts der Vorstellung, eine »Königin«, ein kleines Aas, ein todgefährliches, ein bißchen verrücktes Gewächs vor sich zu haben, das machtlos in seinen Händen zappelte. Was er da pflückte, hat sicher Reiz gehabt.

Inzwischen war sie fast vierzig Jahre alt geworden, ihr Körper ganz gewiß nicht mehr unverändert, sie hatte mehrmals geboren. Ihre Wangen nicht mehr voll. Ihre Nase hakelte gewaltig in die Welt. Ihre Lippen waren nicht mehr zwei spielende Fohlen, sondern ein Gespann in den Sielen ihrer harten Gedanken.

Als sie Octavian entgegentrat, irrte sie sich vor allem in einem Punkte: Um ihre stärkste Waffe, damals wahrscheinlich sogar die einzige Waffe, nämlich ihren faszinierenden Verstand und Esprit auszuspielen, hätte sie Zeit haben müssen. Sie war in demselben Irrtum befangen, in dem auch so viele Deutsche 1945 waren, wenn sie beim Einmarsch der Russen oder Amerikaner hofften: »Dann erkläre ich und beweise ich denen, daß ich . . .« Sie kamen garnicht dazu; ehe sie den Mund aufgemacht hatten, saßen sie schon im Jeep. So ist das bei Siegers.

Auch ehe Kleopatra den Mund aufmachen konnte, war die Audienz schon beendet. Von Charme und Geist hatte Octavian nichts bemerkt.

Er hatte sich gerade so viel Zeit genommen, ihr zu sagen, daß er sie nach Rom bringen und in seinem Triumphzug mitlaufen lassen würde — möglicherweise eine Lüge, um sie zum Selbstmord zu treiben. Denn es ist eigentlich nicht zu glauben, daß er die einstige Geliebte des Caesar so tief hätte sinken lassen dürfen. Die Lüge saß.

Kleopatra ließ sich in das Zimmer, in dem sie eingeschlossen wurde, in einem Obstkörbchen eine Giftschlange schmuggeln und sich von ihrem Biß töten. (Diese Version ist gelegentlich bestritten worden; aber alles, auch die Tradition spricht dafür, denn nach dem ägyptischen Glauben verwandelte sich Kleopatra durch den Biß der Heiligen Schlange im Tode schnurstracks in eine Göttin.)

Diese Metamorphose enthob Octavian vieler Mühen.

Mit bekannter Präzision entledigte er sich dann gleich der noch anfallenden kleineren Aufgaben: Den Fulviasohn des Antonius, der vor ihm auf den Knien um sein Leben flehte, ließ er erstechen; den »König der Könige« Caesarion auf der Flucht erschlagen. Die drei

Bastarde der Kleopatra mit Antonius jedoch ließ er als schmutzige Wäsche seines Feindes und ewiges Menetekel am Leben und schenkte ihnen eine Pension, auf daß es ihnen wohlergehe und sie lange sichtbar blieben auf Erden.

Ägypten, nun nominell »Provinz«, wurde in Wahrheit das, wofür Antonius hatte sterben müssen: private Domäne Octavians. Nachdem er so den Osten auf das Glücklichste geordnet hatte, kehrte er, gestohlenes Geld, Gold, Silber, Edelsteine und Geschenke um sich werfend, nach Rom zurück. Er brachte »Eintracht, Ruhe und Frieden« heim. Am 11. Januar 29 erlebten die Römer das denkwürdige Ereignis, daß der Senat zum erstenmal seit zweihundert Jahren das sogenannte Kriegstor des Janus feierlich schließen ließ.

Octavian war jetzt dreiunddreißig Jahre alt. Das Reich lag ihm zu Füßen. Er stand — mit seinen drei wollenen Leibchen — da und lächelte herzlich wie immer mit seinen schadhaften Zähnen, als wollte er sagen:

Na, war es nun so schwer gewesen?

DAS DREIZEHNTE KAPITEL

berichtet von einem der größten menschlichen Rätsel der Geschichte, von der Verwandlung des Scheusals Octavian in den segensreichen Augustus. Es berichtet auch von seinem erstaunlichen Dressurakt: der Zähmung der Wölfin.

Wie weiter?
Caesar hatte es nicht gewußt; Octavian wußte es.
Noch war die Frage nicht aktuell, aber über kurz oder lang mußte sie es werden. Er war Oberbefehlshaber aller Streitkräfte und Statthalter der Provinzen, er hatte die Veteranen zu versorgen, was ein sehr umständliches, langwieriges Unternehmen war, er hatte die Verwaltung der Provinzen zu reorganisieren, er hatte noch vieles zu tun, was das Volk abwarten mußte; es wartete. Rom war ruhig. Es gab keinen Cinna, keinen Clodius, keinen Catilina. Octavian zeigte keine Lust, sich an jemand zu rächen; wer sich gefürchtet hatte und geflohen war, kehrte zurück, die Patrizier bezogen wieder ihre Stadthäuser, die Volksversammlungen tagten und suchten nach irgendetwas, was sie beschließen könnten, und der Senat regierte wieder in voller Pracht die auf die Stadt gerichteten Belange: die Polizei, die Steuern, die Bauten, die Verpflegung und was bei Oberbürgermeisters so anfällt.
Am 13. Januar 27 ließ Octavian die Bombe platzen. Er erschien im Senat, ernst und feierlich, zu einem von ihm anberaumten großen Staatsakt und legte freiwillig alle Macht in die Hände des Volkes zurück.

Die Römer draußen auf dem Forum waren wie vom Donner gerührt. Seine Freunde im Senat waren es weniger. Wohlinformiert über den genauen Ablauf des klamorösen Spektakels übertönten sie den ohrenbetäubenden Lärm immer deutlicher mit dem Ruf nach Octavian und beschworen ihn, die Geschicke des Reiches nicht aus der Hand zu geben und sie nicht allein zu lassen. Octavian (drei Leibchen, es war wie gesagt Januar) lächelte herzlich und versicherte, er habe keine Wünsche; der Senat möge beschließen und das Volk möge befehlen, was es wolle, er werde gehorchen.
Das war am 13. Januar. Am 16., ebenfalls in einem feierlichen Akt, verlieh ihm der Senat im Namen des römischen Volkes den Titel »Augustus«.

*

Es war nicht etwa ein Name (zu dem es erst nach dem Ende des Römischen Reiches geworden ist), es war ein Titel. »Augustus, augusta, augustum« hieß »erhaben«, erhaben im etymologischen Sinne: »über die Menschen gehoben«. Es hieß auch »hochheilig«.
Man hatte im Senat des langen beraten, ob man nicht besser den Titel »Romulus« wählen sollte, um auszudrücken, daß mit Octavian die Geschichte Roms neu beginne. Er selbst hat dafür gesorgt, daß dieser Vorschlag nicht durchdrang; er hätte ihn abgelehnt. Ihm kam es auf den Titel Augustus an, mit dem sich etwas ganz anderes verband. Als Geschichtemacher bestätigt zu werden, interessierte ihn nicht für fünf Pfennig.
Das Adjektiv augustus aber war ein altes kultisches Wort, es stand wenig unter divinus, göttlich; Jupiter war divinus, die Laren und Penaten waren augusti. Im

Volk, vor allem bei den einfachen Menschen auf dem Lande, hatte das Wort augustus einen ausgesprochen geheimnisvollen, religiösen Charakter; ein augustus stand in überirdischen Beziehungen zu den Göttern. Er hatte das rote Telefon zum Olympus. Glücklich das Volk, in dem er, einstweilen noch Mensch, lebte.
Stück für Stück drängten ihm Volk und Senat seine Macht wieder auf, das Volk in dem Bewußtsein, einen Zauberstab zu besitzen, der Senat in der Einsicht, daß es niemanden gab, dem sich das Glück so an die Fersen heftete und unter dessen Händen sich alles in Gold verwandelte wie bei Octavian, dem augustus.
Er beugte sich dem Wunsche des Senats und übernahm neben dem Konsulat den Oberbefehl über die Streitkräfte und die Statthalterschaft über die Provinzen auf zehn Jahre. Er wurde oberster Kriegsherr, der allein über Krieg und Frieden zu entscheiden hatte.
Von dieser Zeit ab bezeichnete er sich als »princeps«. Seine Erfindung. Das Wort wäre mit »Prinz« oder »Fürst« sehr falsch übersetzt; Augustus hat alles, was an Königtum oder Feudalismus erinnerte, sorgfältig vermieden. Princeps ist aber auch nicht, wie es oft zu harmlos übersetzt wird, nur der friderizianische »Erste Diener des Staates«, oder der primus inter pares. Princeps ist »Die Staatsspitze«.
»Die Staatsspitze« war nicht ein Amt, denn es gab keine Planstelle, die seine Vollmachten umfaßt hätte. »Die Staatsspitze« war seine Person, er, nur er. Infolgedessen konnte auch niemand auf den Gedanken kommen, hier werde sich ein Zustand verewigen und ein Amt vererben. Sie hatten ihm keine goldene Kette gegeben, sondern nur zwei Hände voll unzusammenhängender Glieder.

Dachten sie.
Am 1. Juli 23 hatte er die Glieder zu einer Kette zusammengefügt. An diesem Tage übertrugen ihm Volk und Senat auf Lebenszeit die tribunizische Gewalt, ohne Volkstribun zu sein, das bedeutet: ohne vom Veto eines anderen Tribunen in der Volksversammlung jemals behindert werden zu können. Damit wurde er alleiniger Gesetzgeber, wie es die alten Könige gewesen waren.

*

Wir nennen es »Kaiser«, und da Augustus nicht mehr lebt, kann er uns nicht widersprechen. Wir lernen auch: »30 vor bis 14 nach, Kaiser Augustus«, wovon außer seinem Todesdatum überhaupt nichts stimmt. Im Jahre 30 war er Konsul, Oberbefehlshaber und Statthalter, eine Kollektion von Ämtern, die er durchaus nicht als erster in der Geschichte innehatte. Drei Jahre später war er außer Konsul überhaupt nichts, also alles andere als Monarch. Augustus *hieß* er nicht, und Kaiser, das heißt König über Könige oder mehrere Reiche war er auch nicht. Es müßte heißen, wie es Theodor Mommsen bezeichnet haben wollte: »23 vor bis 14 nach, Julius Caesar Octavian Dyarch.«
Unser Wort Kaiser (ebenso Zar) hat sich durchaus unlogisch aus »Caesar« gebildet. Wenn wir in den späteren römischen Herrschern überhaupt den Anlaß der Wortbildung sehen wollen, weil sie alle ihrem Familiennamen »Caesar Augustus« hinzufügten, dann haben wir für den Herrscherbegriff das falsche Wort herausgenommen. »Caesar« hießen auch die Kronprinzen, »Augustus« war das Wort, das nur die Souveräne führten. Statt »Kaiser Wilhelm II.« müßte es eigentlich

heißen »August Wilhelm II.«, »August Barbarossa«, »August Napoleon«.
Mommsen nannte Octavian »Dyarch« statt »Monarch«. Er deckt damit das ganze Geheimnis der Herrschaft Octavians auf: die scheinbare Doppelsouveränität von Princeps und Senatus Popolusque Romanus. Augustus hat im Laufe der Jahre den Römern eine Verfassung gegeben, die die Fiktion der Demokratie aufrecht erhielt und sie glauben ließ, mit ihm zusammen, nur mit getrennten Kompetenzen, zu regieren: das demokratische Regiment in Rom und monarchische Regiment im Reich.
Das Ei des Kolumbus war gefunden. Die Iden des März würden sich nicht wiederholen.
Wirklich nicht?
Kein Dolch, kein Schwert, kein Gift für die Viper? Hatten sie alles vergessen? Seine Lügen, seinen Verrat, seine Treulosigkeiten, seine Grausamkeit?
Wir sind, meine Freunde, in der römischen Geschichte an jener Stelle angelangt, an der sich ein Wunder vollzog, ein Wunder, das man zwar mit einem nüchternen Satz bezeichnen, aber auch mit hundert nüchternen Sätzen nicht erklären kann: Octavian war ein anderer Mensch geworden!
Dieser Heilsarmee-Traum ist eines der größten Rätsel der Geschichte. Fünfzehn Jahre lang hatten die Römer Octavian als Schuft gekannt; diesen Schuft und keinen anderen hatten sie, geblendet von seinen Erfolgen und zugleich euphorisiert von tiefen mystischen Erinnerungen »augustus« genannt, doch als sie am nächsten Morgen aufwachten, sahen sie anstelle Octavians tatsächlich einen neuen Menschen. Wie in unseren Märchen war die Kröte verschwunden und der Königssohn stand da.

Von nun an müssen wir alles vergessen, was wir über Octavian wissen. Der Mann, der jetzt in goldgestickter Purpurtoga mit dem Lorbeer im Haar durch die Menge geht, hat sich in den Antipoden seiner Jugend verwandelt, vielleicht in langen inneren Kämpfen, vielleicht mit der Kraft eines Schauspielers. Sueton berichtet, daß Augustus in seiner Todesstunde an die Freunde, die sein Lager umstanden, lächelnd wie immer die Frage richtete, ob er das Schauspiel des Lebens nicht gut gespielt habe.

Welches war die Rolle und welches das Leben? Wer war der wahre Octavian Augustus? Der erste, sagen Sie? Weil er damals noch frei von Maskenzwang war? Der zweite, sagen Sie? Weil er endlich frei von dem politischen Zwang zum Bösen war?

Er, der nie Recht gekannt hatte, war jetzt der Inbegriff der Rechtlichkeit. Er war zügellos gewesen, jetzt lebte er schlicht wie Cato. Er war unbarmherzig gewesen, jetzt war er milde. Er hatte die Menschen verachtet, jetzt hielt er schützend die Hand über jeden. Er hatte nie verzeihen können, jetzt verstand er alles. Er hatte Rom in Wirren und Bürgerkriege gestürzt, jetzt wurde seine Regierungszeit eine lange Friedensperiode, vierzig Jahre des Friedens, in denen Rom zu dem erblühte, wovon uns heute noch die Ruinen erzählen.

*

»Mir ist das königliche Rom zu groß.« (Horaz, VII. Epistel.)

Mir auch. Aber es ist zu spät. Die letzte Möglichkeit, diese Stadt, die längst die sinnlose Hypertrophie sterbender Zivilisationen zeigte, zu zweiteilen, hätte Sulla gehabt, wenn er Konsuln, Senat und Tribunen gezwungen hätte, mit jedem Konsulat den Sitz der Regierung zu wechseln: es gab mindestens zwei Städte, die dazu prädestiniert waren, Mediolanum (Mailand) im Norden (es wurde später für hundert Jahre tatsächlich Residenz) und Tarentum (Tarent) am Ende der Via Appia im Süden. Unter Caesar war es schon fast zu spät, unter Augustus endgültig. Das Schicksal mußte seinen Lauf nehmen.

Nicht wahr, Sie waren schon einmal in Rom? Dann haben Sie also den fürchterlichen Schreck schon hinter sich. Als ich das Forum, diesen verlassenen, verwahrlosten Schutthaufen, diesen traurigen toten Geröllplatz, zum erstenmal gesehen hatte, habe ich nachts davon geträumt. Ich konnte lange das Bild nicht loswerden; immer sah ich die Gestalten der Fremden wie durch einen aufgelassenen Friedhof gehen, ab und zu sich bücken, als wollten sie eine alte Inschrift entziffern, ab und zu hinübersehen zu den blaublitzenden Asphaltstraßen, auf denen die Omnibusse in Richtung Colosseum vorbeirauschten, während drei Meter unter der Erde die Reste des Forums von Gaius Julius Caesar schlafen. Wohin ich im Traum mein Auge wandte, überall starrten mich hinter drei alten Säulen skurrile Fassaden katholischer Kirchen an, die sich fett in den letzten Marmor gesetzt hatten mit der Anmaßung der Ignoranten und mit dem Haß der Rache. Und immer hörte ich die Stimme des Fremdenführers: »Treten Sie etwas nach rechts herüber, damit die Säulen Ihnen nicht den Blick versperren; dann sehen Sie die Reste der Maxentius-Basilika, von der man zu der Kirche Santa Francesca Romana gelangt, die im zehnten Jahrhundert errichtet und mehrfach aus den umliegenden Steinen umgebaut wurde. Die Fassade stammt aus dem siebzehnten, der Glockenturm aus dem zwölften Jahrhundert. Im einschiffigen Inneren steht das Denkmal von Papst Gregor XI., das nach dem Willen des römischen Volkes diesem Papst in Dankbarkeit gesetzt wurde. Die Kirche steht auf dem Fundament des einstigen Tempels der Venus und der Roma. Hinter dem Eingang zum Forum liegt die Kirche San Lorenzo in Miranda, weiter hinten — treten Sie bitte hierher — befindet sich die Kirche des Heiligen Kosmas und Damian, ein Umbau des früheren Templum sacrae Urbis. Im Inneren dieser einschiffigen Kirche Mosaikarbeiten und Dekorationen aus dem siebzehnten Jahrhundert. Der einstige Tempel des göttlichen Romulus bildet heute die Vorhalle der Kirche.«

Die Völkerwanderung des 5. Jahrhunderts ist über das alte Rom hinweggegangen und hat es ausgeraubt, und im 9. Jahrhundert ließ ein Erdbeben die Bauten zusammenstürzen — zwei »Natur«-Ereignisse, zerstörend, aber ohne geistige Verantwortung. Erst später geschah, was die Menschenwürde beleidigt — wie so vieles Schlimme in der Welt — ad maiorem Dei gloriam.

Aber was höre ich, Sie waren noch gar nicht in Rom? Dann geben Sie mir Ihre Hand, wir wollen zusammen zum Forum Romanum gehen.

Ich bin in diesem Augenblick Ihr Cicerone. Das Wort kommt, wie Sie richtig erraten, von Cicero. Es bezeichnet einen Mann, der beredter ist und faszinierender spricht als Marcus Tullius Cicero. In Fremdenverkehrsorten hat das Wort mitunter den mitleidigen Beigeschmack eines Schwätzers. Ich füge das für meine Kritiker hinzu, um ihnen die Möglichkeit eines kleinen Scherzes zu geben.

Lassen Sie uns nicht die große Prachtstraße hinab zum Eingang, dem heutigen Eingang mit der Kasse, gehen, und schauen Sie vorläufig auch nicht rechts oder links, schließen Sie die Augen, ich führe Sie.

Wir biegen rechts ab, die Straße steigt etwas an, es ist die Via del Tulliano. Was Sie hören, ist nicht das Rauschen und Raunen der Volksversammlung, es sind Autos. Und es ist nicht der Duft des alten Roms, der uns umweht, sondern der Duft der großen Welt, meist Shell und Esso. Hier ist ein Geländer, drehen Sie dem Verkehr den Rücken, ehe . . . Sie sagen, wir wollten doch zum Forum Romanum? Aber, meine liebe Begleiterin (falls männlich: das Wort »liebe« durch »verehrter« ersetzen), wir stehen ja mitten drauf! Diese fabelhaft praktische Straße zerschneidet das Kopfende des alten Forums genau zwischen dem Fuß des Kapitols und dem Forumsfeld.

Und nun, mit dem Rücken zu den Autos, öffnen Sie die Augen, keine Angst, ich halte Sie.

Ja, das ist das Forum Romanum. Jetzt wollen wir versuchen, aus den Ruinen das alte Rom erstehen zu lassen. Direkt unter uns steht der Triumphbogen des spätrömischen Kaisers Septimius Severus. Zur Zeit des Augustus endete hier die Via sacra (wenn man den Aufstieg zum Kapitol nicht mitrechnet). Nur eine kleine goldene Pyramide, deren verwittertes Fundament man noch rechts neben dem Triumphbogen in der Erde erkennt, erhob sich hier. Wir wissen nicht genau, wie sie aussah, aber wir wissen, was sie bedeutete: Sie war der Ausgangspunkt aller Reichsstraßen und zeigte die Entfernungen von hier, dem Mittelpunkt der römischen Welt, zu den Provinzen an.

Von diesem goldenen Pyramidchen hatte man, da ja

der Triumphbogen noch nicht existierte, freie Sicht auf das kastenförmige Gebäude dort links am Forumrand. Es ist, Sie werden es kaum glauben, die berühmte Curia, der Sitz des Senats, die Herzkammer des Imperiums. Es ist nicht die alte Curia, die von den Clodiusbanden in Brand gesteckt wurde, auch nicht die Caesars, sondern eine viel spätere Erneuerung unter Diocletian. Aber am Grundriß wurde nie etwas geändert. Immer war sie, auch als es den Marmorsockel, den Giebelfries, die Dachfiguren, die größeren Fenster und ein Portal noch gab, immer war sie ein rechteckiger Ziegelklotz mit einem stumpfen Giebeldach — ein Magazin, ein altes Maschinenhaus. Ein viereckiger Kasten. Wie alle Prachtbauten.

Was? Wie war das? höre ich Sie rufen und pfeilgerade auffahren.

Ja, ist Ihnen denn das noch nie aufgefallen? Entkleiden Sie die griechischen und römischen Tempel der Säulenumbauten, und es bleibt ein Kasten als inneres Gebäude übrig, die Cella. Wenn wir vor dem Poseidontempel in Paestum stehen, sind wir von der Säulenpracht so verzaubert, daß wir uns garnicht mehr vorstellen *wollen*, daß da drin, wo jetzt die Sonne durchscheint, ein »Haus«, und zwar ein kahles, nüchternes, stand.

Für Augustus war die Curia ein feierlicher Anblick. Aber das ändert nichts daran, daß sie unter den hohen prächtigen Forumsbauten auch damals schon fremd wirkte.

Der bescheidene, gepflasterte Platz vor der Curia war die Stelle, wo sich die Vertreter der Komitien versammelten. Am Ende des Comitium stand die »Rostra«, die kleine Rednertribüne. Der Redner sprach also mit dem Rücken zum Forum, das ihn nichts anging. Eines

Tages aber drehte sich ein Volkstribun zum erstenmal um — ein unerhörter Vorgang! Uns beweist er, daß sich die Zeiten entscheidend geändert hatten: Die Komitienvertreter waren nicht mehr allein da, sondern das ganze Volk, halb Rom, hörte auf dem Forum zu. Man sprach jetzt zur Masse selbst.

Als Caesar die abgebrannte Curia neu aufbaute, beschloß er, in einem Aufwaschen gleich alles zu modernisieren. Er verlegte die Rostra von dem Vorplatz weg an die Kopfseite des Forumplatzes und machte aus ihr eine Art erhöhter Terrasse, eine fünfundzwanzig Meter lange Tribüne mit Ziersäulen, Statuen und Büsten. Die Fundamente sind noch zu erkennen.

Hier feierte Cicero seine Triumphe als Redner, Rechtsanwalt und Konsul, und auf dieser Terrasse, etwas seitlich, saß Caesar auf einem goldenen Stuhl, als Antonius ihm zweimal den Königsreif anbot. Hier stand zwei Jahre später derselbe Antonius als größenwahnsinniger Triumvir und ließ dem Volke das Haupt und die abgeschnittenen Hände des von ihm geächteten und auf der Flucht ermordeten Cicero zeigen.

Rechts, also gegenüber der Curia, stehen heute noch acht jonische Säulen auf erhöhtem Podium; es sind die Reste eines der schönsten und ältesten Tempel Roms: Das Heiligtum des einst etruskischen Gottes Saturn. In alten Zeiten zugleich das Schatzhaus.

An den Saturntempel schloß sich, das Forumfeld entlang, die »Basilica Julia« an (Basilica hat nichts mit Kirche zu tun), ein langer imposanter Bau, dessen oberes Stockwerk hinter einer figurengeschmückten Balustrade etwas zurückgesetzt war. Den Gebäudekern umgaben luftige Arkaden auf hohen Pfeilern. Von all dem sind heute nur noch die Sockel zu erkennen. Caesar hatte den Bau begonnen, Augustus ihn vollendet. Er war also ganz »modern«. Hier wurde Zivilrecht gesprochen, hier befanden sich die Archive, hier hatten verschiedene Ausschüsse ihren Sitz, denn eine Welt ohne Ausschüsse, Neben- und Unterausschüsse ist nicht denkbar. Unter den Arkaden, also wieder da, wo sie einst vertrieben worden waren, hockten Händler hinter ihren bunten Verkaufsständen oder lungerte die Männerwelt herum und schwatzte über das Gladiatoren-Toto.

An den Julierbau schloß sich der fünfhundert Jahre alte Tempel des Castor und Pollux an. Sein Podium lag sieben Meter hoch über dem Platz, ein enormer Tempel, rings von zwölf Meter hohen korinthischen Säulen umstellt. Von der ganzen Pracht stehen noch drei. Man sieht unter ihnen in die Gewölbe hinein, die einst die Geldtresore waren.

Damit war damals das Forum-Ende schon erreicht, denn zur Seite von Castor und Pollux stand bereits das Allerheiligste der Vesta, das zu allen Zeiten das Fußende des Forums bildete. Die Vestalinnen selbst wohnten in einem benachbarten Atrium. Das Heiligtum ist total zerstört auf uns überkommen, aber man hat aus den Ruinenstücken einen Teil rekonstruiert, um einen Begriff von dem schönen kleinen Rundtempelchen zu geben. In ihm brannte seit Urzeiten das »ewige Herdfeuer«. Und hier ließ Marius den Pontifex maximus ermorden. Hier lag auch das Testament des Antonius, das Octavian sich angelte.

Den Rest dieser Schmalseite des Forums nahm die »Regia« ein, der Sage nach der Amtssitz des Königs Numa Pompilius. Später wohnte hier jeder Pontifex

maximus, auch der unglückliche Lepidus. Von der Regia ist kein Stein übriggeblieben.
Davor, wo eigentlich nichts zu liegen hatte, denn da begann der gepflasterte Forumsplatz, stand seit Augustus ein neuer Tempel, nicht groß, aber ehrfürchtig bestaunt: Der »Tempel des vergöttlichten Caesar«. Es waren noch die Triumvirn Octavian, Antonius und Lepidus gewesen, die ihn beschlossen hatten. Plattform und Altarnische existieren noch, sonst nichts. Hier, an dieser Stelle, war der tote Caesar verbrannt worden, und hier war es, wo Antonius an der Leiche des Diktators seine berühmte Rede an das Volk hielt und die Rache anheizte.
Nun sind wir auf der linken, der Curia-Seite des Forums, die einst von einer Kette von Verkaufsbuden eingesäumt gewesen war. Das lag lange zurück, und auch spätere, kleinere Bauten hatten weichen müssen. Jetzt füllte die hundert Meter lange »Basilica Aemilia« die ganze Längsseite bis zur Curia. Sie glich der gegenüberliegenden Basilica Julia, hatte zurückgesetzte Dachterrassen und Arkaden. Hier saßen Ämter, Kanzleien, Archive, Büros — heute Schutt und rauchgeschwärzte Ruinen.
So sah das Herz Roms aus: nur Stein. Kein Baum, kein Strauch, kein Grashalm in diesem Cañon von weißem Marmor.
Wenn ich in Gedanken noch einmal alles durchgehe und das Forum vor meinen Augen wiedererstehen lasse, so habe ich den schweren Verdacht, daß es wie ein Weltausstellungsgelände aussah. Es fehlen nur noch die Führungspfeile.
Grüne Fleckchen waren allein noch die Hügel. Der Palatin, Ursiedlung, dann vornehmstes Wohnviertel,

dann Kaiserreservat, rechts neben dem Forum sanft ansteigend, war immer noch wie einst mit hohen Pinien, Zypressen und Steineichen bewaldet.
Im Osten, wo damals das Kolosseum noch nicht stand, konnte man das Grün des Esquilin sehen, betupft mit den weißen Pünktchen der Villen und Pavillons zwischen Rosengärten und Springbrunnen: dort wohnte Maecenas, reich, ehrgeizlos, aus altem etruskischem Adel, Freund des Augustus und seltsamster Mann Roms. Sein Haus, weitaus das kostbarste, ragte mit seinen Türmchen hoch aus dem Grün heraus. Von der Plattform konnte man über ganz Rom und in die Ferne bis Tivoli und Tusculum blicken.
Im Norden, soweit das Auge reichte, ein Gewirr von Dächern, verschachtelten Gassen bis zum Pincio und der heutigen »Spanischen Treppe«. Das war das Rom der Plebs und der Proletarii mit seinen Märkten, den Fischhallen, den Großbäckereien mit ihren Teigknetmaschinen (Brötchen für eine Million Menschen), den Kneipen und Herbergen, den Handwerkerstraßen, den Wagenremisen und Pferdeställen, den Müllwagen und stinkenden Gerbereien, den Wäschereien, den kleinen käuflichen »lupae« und ihren Zuhältern in der Tuscischen Straße, wo sinnigerweise auch die Verleger ihre Schreibstuben und Magazine hatten, und mit den bummelnden Soldaten der Stadtprätur, deren Kasernen auf dem nahen Marsfeld, an der nordöstlichen Mauer standen.
Die Stadt der Plebs erwachte am frühesten zum Leben. Noch halb in der Dämmerung kamen die Lastwagen vom Lande und vom Hafen an, nicht fünfzig oder hundert Eselskarren wie einst, sondern, seit das Volk wohlhabend und anspruchsvoll geworden war, lange

Züge von schweren Wagen voller Lebensmittel. Im Dämmerlicht, noch bei Fackeln und Öllampen, wurde abgeladen. Dann klappten bald überall die Fensterläden auf, die Türen wurden entriegelt und aufgestoßen, die Hunde sausten los, der Tag begann.

Das Forum lag in diesem Augenblick noch in völliger Stille. Die Sonne kam langsam über dem Esquilin hoch, strahlte zuerst das Kapitol mit dem Jupitertempel und der Arx, der alten Burg (heute natürlich Kirche) an und ließ dann die Giebel der Forumbauten in ihrem Gold aufblitzen, während der Platz noch im bläulichen Schatten lag. Die Pinien des Palatin und Coelius wechselten vom Schwarz zum samtnen Grün; im Nordwesten, über dem Dächermeer, kamen die Maurergerüste des Pantheon, das Agrippa gerade privat für die Schirmgötter des Julischen und seines eigenen Hauses bauen ließ, ins Morgenlicht. Rauch stieg aus Kaminen auf, aha, die Sklaven waren dabei, die heißen Bäder zu bereiten, oder Mama am Pincio die warme Suppe.

Die Sonne hatte den Dachfirst des »Tempels des vergöttlichten Caesar« erklettert, und jetzt lag das ganze Forum im Licht.

Die ersten Gestalten erschienen, die Toga fröstelnd an die Brust gedrückt (denn Augustus hatte »gebeten«, das Forum nicht mehr mit Mänteln, sondern nur in der klassischen Toga zu betreten), Pförtner und Stadtdiener eilten in den Dienst, dann die ältlichen, in aller Welt pedantisch gravitätischen Schreiber und Archivare, und mit jeder späteren Stunde die sichtbar höheren und vornehmeren Herren, Generäle, die es nicht lassen konnten, zu ihren Ausschüssen in klirrender Uniform zu erscheinen, dann Senatoren in ihren

Togen mit dem Purpurstreifen, ein Konsul mit den Liktoren, und schließlich die Vestalinnen, die einzeln oder in Gruppen die paar Schritte von ihrem Atrium zum Tempel hinüberschwebten, ohne rechts und links zu sehen.

Die ersten Stunden waren die rumorigsten; die kleinen Leute schwärmten aus, die Männer zur Arbeit, die Frauen zum Markt, die Kinder auf die engen sandigen Straßen; in den reicheren Häusern zogen die Sklaven los zum Einkaufen oder brachten die Kinder zum Magister, falls nicht ein Lehrer ins Haus kam. Der Arzt stellte sich ein (hinter ihm der Sklave mit der Instrumententasche) und machte seine Visite wegen des kleinen Töchterchens, das immer noch ein bißchen fieberte. Ein tüchtiger Mann, der Doktor, hatte drei Jahre in keinem geringeren Asklepieion als Kos studiert! Er horchte die Lunge der kleinen Dame ab, zählte den Puls, untersuchte die Netzhaut und die Schleimhaut und verschrieb dann Kräuter und geriebene Holzkohle, hellsichtig wie Hippokrates. Bald erschienen die Friseuse, die Masseuse, die Schneiderin, die vielen Freundinnen.

Ein großes Gehen und Kommen war in den Morgenstunden auch unter den Männern. Wer Rang und Ansehen hatte, machte täglich schnell seinen Sprung zum Nachbarn, der noch mehr Rang und Ansehen hatte, oder zu ein paar Freunden, ehe er selbst seine »Klienten« empfing, jene kleinere oder größere Schar von Anhängern, die er protegierte, deren er sich für alle möglichen Vorhaben und Geschäfte bediente, und die ihm auf der Straße sogar wie ein Rattenschwanz folgte. Eine der seltsamsten Erscheinungen dieser Zeit! Ein bißchen verrückt und unerklärlich, denn solche

Patrone und Klienten gab es bis hinunter zum Großfleischer und Weinhändler, und es lag sogar ein Hauch von juristischer Verpflichtung darüber, zumindest aber das Noblesse oblige der Fürsorge. Die Triebfeder war sicher auf der einen Seite die zunehmende Berufslosigkeit der mittleren Stände und auf der anderen Seite das schmeichelnde Bewußtsein einer »Hofhaltung«. Man konnte es sich leisten.

Rom war unermeßlich reich geworden. Nur die unerschrockene Schar der Dauerproletarier, die Berufsunglücklichen, mahnte, daß das Paradies noch nicht erreicht sei. Die Handwerker waren nicht mehr arm, den Arbeitern ging es gut, die Geschäftsleute waren reich. Wenn Sie wieder einmal nach Rom kommen, sehen Sie sich an der Porta Maggiore das Grabdenkmal an, das sich ein Bäcker setzen ließ: Ich hätte es für den Haupttresor der Bank von England gehalten. In Rom gab es zur Zeit des Augustus mindestens fünfzig Häuser, in denen goldene Betten standen, und mindestens fünftausend, in denen man von Silber aß. Dabei erinnere ich mich an einen Brief, den noch kurz vor den Punischen Kriegen ein karthagischer Gesandter nach Hause schrieb: »Ich habe jetzt nach und nach in ganz Rom herumgespeist, und überall auf dem nämlichen Silber.« *Eine* Familie hatte es der *anderen* ausgeliehen! Nicht schwer, es wiederzuerkennen. Jetzt war es das karthagische, auf dem man speiste.

Um die vierte Stunde, gegen zehn Uhr, vielleicht einmal früher oder später, erwachte in seiner bescheidenen Villa auf dem Palatin (das alte Haus in der Ringschmiedengasse hatte er endlich aufgegeben) der Herr der Welt, Gaius Julius Caesar Octavianus Augustus. So spät? Eine Schande für jeden Römer — natürlich nicht für ihn. Wer weiß, vielleicht schlief auch Jupiter lange.

Augustus war müde. Er war eigentlich immer müde. Wenn er bis tief nach Mitternacht gearbeitet hatte, konnte er schwer einschlafen. Manchmal ließ er einen Vorleser kommen, manchmal grübelte er vor sich hin, bis ihm endlich die Augen zufielen.

Wie spät war es? Er rief den »Nomenclator«. (Jedes vornehme Haus hatte einen Nomenclator, der hauptberuflich nichts weiter zu tun hatte, als die Uhrzeit zu wissen und alle Namen, Adressen und Telefonnummern der ganzen Stadt zu kennen.) Augustus warf sich den Morgenmantel über und ging in einen Nebenraum, wo die Diener bereits mit dem Bade warteten. Keine große Sache, nicht wie bei Maecenas! Er setzte sich in einen hölzernen Bottich und »plätscherte abwechselnd ein bißchen mit Händen und Füßen« (Sueton). Dann ließ er die Prozedur des Salbens über sich ergehen und erkundigte sich nach dem Terminkalender. Als er hörte, daß ihm heute weder die Tortur einer Reise noch die Qual einer Amtshandlung bevorstand, wurde er zusehends heiterer.

Um elf kam der Arzt. Dr. Antonius Musa. Er kam zum erstenmal. Maecenas hatte ihn besorgt; ein sehr, sehr guter Arzt, aber sehr lästig. Er untersuchte den Kaiser und stellte fest, daß die Kuren in den heißen Quellen nichts genützt hatten. Musa änderte die Behandlung vollständig. Zum Schrecken Augustus' und zu unserem heutigen Staunen verordnete er die erste Kaltwasser-Kneippkur der Welt. »Dominus«, sagte der Arzt, »ich verspreche dir ...«, aber weiter kam er nicht, denn Augustus fuhr ihn an: »Wenn du mich noch einmal ›Gebieter‹ anredest, bist du das letzte

Mal hier gewesen. Ein freier Römer hat keinen Gebieter, und ich bin der letzte, der es sein will. Du hast mich mit deiner scheußlichen Kaltwasserkur schon genug geärgert. Komm morgen wieder, ich danke dir.«
Nach diesem Besuch wurde (historisch) Antonius Musa der Modearzt Roms. Wer zur Gesellschaft gehörte, übergoß sich jetzt mit kaltem Wasser und ging in Bächen spazieren.
Augustus kleidete sich an, wobei er auch die Sandalen wechselte. Er trug gern Schuhe mit dicken Sohlen, die ihn größer erscheinen ließen. Livia, seine Frau, kam. Er begrüßte sie herzlich. Sie begleitete ihn zum Frühstückstisch. Er hockte sich nur auf einen Schemel, trank etwas Milch und aß ein bißchen Schwarzbrot mit Quark. Dann ging er in sein Arbeitszimmer und hinterließ für die Senatoren, die die durchgearbeiteten Akten abholen würden, eine Notiz. Er schrieb sauber und sorgfältig. Sein Latein war tadellos, aber etwas merkwürdig. Wenn er z. B. mahnte, die Dinge müßten hingenommen werden, wie sie eben seien, schrieb er: »Seien wir zufrieden mit dem Cato, den wir haben!« Statt »töricht« schrieb er regelmäßig »saudumm«, statt »schwarz« oder »gelb« benutzte er beharrlich »schwarzfarben« oder »gelbfarben«. Statt »sumus« (wir sind) erfand er »simus« (wir seind). Bei Worten, die er am Ende einer vollen Zeile trennen mußte, setzte er den zweiten Teil nicht auf die neue Zeile sondern unter die erste Silbe, sodaß das ganze Manuskript von zweistöckigen Worten wimmelte. Es freute ihn, wenn sich die Schreiber ärgerten.
Jetzt ließ er die Liegesänfte fertigmachen und sich zu Maecenas tragen. Auf der Via triumphalis zwischen Palatin und Coelius wurde er erkannt, obwohl keine

Liktoren oder Offiziere ihn begleiteten. Die Leute blieben stehen und grüßten ehrerbietig; ein Alter rannte zur Sänfte, warf eine Bittschrift hinein und wollte ängstlich kehrtmachen, als die Stimme des Augustus ihn festnagelte: »Halt! Was fällt dir ein, wegzulaufen? Ich will nicht, daß du dich vor mir fürchtest wie vor einem Zirkuselefanten, dem man eine Münze zuwirft. Komm her, gib mir dein Täfelchen in die Hand. So ist es gut. Ich werde es lesen; vale!«

Er las: »Die Fische von Marcus Linius auf den Nundinae der Via lata sind immer verdorben. Mein Sklave ist daran gestorben. Ich bin Publius Publicius, der Silberschmied.« Er legte die Tafel unter das Kopfkissen.

Maecenas kam der Sänfte schon im Rosengarten entgegen. Augustus stieg aus und umarmte den Freund.

»Wie geht es dir?« fragte Maecenas und atmete schwer, denn er war gelaufen und neigte zur Dicklichkeit.

»Schlecht. Dein Doktor Musa war da.«

»Und?«

»Wieso und? Bist du sicher, daß der Mann alle Sinne beisammen hat? Kalte Wasserstürze!«

Maecenas lachte.

»Er hat. Hast du gut geschlafen, Augustus?«

»Nein. Ich habe bis drei Stunden nach Mitternacht gearbeitet. Ich würde mich nachher gern ein bißchen bei dir hinlegen. In meinem Haus werde ich immer gestört, und es zieht.«

»Findest du es richtig, daß Augustus sommers und winters in demselben primitiven Zimmer schläft?«

»Mich friert überall, und es zieht überall.«

»Übernimm mein Haus, Augustus, es gehört dir!«

»Blödsinn. Und nenne mich nicht dauernd Augustus,

ich heiße für dich Caesar. Hast du eine Wassermelone?«

»Eine Wasser... vielleicht. Möchtest du nicht lieber etwas Kirschsaft, Augustus?«

»Nein, ich möchte eine ordinäre Wassermelone, falls es so etwas in diesem Palast gibt.«

»Sicher. Setzen wir uns. Wie schön die Rosen duften, nicht wahr?«

»Ich rieche nichts, ich glaube, ich bin erkältet. Ach, ehe ichs vergesse: Schicke doch bitte jemand zu dem Fischhändler Marcus Linius in der lata und lasse sorgfältig prüfen, ob seine Ware einwandfrei ist. Falls nicht, laß ihn verhaften. Ist dein Vortragssaal schon fertig?«

»Ja. Eine Art Auditorium[1] mit einem Halbkreis von vielen Stufen, wo man zwischen tausend Blumen sitzen kann. Möchtest du ihn dir ansehen?«

»Jetzt nicht. Wieviel arme Schlucker unterstützt du eigentlich? Zehn? Hundert? Ist Horaz da?«

»Leider nein. Seit ich ihm das Landgut in Tusculum geschenkt habe, kommt er immer seltener nach Rom. Genau das wollte ich nicht. Ich hätte ihn so gern weiter um mich. Ich hätte auch so gern, daß er deine Biographie schreibt, Augustus.«

Der Kaiser lachte.

»Warum lachst du?«

»Weil du mir Spaß machst. Nie schreibt er die. Er kennt Octavian noch gut und kennt Augustus. Ich bin ihm unheimlich.«

»Ich bitte dich! Wer soll ihm umheimlich sein, Octavian oder Augustus?«

»Augustus. Wenn ich ihn einen Kopf kürzer machen

[1] Existiert heute noch.

ließe, würde er mich sofort verstehen. Und nenne mich nicht dauernd Augustus!«

»Er hat mir einen Brief geschrieben.«

»Lies vor.«

»Fünf Tage nur, Maecen, versprach ich dir
auf meinem Gütchen frische Luft zu schöpfen;
nun läßt der lügenhafte Kerl den ganzen
Erntemonat durch vergebens auf sich warten.
Doch wenn du mich erholt und guten Muts
gern wiedersehen willst, so habe Nachsicht,
so lange bis in Rom, dem fiebrigen,
die Ärzte nicht mehr solche Rolle spielen.
Ich will durchaus des Freundes, der soviel
für mich getan, mich immer würdig zeigen.
Doch sollt' ich niemals mich entfernen dürfen,
so gib mir bitte die Robustheit meiner Jugend wieder.
Wenn man so klein, so wenig wichtig ist
wie ich, paßt nur, was klein ist. Mir ist
das königliche Rom zu groß.«

»Hinter diese Dichter möchte ich auch mal kommen. Die haben auch mehrere Seelenleben, Maecenas.«

»Er ist ein großer Mann, Augustus. Du weißt übrigens, daß er der Sohn eines Freigelassenen ist?«

»Ich weiß. Ehrt ihn. Ich möchte überhaupt, daß die tüchtigen, gebildeten Sklaven freigelassen werden. Sie sollten sogar Ämter bekommen. Gut, daß wir davon sprechen. Bohre mal im Senat; ich möchte, daß der Senat von selbst auf den Gedanken kommt. Hörst du?«

»Ich höre. Wie du befiehlst.«

»Privat, verstehst du?«

»Ich *habe* ja kein Amt. Alles, was ich in deinem Auftrag in die Wege leite, tue ich privat.«

»Mir liegt viel daran. Ich danke dir.«

»Du beschämst mich; sag so etwas nicht, Augustus!«

»Ah, da kommt die Melone! Danke. Ich will dir etwas sagen, Maecenas, was ich öffentlich nie aussprechen dürfte: Ich verdanke vier Menschen das, was ich geworden bin.«

»Julius Caesar —«

»Jawohl. Julius Caesar, der es mit dem Leben bezahlen mußte, daß die Zeit noch nicht reif war.«

»Und sonst verdankst du niemandem —«

»Blödsinn! Das weißt du ganz genau. Zweitens: Agrippa.«

»Ich habe ihn eine Woche lang nicht mehr gesehen; wie geht es ihm?«

»Gut. Er baut. Er verschönt Rom. Er hat ein Herz aus Gold. Er war es, der für mich alle Schlachten gewann.«

»Und du? Du hast sie nicht gewonnen?«

»Ich bin völlig unfähig, eine Schlacht zu führen. Ich mag Kriege überhaupt nicht. Ach ja, da fällt mir ein: Sprich mit den Tribunen und bringe sie dahin, daß sie ihr Veto einlegen, falls die Maßnahmen gegen die Helvetier beschlossen werden. Mögen die Helvetier den Paß sperren, ich habe nichts dagegen, ich will keinen Krieg. Die Herren in Mediolanum brauchen keine frischen Austern von der Normandie!«

»Aber ich bitte dich, Augustus! Es ist doch nicht wegen der Austern! Es ist der Handelsweg nach . . .«

»Also doch! Handel! Ich will keinen Krieg.«

»Agrippa würde siegen.«

»Wir brauchen nicht zu siegen. Es genügt. Bitte folge mir.«

»Wie du befiehlst, natürlich.«

»Sehr schön. Und der dritte, dem ich alles verdanke, ist Maecenas.«

»Genug! Du beschämst mich wirklich, Augustus!«

»Wenn du mich doch nicht dauernd Augustus nennen würdest! Wo ich Caesar so gern höre.«

»Caesar gibt es zwei, Augustus nur einen — Augustus.«

»Also schön, räuchere weiter. Wovon sprachen wir?«

»Von Austern.«

»Das könnte dir so passen! Du bist ein Schlemmer, Maecenas, zu verweichlicht. Ich gönne dir alle Freuden, aber manchmal erscheinst du mir wie die vorweggenommene Zukunft unseres Volkes. Quo vadis, Roma? Und wie chic du wieder gekleidet bist!«

»Entschuldige, Augustus, darf ich dir einmal offen etwas sagen?«

»Alles darfst du sagen.«

»Ich bin modisch gekleidet...«

»Wie ein Äffchen, guter Maecenas.«

»Gut, wie ein Äffchen. Aber du, Augustus, bist deiner unwürdig angezogen.«

»Nanu? Wieso? Schau dir meinen Mantel an, tadellos, wie neu!«

»Na höre! Wie neu! Er soll nicht *wie* neu sein, er soll *neu* sein. Er ist zerknittert...«

»Von der Sänfte.«

»Und hier ist er genäht.«

»Nur die Naht, nur die Naht, Maecenas. Sie war eingerissen. Nur die Naht. Also praktisch gar nichts.«

»Und hier ist er abgeschabt.«

»Ein bißchen dünn, ja. Na, und? Sieh dir mein Hauskleid an! Ist das auch nicht in Ordnung? Hat Livia gemacht!«

»Jawohl, ich weiß. Eine wunderbare Frau. Die einzige Dame der Gesellschaft, die ihrem Mann die Kleider näht.«

»Nicht wahr? Ich finde es *auch* fabelhaft.«

»Ich kann nur seufzen, Augustus.«

»Wovon sprachen wir?«

»Von deiner Kleidung, Augustus.«

»Nein, wir sprachen von dem Maecenas, der mein unersetzlicher Diplomat war, obwohl er nie ein Amt haben wollte; der in den langen Jahren meiner Abwesenheit mir Rom eroberte, alle Menschen bezauberte und alle Gegner versöhnte.«

»Ich bitte dich, Augustus, schweig! Du dankst niemand etwas außer Caesar und vielleicht Agrippa.«

»Und Maecenas, der mir sagte, wie ein Herrscher sein müßte und der aus Octavian den Augustus machte. Und der vierte ist eine Frau: Kleopatra. Ihr verdanke ich, daß sie Antonius ins Verderben stürzte und Rom rettete — wenn es zu retten ist.«

»Es häuft sich, Augustus, daß du in letzter Zeit solche bitteren Bemerkungen machst.«

»Meine nächtlichen Ahnungen, Maecenas. Aber beunruhige dich nicht. Für dich reicht die Zeit noch. Kleopatra soll ja jetzt angeblich eine vogelköpfige Göttin sein, was glaubst du, welchen Kopf sie jetzt trägt?«

»Du bist ein bißchen zynisch, Augustus.«

»Aber nein! Eine Million Ägypter, oder ich weiß nicht wieviele, glauben es. Übrigens habe ich heute nacht, als ich nicht schlafen konnte, beschlossen, ein Gebot vorzubereiten, daß alle Welt sich schätzen läßt.«

»Was?«

»Ich werde alle Menschen des Imperiums zählen und registrieren lassen.«

»Ja, um der Götter willen, was für ein Einfall!«

»Ich will genau wissen, wer wo wann wie lebt. Womit wir rechnen müssen.«

»Du siehst mich sprachlos. Und wozu das?«

»Ich weiß nicht. Ich habe das Gefühl, daß sich die Konsequenzen erst noch ergeben werden. Ich greife in die Zukunft. Jetzt muß ich schlafen, Maecenas.«

»Ja, leg dich hin. Du solltest nicht so spät in der Nacht arbeiten!«

»Sondern? Am Tage läßt man mir keine Ruhe; die Audienzen, die Amtshandlungen, die Familie, meine Tochter, die mir Sorgen mit ihrem Lebenswandel macht. Abends muß ich Gäste einladen. Auch heute kommt ein Tisch voll. Du weißt, wann man ißt: um fünf Uhr. Dann ist also schon der Nachmittag weg. Dann würfeln wir noch ein Stündchen . . .«

»Neulich sollst du fünfzigtausend Denare gewonnen haben?«

»Woher weißt du das denn schon wieder?«

»Und du hast dir die Schuld nicht bezahlen lassen! Wie kannst du nur! Und wenn du verlierst?«

»Das ist etwas anderes. Caesar zahlt immer. Auch wenn meine Familie irgendwo eingeladen ist, gebe ich jedem tausend Denare mit. Aber nun laß mal das Geld! Ich wollte sagen, ich liege da und höre zu, rede wenig und erfahre interessante Dinge oder auch nicht. Dann verabschiede ich mich. Ich wünsche, daß sich niemand dadurch stören läßt, ja, ich wünsche nicht einmal, daß sie sich erheben. Geht's freundlicher, Maecenas? Ich verdufte also und beginne zu arbeiten. Gestern habe ich die Richtlinien für eine Rechtsreform aufgestellt — stelle dir vor, man hat bisher keinen Unterschied zwischen Besitz und Eigentum gemacht! — und ich habe über die Schätzung nachgedacht, statt zu schlafen. Heute nacht und morgen muß ich die Berichte aus den Provinzen durcharbeiten, ich habe das ganze System der Steuerpachtungen abgeschafft, alle Beamten werden fest besoldet. Übermorgen beginnt der Staatsakt der ...«

»Hast du das alles nicht gewollt, Augustus? Ist das nicht dein Ziel gewesen?«

»Ach, Maecenas! Mein Ziel war, Julius Caesars Gedanken zu verwirklichen. Er hat gespürt, daß wir als Volk alt geworden sind und daß wir die Demokratie zu einem Marterinstrument gemacht haben. Das Principat sollte eine neue weltgeschichtliche Epoche einleiten und Rom von dem Fluch und der Zwangsvorstellung der Bürgerkämpfe befreien. Ich habe Caesars Testament erfüllt — ist Rom glücklich?«

»Ich glaube. Ja, ich weiß.«

»Bin *ich* glücklich? Du schweigst. Ich habe dauernd Hunger, komisch. Hast du ein paar Feigen?«

»Sofort. Als wir noch jung waren, früher, als du noch Octavian ...«

»Sprich nicht weiter, Maecenas! Es gibt kein Früher und ich war nie jung, es muß ein anderer gewesen sein. Vale, Maecenas, ich lege mich jetzt schlafen.

Und hinter uns, im wesenlosen Scheine,
liegt, was uns alle bändigt, das Gemeine.«

»Ovid?«

»Goethe.«

*

Je älter Augustus wurde — seine Haare begannen zu ergrauen und die Augen nachzulassen — desto drükkender lastete auf ihm die Frage, an der die ganze Zukunft Roms hängen konnte: die Frage der Nachfolge. Die Einrichtung des Principats war in den langen Jahren zu einer Selbstverständlichkeit geworden, sonst hätte — etwa bei einem frühen Tode von Augustus — niemand daran denken dürfen, seinen Platz einzunehmen. Augustus hat biologisch diese Hürde überwunden. Das Volk war mit der Vorstellung vertraut, daß er einen Nachfolger haben würde. Aber wo war er?

Fünfmal hat Augustus eine Lösung versucht, fünfmal machte ihm der Tod einen Strich durch die Rechnung. Sein erster Kronprinz war der Sohn seiner Schwester Octavia, Claudius Marcellus, den er sehr gern hatte, schon um der geliebten Schwester willen. Um einen doppelten Knoten zu machen, verheiratete er Marcellus, so rasch es ging, mit Julia, seiner eigenen einzigen Tochter (aus der Ehe mit Scribonia). Sie war vierzehn, er war siebzehn! Hier zeigte sich Augustus, verführt durch den Wahn vom »eigenen Blut«, zum erstenmal unrealistisch. Zwei Jahre später war Marcellus tot.

An seine Stelle rückte Agrippa. Die Römer verehrten Agrippa, dem man schon einmal, als Augustus sich sehr krank fühlte, die tribunizische Macht und damit die Mitregentschaft übertragen hatte. Aber Freund Agrippa war vierzig Jahre alt; an eine Adoption war nicht zu denken. Infolgedessen erfand Augustus eine andere Lösung. Er zwang den sehr glücklich verheirateten Agrippa, sich scheiden zu lassen und halste ihm die sechzehnjährige Julia auf, die sich inzwischen zu einem fatalen Strindbergschen Fräulein Julie zu entwickeln begann. Wahrscheinlich fluchend und wutentbrannt warf Freund Agrippa das Balg ins Bett und tat seine Pflicht. Julia gebar als Neunzehnjährige und als Einundzwanzigjährige zwei Söhne: Gaius und Lucius.

Im Jahre 12 starb unerwartet Agrippa, der gesunde, robuste Agrippa, der den kränklichen, schwachen Augustus hatte überleben sollen.

Jetzt wurden Gaius und Lucius ins Auge gefaßt. Die beiden Kleinen wuchsen total ungesund und verzärtelt auf, was die Natur prompt quittierte: beide starben im Knabenalter.

Gestorben war auch ein anderer, den Augustus in Reserve gehalten hatte: Drusus.

Mit dem Namen können Sie nichts anfangen, nicht wahr? Ich möchte aber gern, daß Sie etwas damit anfangen. Darf ich fünf Minuten abschweifen?

Augustus war dreimal verheiratet. Das Töchterchen von Volksfreund Clodius und der zerplatzten Fulvia hatte er, wie Sie wissen, unberührt retourniert. Er heiratete Scribonia, die — vielleicht — etwas zwielichtig war. Aus dieser Ehe stammte Julia, gebildet, charmant, hübsch, Nymphomanin. Von Scribonia ließ Augustus sich scheiden, als er Livia kennenlernte. Livia war damals die Frau des patrizischen Tiberius Claudius Nero (bitte, denken Sie jetzt nicht an »Nero«). Alle Welt wunderte sich, mehr noch: war sprachlos, als einige Monate später Augustus die Scheidung erzwang und die hochschwangere Livia heiratete. Das ereignete sich im Jahre 38, als Augustus vom Scheitel bis zur Sohle noch in der Haut von Octavian steckte. Das Kind, das zur Welt kam, war jener Drusus. Aus dem Kinde wurde ein Mann, und zwar einer, der das Äußere seines Stiefvaters Octavian hatte (was er doch eigentlich nicht haben durfte) und den ernsten Charakter seiner Mutter Livia. Er wurde Offizier, sehr tüchtig, sehr beliebt, kämpfte sehr kühn in Nordgermanien, stürzte bei einer harmlosen Gelegenheit vom Pferd und starb.

Der fünfte war also auch tot. Es wurde einsam um Augustus. Jetzt gab es nur noch Babies, die seine Genen trugen. Er erwachte daher notgedrungen aus seinem »Eigen-Blut«-Traum. Der realistische Staatsmann besann sich und fügte sich dem Schicksal. Er war nun sechzig Jahre alt, es mußte etwas geschehen, und zwar sofort und für den Augenblick.

Es gab nur einen einzigen Mann, dessen Ruhm in den letzten Jahren steil emporgeschossen war und der wenigstens einen gewissen Verwandtschaftsgrad erfüllte: Tiberius Claudius Nero d. Jüngere (nein, nein, er ist immer noch nicht der »Nero«), wie sein Bruder Drusus ein Sohn Livias aus erster Ehe. Ein schwerer Schritt: Augustus mochte den Mann nicht. Aber das ist nichts im Vergleich zu den Gefühlen, die Tiberius umgekehrt für Augustus hegte.

Als erstes wurde die alte Blutsmühle wieder in Betrieb gesetzt: Tiberius mußte Agrippa-Witwe Julia heiraten. Er hoffte, es ertragen zu können, wenn es ihm gelang, ständig beim Heer zu leben und nie zu Hause zu sein.

Was er damit erreichte, war, daß die Strohwitwe Julia ein öffentlicher Skandal wurde und Augustus, der alles scheitern sah, sich in einen Vulkan verwandelte wie zu alten Zeiten. Bei einem der wenigen längeren Aufenthalte des Tiberius in Rom kam es zwischen beiden zu einem furchtbaren Zusammenstoß. Tiberius, ohne Furcht wie stets, muß dem allmächtigen alten Manne Dinge gesagt haben, die einen anderen den Kopf gekostet hätten. Tiberius war ein patrizischer Claudier durch und durch, Nachkomme des berühmten Appius, und trug das Blut von lauter starrköpfigen, skurrilen »Graf Luckners« in sich. Wie seine Vorfahren war er stockkonservativ, pessimistisch-philantropisch und sehr verschlossen. Er empfand Augustus als abenteuerlichen Emporkömmling, das ganze Principat als Heuchelei und Julia als ein reines Brechmittel (was sie bestimmt nicht war, denn Ovid, dem man Feinfühligkeit nicht absprechen kann, war auch mit ihr im Bett).

Nach der schrecklichen Auseinandersetzung warf Tiberius dem Princeps alle Ämter inklusive der tribunizischen Macht vor die Füße und ging (5 v. Chr.) freiwillig in die Verbannung nach Rhodos. Erst sieben Jahre später wurde er von Augustus zurückgeholt und (als letzter übriggebliebener Kronprätendent) der Not gehorchend adoptiert.

Eine leere Versöhnung. Von seiten des Augustus aus Verzweiflung, von seiten des Tiberius aus Staatsräson.

Julia war nicht mehr da. Ihr Vater selbst hatte sie verbannt. (Fast tat sie Tiberius jetzt leid.)

Rom war ihm verleidet. Wie sollte das nur werden, wenn Augustus tot sein würde!

Er drängte sich zu Heereskommandos am Ende der Welt. Das Ende der Welt war damals zum Beispiel Germanien, nicht weil es als so entfernt empfunden wurde, sondern weil der Furor teutonicus immer noch als das Dunkelste und Geheimnisvollste in den Köpfen der Römer spukte. Mit Recht. Der Norden und Westen Germaniens waren die indianischen »blutigen Gründe«. Im Süden aber sah es ganz anders aus. Im heutigen Schwaben und Bayern saßen, schon lange bevor Legionen dorthingelegt wurden, römische Kaufleute, hatten sich regelrecht angesiedelt, Handelsniederlassungen gegründet und langsam, tropfenweise, römische Kultur einsickern lassen. Tiberius konnte ohne große Schwierigkeiten die Donau zur »natürlichen Grenze« bis hinunter nach Ungarn machen. Es wurden Wälle und Kastelle angelegt und Städte gegründet, in denen man wie in Rom auf Wasserspülklosetts ging, statt hinter den Busch. Kaufläden säumten die gepflasterte Hauptstraße ein, man wohnte in Steinhäusern, man hatte geheizte Thermen, man ging (auf dem hintersten Rang) ins Garnisontheater. Noch heute sagen die Bayern, wenn sie auf die Preußen wütend sind (also immer): »Wir haben schon mit Messern und Gabeln gegessen, als Ihr noch auf den Bäumen saßt!« Das mit den Bäumen stimmt natürlich nicht. Auch im Norden hätte ein Mann mit Stierhörnern auf dem Kopf wie auf uns ein Soldat mit Pickelhaube gewirkt: nicht *sehr* komisch, aber doch überholt. Man aß immer noch aus Steingutschüsseln und von Holzbrettern und wohnte in Dörfern inmitten riesiger Wälder, und immer noch bestrafte man eine Ehebrecherin mit dem Tode, statt sie interessant zu finden. Aber wer und was Rom war, wußten die führenden Köpfe genau; man hatte es kennengelernt wie eineinhalbtausend Jahre später Martin Luther: verschüchtert hin, verachtend zurück. Es gab viele, die dort jahrelang als Geiseln gelebt hatten; unter ihnen der Jüngling, der fast Roms Schicksal geworden wäre und dessen Auftritt gleich fällig ist, ein Sohn aus vornehmem »fürstlichem« Hause: der junge Cherusker Armin, römischer Leutnant d. R. Er war Mitte Zwanzig, als er heimkehrte und das Werk begann, von dem die Römer nichts ahnten: Die Einigung der Germanen im Haß gegen Rom.

Haß kann etwas sehr Dummes, er kann auch etwas Lebensnotwendiges sein. Nur muß man wissen, was man unter »Leben« und »lebenswert« versteht. Die Germanen glaubten es zu wissen.

Eine einzige Fehlentscheidung des Senats, die falsche Besetzung des Statthalterpostens am Rhein mit einem Höfling namens Quintilius Varus, beschleunigte den count down. Varus und seine Offiziere schlugen gegen die Germanen einen ganz neuen Ton an; sie benahmen sich, wie die Franzosen 1923 an der Ruhr; ihre Reitpeitschen ersparten Arminius viel Arbeit.

In einer Sturm- und Regennacht im September des Jahres 9 n. Chr. überfiel Arminius den mit drei Legionen durch den Teutoburger Wald ziehenden Römer und vernichtete nach dreitägiger Schlacht das ganze zwanzigtausend Mann starke Heer. Varus beging Selbstmord. In Eilmärschen kam Tiberius herauf und rettete wenigstens die Rheingrenze. Es war die größte Niederlage der Römer seit hundert Jahren. »Arminius hat es gewagt, das römische Volk nicht in den Anfängen der Macht, sondern in seiner höchsten Stärke und Blüte des Reiches herauszufordern« (Tacitus).

Das große germanische Reich kam nie zustande. Arminius wurde vom ewigen deutschen Judas verraten und ermordet.

Dennoch wurde die Schlacht im Teutoburger Wald ein weltgeschichtliches Ereignis: Mitteleuropa entging der Romanisierung. Zum Glück? Zum Unglück? Augustus ließ den Eisernen Vorhang fallen und die Preußen blieben auf den Bäumen sitzen. So wurden sie spät »in« und blieben lange jung.

Der Princeps war alt und müde. Er winkte Tiberius

zurück. Er wollte den Rest seines Lebens in Frieden verbringen.

*

Dieser »Rest« waren noch fünf Jahre; eine lange Zeit — eine kurze Zeit. Je älter man wird, desto schneller verfliegen die Jahre. Es ist eine große Gnade, nicht zu erschrecken, wenn man das Abendrot sieht. Augustus scheint trotz des immer schwächer werdenden Körpers und der ewig quälenden Krankheiten geduldig und ruhig gewesen zu sein bis zum Tode.
Das Ende überraschte ihn — oder auch nicht — auf einer Erholungsreise, die ihm die Ärzte nach dem heilsamen Süden empfohlen hatten. Am 19. des nach ihm benannten Monats, im Jahre 14 n. Chr., starb er sechsundsiebzigjährig in Nola bei Neapel — in dem gleichen Hause und dem gleichen Gemach, in dem sein Vater gestorben war.
Ein großes Geleit brachte den Toten nach Rom. Das Volk zog ihm entgegen und gebärdete sich, als nahe der Weltuntergang. Am Stadttor nahmen Senatoren die Bahre auf die Schulter und trugen sie zum Marsfeld, wo der Leichnam des Erhabenen, nach feierlichen Ehrenbezeugungen vor dem Tempel Caesars und vor der Curia, im Angesicht des Volkes verbrannt wurde. Die Asche, eingesammelt von barfüßigen Rittern, setzte man in seinem Mausoleum, im Norden Roms am Ufer des Tiber bei.

IM VIERZEHNTEN KAPITEL

tritt Tiberius das Erbe des Augustus an, sehr gegen seinen eigenen Willen. Ein vorzüglicher Herrscher; aber sein Unglück sind seine demokratische Überzeugung, die keiner mehr wünscht und ihm keiner mehr dankt, sein düsterer Pessimismus, der allen drauflos Lebenden den Spaß verdirbt, und seine Pressefeindlichkeit, für die sich Sueton und Tacitus wie üblich durch Rufmord rächen. Sonst ereignet sich nicht viel im Vergleich zu dem, was gleich kommt.

Die Macht der Gewohnheit, die ungeheure Macht des »Nichts anderes kennen« ließ das Volk zum Palatin hinaufblicken mit dem Gefühl des Verlassenseins. Die Menschen, bis zu einem Alter von fünfzig Jahren und mehr, hatten mit Bewußtsein nichts anderes erlebt als das Principat des Augustus. Weit, weit zurück lag die Zeit der Machtkämpfe, der Revolutionen, der Banden, der Aufstände. Seit vierzig Jahren floß das Leben in nie gekanntem Gleichmaß dahin, durch Augustus abgeschirmt gegen Eruptionen, abgeschirmt gegen Opfer an Leib und Seele, nur noch zur Verfügung der persönlichen Entwicklung.

Da standen nun die persönlich Entwickelten und warteten darauf, daß es so weitergehen würde. Ganz sicher hatte niemand von ihnen das Empfinden, unter einem »Kaiser« gelebt zu haben; dann wäre das Hangen und Bangen jetzt nicht so groß gewesen. Nein, Augustus war nicht etwas so Einfaches wie ein Kaiser gewesen (oder König oder Monarch), sondern etwas viel Komplizierteres: der Gesegnete, der vom Schicksal Geschickte, der Mann mit dem roten Telefon zu den Göttern. Kein Zweifel: einmal und wahrscheinlich nie wieder. Das Auserwähltsein konnte Augustus nicht vererben.

Aber vielleicht hatte er Tiberius wenigstens mitgeteilt, welche Telefonnummer man zum Olympus wählen mußte. Und vielleicht hob, wenn nicht Jupiter, dann wenigstens Augustus selbst ab. (Kein Geringerer als ein Prätor hatte nach der Verbrennung des erhabenen Toten unter Eid ausgesagt, er habe die Gestalt zum Himmelsblau emporschweben sehen.)

Ja, es gab Tiberius. Er behauptete zwar, die Telefonnummer nicht zu wissen, aber der Senat glaubte ihm nicht. Tiberius lehnte mehrmals ab, so oft, daß der Senat seine Bitten schon als beschämend zu empfinden begann. Auch das Volk hielt sein Weigern für Koketterie und war verärgert, daß Tiberius diesem feierlichen, festlichen Moment den ganzen Schmelz und Glanz nahm. Als er endlich, nach aufrichtigem Gewissenskampf, zusagte, hatte er es geschafft, sich selbst um die erste Glorie zu bringen.

Es war ihm egal. Nicht aus Menschenverachtung, sondern aus Verachtung der menschlichen Eitelkeit.

Er fühlte nichts von einem »augustus« in sich, er fühlte sich als kommissarischer Beamter. Die Macht, die in seiner Stellung als Princeps lag, war ihm sehr wohl klar, aber er war entschlossen, sie nicht zu gebrauchen, es sei denn im Militärischen, wo er sich kompetent fühlte, oder als Hüter der Gesetze.

Der Senat, den Augustus so oft wie möglich aufgesucht hatte, bekam Tiberius kaum noch zu sehen, das Volk gar nicht mehr.

Der alte Aristokrat ließ sich seine Überzeugung nicht durch den Glücksfall seiner immensen Erhöhung abkaufen, er blieb sich treu, er war nicht der Stefan George'sche »der Herr der Welt ist, der sich wandeln kann«. Infolgedessen ist es nicht verwunderlich (was weder die Römer noch spätere Geschichtsschreiber verstanden), daß er als erstes die Machtbefugnisse des Senats erhöhte, ihm die Gerichtsbarkeit zurückgab und dazu das Recht der Beamtenbestallung fügte, das bisher bei der Volksversammlung gelegen hatte.

Der Senat stutzte, das Volk stutzte.

Der Senat quittierte es ohne Dank, das Volk mit Murren. Das Murren der Plebs konnte Tiberius verstehen, den Senat nicht. Er hatte nicht mit Dankbarkeit gerechnet, aber doch wenigstens mit politischem Verständnis. Sahen die Senatoren nicht, daß sie wieder zu dem Instrument erhoben werden sollten, das sie in den »großen«, herrischen Zeiten gewesen waren? Sie sahen es; jedoch, instinktsicherer als Tiberius, empfanden sie den Preis als zu hoch: die Unpopularität des Princeps, die Degradierung des unentbehrlich gewordenen Suggestionsmittels auf das Volk. Es dauerte nur ein paar Jahre, da hatte Tiberius im Senat mehr Feinde als Freunde.

Er gewöhnte sich immer mehr an, allen Festen und Feiern (er haßte die blutigen Circusspiele) fernzubleiben, ausgenommen die Ehrungen für Caesar und den inzwischen ebenfalls vergöttlichten Augustus. Wurde er selbst mit »Augustus« angesprochen, so zuckte er zusammen. Er verbot jede Devotion und nahm dem nach Mystik hungernden Volk damit alle

Freude. Die Münzen, die geprägt wurden, trugen nicht mehr das Bildnis des Princeps sondern eine Hoheitsinschrift des Senats.

Eine Kette von charaktervollen aber unseligen Entschlüssen eines Mannes, der auf den Platz eines Generalissimus oder Statthalters oder Gutsbesitzers gehörte. Tatsächlich verwaltete er die Arbeitsgebiete, denen er sich laut Gesetz nicht entziehen konnte, hervorragend; niemals wurden die Provinzen so sauber geführt, die Beamten zu solcher Korrektheit angehalten wie unter seiner Hand. Überall im Reich konnte der Bürger, auch der geringste, ein Gefühl absoluter Sicherheit und Gerechtigkeit haben; unbestreitbar viel mehr als unter Augustus.

Als Soldat besaß er so viel Erfahrung wie einst Agrippa — wenn auch nicht dessen Schuß Genialität. War eine militärische Frage mit Politik in entscheidendem Sinne gekoppelt, so hielt er sich an den Instinkt des Augustus und seine Beispiele.

Lauter vernünftige, selbstlose Entscheidungen. Aber sie traten ebenso wenig ins Scheinwerferlicht wie er selbst. Er vergrub sich immer mehr. Ein menschenscheuer Sonderling.

An seiner Stelle pflegte seit einiger Zeit der Kommandeur der Stadtgarnison (Prätorianergarde), der Bulle Seianus, zu repräsentieren.

Dieser Seianus, Zerrbild seines redlichen Vaters, der auch schon Prätor in Rom gewesen war, gedachte, etwas Leben in die Historie zu bringen, was ihm auch gelang. Unter der Maske des aufopfernden Dieners — nie servil, sondern als soldatisch-kurze »ehrliche Haut« — schlich er sich in das Vertrauen des sonst so Mißtrauischen ein, nahm ihm »alles Lästige« ab und machte ihm schließlich klar, daß die Dinge bestens von selbst liefen und der Princeps sich ein Ruhepäuschen von ein oder zwei Jahren als Einödpensionär auf Capri gönnen könne. Tiberius liebte Capri und verabscheute Rom und packte tatsächlich die Koffer.

Als er weg war (der Senat empfand das als eine Nichtachtung ohne gleichen), stellte Seianus seine Besuche auf dem Palatin nicht ein, und es dauerte nicht lange, da konnte er es riskieren, eines Tages mit blitzendem Harnisch und schwellenden Gliedern auch in das Schlafzimmer von Livilla zu klirren, die keine Geringere als Tiberius' Schwiegertochter war. Livilla hatte sich ihr Lebtag in der Lage einer sogenannten Grünen Witwe befunden, was die Sache erklärt, aber nicht entschuldigt.

Es wird Sie nicht verwundern, daß Tiberius einen Sohn hatte, auch nicht, daß er erst so spät auftaucht, und auch nicht, daß er schon erwachsen und verheiratet war, aber es wird Sie verwundern, wie rasch er starb, als Seianus und Livilla im Bett nach getaner Arbeit den Entschluß faßten, zusammen Herr und Frau Princeps zu werden. Eines Tages schmeckte dem Tiberiussohn der Wein etwas merkwürdig, und ehe er seine Gemahlin auffordern konnte, doch mal zu kosten, war dieselbe bereits in der von Seianus programmierten Lage, ihm die Augen zudrücken zu können.

Die Nachricht vom Tode seines Sohnes schmetterte Tiberius vollends nieder. Er war ahnungslos und haderte mit allen Göttern. Er wollte nichts mehr hören, nichts mehr wissen und war geradezu dankbar, als Seianus, die ehrliche Haut, ihm vorschlug, auf

Capri zu bleiben und alle Vollmachten getrost in seine Hände zu legen. Tiberius tat es.

Und hier, in dieser Stunde, hat er geschichtlich versagt; der pflichtbewußte Mann vergaß zum erstenmal seine Pflicht. Was hätte er gesagt, wenn ein Soldat seinen privaten Kummer über seinen Eid gestellt hätte? Was hätte er gesagt, wenn ein Kommandeur in einem Kommando geblieben wäre, von dem er wußte, daß er es nicht erfüllen würde?

Tiberius hätte in diesem Augenblick abdanken müssen. Sein einziger Sohn lebte nicht mehr; sein Tod befreite ihn von der Frage, diesen Sohn als Nachfolger betrachten zu dürfen oder nicht — sofern er überhaupt an ihn gedacht hat, was ich nicht glaube. Denn so wenig er Augustus gemocht hat, so sehr war ihm doch dessen politischer Wille stets heilig gewesen, und Augustus hatte nach dem Tod seiner eigenen Enkel die Drusus-Linie als Erben gesehen. Er hatte mit dem Finger auf Drusus gezeigt, und als Drusus bei dem Sturz vom Pferde starb, hatte er zwar Tiberius eingesetzt, aber wieder auf die Drusus-Söhne als nächste Generation gedeutet.

Warum erlöste sich Tiberius nicht selbst aus der Qual seines Amtes? Er ersehnte es doch?

Es gibt keine andere Antwort auf diese Frage, als den Namen Seianus. Es war diesem Satan von Borgiakaliber ernst mit seinen Plänen, und in diese tollkühnen Pläne paßte ein Personalwechsel überhaupt nicht. Tiberius' Nachfolger sollte Seianus heißen.

Er war es, der den kontaktarmen, uninformierten Tiberius darauf festnagelte, seinen Posten nicht verlassen zu dürfen.

Mit Generalvollmachten versehen, fast als Stellvertreter, reiste Seianus nach Rom zurück, um nun den zweiten Teil seines Planes zu verwirklichen: die Beseitigung aller persönlichen Gegner.

Die Prätorianergarde (vor kurzem noch eine kleine Truppe, inzwischen auf fast fünftausend Mann geschwollen) war vom Senat immer als Schutz empfunden worden; jetzt wurde sie zum erstenmal eine Drohung. Doch Seianus hatte nicht die Absicht, sie auszuspielen, um dann vielleicht Tiberius sofort auf dem Hals zu haben. Ihm genügte die Drohung. Der Senat hatte Angst. Sehr gut.

Seianus hatte sich einen ganz anderen Handlanger wider Willen ausgedacht: den Senat selbst.

Es gab ein Gesetz, das nicht nur die Verunglimpfung der Götter mit dem Tode bestrafte, sondern auch die geheiligte Gestalt eines Augustus vor Beleidigung schützte. Keine Seele hatte je daran gedacht, es zu praktizieren. Keine Seele hatte allerdings auch bisher Anlaß dazu gegeben. Jetzt gab es Anläße ohne Zahl, denn alles schimpfte auf Tiberius.

Dieses Gesetz gedachte Seianus zu seiner Waffe und den Senat zum Henker zu machen. Eine Welle von »Majestätsprozessen« sollte über Rom hereinbrechen, wie ein Jahrtausend später die Inquisition. Da alles auf den Anfang ankam, bereitete Seianus den Boden im Senat (der die Gerichtshöfe bildete) sorgfältig vor. Mit großem Erfolg: Die ersten Urteile lauteten auf Tod. Es ging los!

Sogar die Reihen der Senatoren lichteten sich. Keiner fühlte sich mehr sicher, jeder wollte »Brücken bauen« — die Zahl der gefügigen Kreaturen wuchs. Niemand raffte sich auf; den Senatoren war der Schneid abgekauft und das Rückgrat gebrochen. Das scheint manchmal rasch zu gehen. Eine Schar von Eunuchen.

Der Großinquisitor war auf dem Wege, allmächtig zu werden. Er konnte an den letzten Schritt denken. Doch es kam nicht dazu. Eine Frau rettete Rom.

Unter Lebensgefahr schmuggelte sie hinter dem Rücken der Seianusschergen einen Brief an Tiberius, in dem sie von dem Schreckensregiment des Prätors, den Hunderten von Todesurteilen und der Ermordung des Tiberiussohnes durch Seianus berichtete.

Tiberius las und war einem Herzschlag nahe, als er die Unterschrift sah: Antonia. (Antonia, seine Schwägerin, Tochter der Octavia, Witwe des Drusus; alle Zweifel an der Wahrheit waren für ihn ausgeschlossen.)

Die Schnelligkeit und Verschlagenheit, mit der Tiberius jetzt reagierte, ist erstaunlich. Er ließ Seianus eine Falle stellen, in die der Prätor prompt hineinstolperte, ließ ihn verhaften, am gleichen Tage noch anklagen, am gleichen Tage zum Tode verurteilen und am gleichen Tage hinrichten.

Jetzt war der Teufel los: Die Gegeninquisition begann. Tiberius ließ alles hinrichten, was den Geruch von Seianus an sich hatte, er war nicht wiederzuerkennen, er war plötzlich ein schwarzer Panther, der den Käfig seiner Umnachtung aufgebrochen hatte und seine ungetreuen Wärter riß.

Rom war von Angst und Schrecken gepackt. Der Tod war umgegangen, als Seianus ein großer Herr war, und der Tod ging um, nun Seianus nicht mehr lebte; die Menge flehte zu den Göttern, Octavian Augustus möge wiederkommen.

Eines der letzten Opfer des rächenden Tiberius war Livilla; das Ausmaß der Tragödie wird Ihnen klar

werden, wenn ich Ihnen sage, wer die Mutter Livillas war: jene Antonia, die Tiberius den Brief schrieb.
Da steigt plötzlich der furchtbare Verdacht auf, daß das ganze Haus der Julier/Claudier eine Mördergrube war, in der seit Marcellus sieben Thronanwärter ihr Ende gefunden hatten. Und immer sind es Frauengestalten, Frauen mit undurchdringlichen Zügen, die uns aus dem Dunkel anschauen. Das Blut von drei Familien ist durch sie durcheinandergeschüttelt worden und mit dem Blut auch der Ballast der Vergangenheit. Octavians Schwester Octavia hat die Brut des Antonius hinterlassen, aus der Antonia, die Briefschreiberin, und Livilla, die Mörderin, hervorgingen. Agrippa, der getreue Agrippa, hat mit Julia, der zügellosen Tochter des einst zügellosen Octavian, Vipsania Agrippina gezeugt, die zur Bluttransfusion herumgereicht wurde wie ein willenloses Wesen; sie mußte zwei Claudier bedienen, erst Tiberius, dann den Drusussohn Germanicus. Sie hat, das wissen wir, die Claudier gehaßt, sie hat mit ihrem Haß sich selbst ins Unglück gestürzt (freiwilliger Hungertod nach der Verhaftung durch Tiberius) und zugleich alle ihre Söhne mit Ausnahme des kleinen »Caligula«. Und was ging hinter der Stirn von Livia, der geliebten Livia, vor, die von Octavian verführt und von der Seite ihres Mannes weggerissen worden war und die allein wissen konnte, ob Drusus der geheime Sohn des Augustus war oder nicht? Livia, die aus der Augustus-Linie drei Thronanwärter sterben sah, bis endlich ihre eigenen Söhne in der Nachfolge dran waren?
Viele alte Historiker haben versucht, hinter das Dunkel zu kommen und das Rätsel zu lösen. Es ist ihnen nicht gelungen, weil es wahrscheinlich kein Rätsel gibt.

Es ist so gut wie ausgeschlossen, daß unter den Augen des Augustus Furien am Werke waren. Er war ein guter Menschenkenner und hatte Tausende von Informanten. Ein sehr guter Menschenkenner war auch Maecenas, und er hat nie einen Verdacht geäußert. Eine wachsame, hellhörige Mutter war auch Julia, die sonst so fröhliche, sorglose Witwe. Und Dr. Antonius Musa lebte noch; er konnte Tollkirsche von Blaubeeren sehr gut unterscheiden und hätte niemals einen »Totenschein« ausgestellt (den es damals, wörtlich genommen, noch nicht gab).
Gruseln ist sehr unterhaltsam, ich weiß. Aber es ist noch zu früh dazu. Gedulden Sie sich noch ein paar Seiten.

*

Die Energie des Tiberius stürzte nach dem Aufzucken der Stichflamme ebenso schnell wieder zusammen. Während er nun das Leben eines reinen Eremiten, eines düster vor sich hinbrütenden freiwilligen Verbannten führte, erhitzte sich die Phantasie des Volkes in Vermutungen von blutrünstigen Plänen, ausschweifenden Orgien und Wahnsinnsanfällen des Tiberius. Die Verleumdungen, erst ein ängstlicher Windhauch, dann ein dicker Smog über der ganzen Stadt, fanden begeisterte Ohren, und zwischen Schauern, Furcht und Wollust wuchs die Gestalt des fernen einsamen Princeps zu einem Teufel empor. Sogar Tacitus, eine Generation später, war diesem Smog erlegen. Er ist der Hauptschuldige an dem verzerrten Bild eines unglücklichen Herrschers wider Willen. Die Menschen haben, je blinder sie sind, einen umso größeren Bedarf an Lügen, die sie ihre Netzhauttrübung vergessen lassen.

Schöne Lügen vereinfachen ihnen die schwer erkennbare Welt und geben ihnen das Gefühl, herrlich scharf zu sehen.
Tiberius war inzwischen ein Greis von fast achtzig Jahren geworden. Im Frühjahr 37 n. Chr. rang sich der alte Mann dazu durch, nach Rom zurückzukehren. Aber er war der Aufregung nicht mehr gewachsen. Noch auf der Reise machte ein Herzschlag seinem Leben ein Ende.
Als der Leichnam in Rom eintraf, stand der Pöbel an den Straßen und schrie: »In den Tiber mit ihm!«

*

Der Tod des alten Herrschers ist in den Weiten des Reiches nicht einmal als leises Beben wahrgenommen worden. Das Imperium war eine Justiz- und Militärmaschine geworden, die mit der Präzision eines Roboters arbeitete; auch mit seiner Gefühllosigkeit. Die letzte Perfektion hatte Tiberius ihr gegeben. Kein noch so schlechter späterer Kaiser hat darauf Einfluß gehabt. Deshalb ist es tatsächlich so, wie manche Historiker sagen: Von nun an gibt es bis zum Einbruch der fremden Völkerschaften eigentlich keine Geschichte des Römischen Reiches mehr, dessen Pulsschlag so monoton wie das Ticken der Uhr ging; es gibt nur noch eine Geschichte der Kaiser, die sich durch Gewohnheit eine Existenzberechtigung *gegen* alle Natur geschaffen haben, und die nachwachsen wie die Köpfe der Hydra, sobald man einen abschlägt. Sie bilden nicht mehr das Herz und nicht mehr das Hirn des Reiches. Die ganze Einrichtung ist ein Luxus, den man sich leistet, damit das geheimnisvolle Wort Staat etwas wird, was man anfassen, anstarren und beriechen kann. »Man« ist gleich Rom, nur Rom; alles andere ist Wirtschaftsgebäude. Das Eigenleben der Reichshauptstadt war schon zu Tiberiuszeiten so stark, daß man von den Dingen, die »da draußen« passierten, kaum noch Notiz nahm; einschneidende konnten es nicht sein. Nicht einmal Gefallene pflegten mehr römische Familien zu betreffen.

So konnte es geschehen, daß anfangs der dreißiger Jahre in der Hauptstadt einer Provinz im Osten ein angeblicher »König« hingerichtet wurde, ohne daß auch nur ein Wort davon nach Rom drang. Hätte Tiberius zufällig davon gehört, so würde er die Hinrichtung untersagt haben, denn der Betreffende, von dessen Art es damals viele gab, wäre ihm gar zu unwichtig geschienen. Der Schauplatz war Jerusalem. Bei einer ordentlichen Untersuchung, die es aber angesichts des aufgeputschten Pöbels nicht gab, wäre auch herausgekommen, daß sich der arme Delinquent keineswegs als König bezeichnet hatte, also auch keine Gefahr für die Ordnung darstellte. Jedoch es wurde von den Drahtziehern so hingebogen — wie der Zettel beweist, der den Vorschriften gemäß über dem Hingerichteten angebracht werden und außer dem Namen auch die Anklagebegründung enthalten mußte. Auf dem Zettel stand: »Jesus von Nazareth, König der Juden.«

»Es tut mir leid«, sagte der Römer Pontius Pilatus, Prokurator von Judäa, »ich wasche meine Hände in Unschuld. Es ist ein reiner Justizmord der jüdischen Priester. Aber wenn sie es auf das politische Gleis abschieben, bin ich verpflichtet, einzugreifen. Man hätte diesen Jesus geringer bestrafen können, aber die Juden wollten ihn ja gekreuzigt sehen. Ich bin auf meinen Posten noch von Seianus befördert worden. Seianus ist gestürzt, und ich kann mir daher in diesem Augenblick keine Beschwerde der Juden in Rom erlauben. Dieser Mann tut mir leid; er hat bestimmt nichts anderes getan, als was heutzutage mindestens zwei Dutzend Schwärmer tun, nämlich Jupiter verleugnen (im Vertrauen, ich bin auch nicht im alten Sinne gläubig), und sich unter allerlei Wunderkrimskrams als Messias auszugeben. Na ja, er hat es überstanden, und wir wollen es zu dem übrigen legen.«

Ja, wirklich, dieser Mann aus Nazareth war der friedfertigste und bescheidenste unter den vielen Gesalbten (»Christus«) und monotheistischen Propheten, die damals den Orient durchzogen. Weit bedeutender als dieser Nazarener schien zum Beispiel Apollonios aus Kappadozien, der als ein neuer Stern erster Größe leuchtete, während Jesus schon fast vergessen war. Und als es Scha'ul = Paulus gelang, die Lehre des Nazareners zu retten, da war Apollonios immer noch gleich stark, so daß Kaiser Alexander Severus (kurz nach 200) in seiner Gebetsnische neben Jesus das Bild des Apollonios stehen hatte und vorsichtshalber zu beiden betete.

Noch sind es bis dahin hundertfünfzig Jahre, und zur Zeit des Tiberius interessierte es in Rom noch niemanden, ob und wer von den vielen Propheten, Wanderpredigern, Erweckern und »Messias« eine Chance haben würde.

Es war Paulus aus Tarsos, der erfaßte, wo die Chance lag und wer die Träger der Jesuslehre sein mußten: die Unterdrückten und Versklavten, jene, für die Jupiter, der Gott der Sieger, nicht da war. Paulus durchwanderte zu Fuß Zehntausende von Kilometern der römischen Welt und erreichte die fernsten und ärmsten Dörfer, Weiler, Gruben, Bergwerke, Strafkolonien, wohin kein Priester je gekommen war. Paulus war ein neuer Spartakus, der mit der sanften Kunst des Jiu-Jitsu statt mit dem Schwert wiederkam. Das Bild ist um nichts übertrieben, sogar das Kreuz, an das einst die besiegten Sklaven genagelt worden, wiederholte sich. Die Umwandlung des Kreuzes vom Symbol der Marter in das Symbol der Jenseitsgewißheit zündete bei den Unterdrückten und Sklaven sofort: das Leben war wieder erduldenswert. Ohne daß Rom es merkte, hatten sich Tausende und Abertausende von Jupiter, dem Gott der Sieger, abgekehrt und der Jenseitsverheißung des neuen Gottes zugewandt.

Aber auch in Rom selbst war etwas im Umbruch. Es war die Zeit der großen seelischen Unruhe. Ein halbes Jahrtausend lang hatten die Römer gemeint, mit ihren Göttern als Bankdirektoren und Justizministern auskommen zu können, jetzt begann man, die Trockenheit unerträglich zu finden. Es ist sicher richtig, was Frank Thiess sagt: daß einem Umschwung von diesem Ausmaß immer eine Erhitzung vorausgehen muß, ehe er zustande kommen kann, eine gedankliche Erhitzung. Ja, eine gedankliche Erhitzung war da, und sie lag auf einem überraschenden Gebiet: einer bis ins Fiebrige gesteigerten Sinnlichkeit. Rom entdeckte, daß es etwas versäumt hatte.

Das Orgiastische wohnt immer sehr nahe bei dem Orgastischen. Die oberen — wenn nicht Zehntausend, dann zumindest Tausend — die oberen Tausend gingen zwar an Festtagen noch in den Tempel, aber privat probierten sie den Sinnenreiz neuer Mystik aus, indem sie in geschlossenem Freundeskreis den aus Ägypten importierten Isiskult nachäfften oder den phrygischen Attiskult, der so kribbelnd-mystisch das Sinnliche ins Übersinnliche erhob.

*

Aus dieser dekadenten Atmosphäre kam des Tiberius' Nachfolger, der an der Bahre des Verstorbenen mit Krokodilstränen im Auge schon bereitstand: der fünfundzwanzigjährige Jüngling Gaius Claudius Nero, genannt Caligula, das »Stiefelchen«. Er wurde der erste wirkliche Kaiser Roms.

ist lang; es erledigt Caligula, Claudius, Nero, Galba, Otho, Vitellius (nie gehört, nicht wahr?), Vespasian, Titus und Domitian, und auch wir sind schließlich ziemlich erledigt. Strapaziöse Zeiten, gefährliche Zeiten, sagen wir heute; aber kein Römer hätte mit uns getauscht (mit Ausnahme Neros).

Leider.

Was war er als Kind nicht für ein nettes Kerlchen gewesen! Als jüngster Sohn des Germanicus und Enkel des Drusus war er, wenn schon nicht durch Drusus selbst, dann auf jeden Fall durch seine Mutter Vipsania Agrippina ein echter Großenkel des Augustus. Er begriff lange Zeit nicht, was das bedeutete, bis die ehrgeizige Vipsania Agrippina ihn darüber aufklärte.

Seine Kindheit verbrachte er in den Garnisonen am Rhein. Er lebte unter Militärs, kleidete sich wie ein Spielzeugsoldat und trug winzige maßgearbeitete »caligae«, nägelbeschlagene Kommiß-Stiefelchen. Er war die Freude und das Maskottchen der ganzen Truppe.

Als er älter wurde und zur Erziehung nach Rom kam, entpuppte er sich als nicht mehr ganz so nett. Er erlag weniger den Versuchungen, die Welt theoretisch als vielmehr praktisch zu studieren, wobei er mit dem weiblichen Teil anfing. Jedoch beließ er es nicht dabei, sondern befaßte sich auch mit dem männlichen. Er war ein playboy jener liebenswürdigen Art, wie sie heutzutage aus dem Bereich der Fabrikantenparvenues kommen, ausgestattet mit demselben Geld, demselben

Gehirnvakuum und derselben bedauerlichen Gesundheit. Er war haltlos; aber Bösartigkeit oder gar Grausamkeit bemerkte man an ihm noch nicht. Das Volk sprach von ihm als »unser Kleiner«, »unser Schoßkind« und »unser Augensternchen«. Tiberius, der ihn von Zeit zu Zeit zu sich beorderte, war offenbar der einzige, der ihn hellsichtig erkannte. Mit Schrecken dachte er daran, daß dieser Jüngling jemals zur Herrschaft kommen könnte (er hat ihn *nicht* eingesetzt); er nannte ihn Phaeton[1] — ein nicht einmal sehr böses, aber grausig prophetisches Wort.

Mit der Präzision eines falsch gefütterten Computers spuckte das Volk auf die Frage, wer Tiberius' Nachfolger werden sollte, den Namen Caligula aus. Er war ja der Enkel des geliebten Drusus. Daß es noch einen Sohn des geliebten Drusus gab, hatte man vergessen. Als der Senat zögerte, stürmte die Plebs — ich verbessere mich: *der* Plebs (laut Duden) die Curia und erzwang Caligulas Ernennung. Man feierte sie mit hundertsechzigtausend Opfertieren.

Der Anfang des Phaeton war nicht schlecht. Er hob einige drückende Bestimmungen des Tiberius auf, ließ ein paar Verhaftete frei und gab der Volksversammlung das Recht der Beamtenernennung zurück. Das alles waren keine dollen Sachen, aber dolle Sachen erwartete auch niemand von ihm.

Plötzlich jedoch schlug das indifferente laue Wetter zu einem entsetzlichen Hurrikan um. Es heißt, daß das nach einer schweren Erkrankung Caligulas geschah,

[1] Phaeton (griechisch), Sohn des Gottes Helios, erbat sich, um seine Eitelkeit zu stillen, für einen Tag die Erlaubnis, den Sonnenwagen zu lenken. Aber er konnte die Rosse nicht zügeln, setzte alles in Brand und wurde von Zeus durch einen Blitzstrahl getötet.

vielleicht einer Gehirnerkrankung, aber sie ist nicht belegt. Sueton beginnt diesen Teil seiner Caligula-Biographie mit dem Satz: »So viel von ihm als Fürsten; nun muß ich von ihm, dem Ungeheuer berichten.«

Er wurde für die Nachwelt der Inbegriff des »Cäsarenwahnsinns« (Gustav Freytag). Das erste, was »das Ungeheuer« tat, war die Erhöhung des Principats zu einem orientalischen Kaisertum. Nicht zufällig floß das Blut des Antonius in seinen Adern. Er verlangte den Fußfall und die Verehrung als leibhaftiger Gott. Stundenlang stellte er sich zwischen die Statuen des Castor und Pollux und ließ sich von den andächtig Nahenden anbeten. Er baute sich einen Tempel mit seinem lebensgroßen Standbild, das von den Priestern täglich mit den gleichen Gewändern bekleidet wurde, die er selbst an diesem Tage trug. Wenn er den kapitolinischen Tempel besuchte, so führte er laute Gespräche mit Jupiter wie mit einem Onkel, scherzte, lachte, zankte auch mit ihm und hielt die Hand ans Ohr, um besser hören zu können. Sein Verhältnis zur Umwelt war das eines Irrsinnigen. Während seines ersten und zweiten Regierungsjahres gab es viele Fälle, wo hysterisch begeisterte Bürger bei einer Krankheit Caligulas sich zu opfern gelobten, falls ihr Augensternchen wieder genesen würde. Sobald Caligula davon hörte, ließ er die Leute ergreifen und in den Selbstmord treiben. Gelang das nicht, so wurden sie in der Arena abgeschlachtet. Jedoch, es war nicht das fließende Blut, das ihn wie eine bestimmte Verbrechertype reizte, er mordete auch sehr gern, ohne etwas davon zu sehen zu bekommen. Die Befehle flossen ihm schwerelos aus dem Munde. Seinen Adoptivbruder ließ er von einem Prätorianer erstechen, weil ihn die Ängstlichkeit ärgerte, mit der

der arme Junge bei Einladungen von den Speisen kostete. Seinem Schwiegervater ließ er die Kehle durchschneiden, weil der alte Mann ihn bei einem Sturm nicht zu Schiff begleiten wollte. In Wahrheit sind natürlich alle »weil« falsch. Sein Trieb stand in keinem Zusammenhang mit den Scheinanlässen. Wenn er, was wahrscheinlich ist, seine Großmutter Antonia (die Briefschreiberin) vergiftet hat, so fehlt jedes Motiv.

Um das ägyptische Gottkönigtum nicht zu versäumen, vermählte er sich wie die Pharaonen mit seiner Schwester Drusilla, mit der er zügellose Orgien feierte. Er erhob sie ebenfalls zur lebenden Göttin. Als sie starb (er nahm sich die nächste Schwester vor), ordnete er einen Reichstrauertag an, an dem ein Lachen mit dem Tode bestraft werden sollte.

Es wurde bald nicht mehr gelacht. Denn auch, wer nicht mit dem Kaiser in Berührung kam, war seines Lebens nicht mehr sicher. Er hat Tausende ermordet und Zehntausende ins Unglück gestürzt. Er ließ mißliebige Dichter verbrennen und Angeklagten, die ihre Unschuld zu beteuern wagten, die Zunge herausschneiden. Hörte er von der Schönheit eines Mannes, so ließ er ihn verunstalten. Nur mit Mühe und aus Furcht vor dem Militär war er davon abzubringen, die Legionen, die damals beim Tode des Augustus »gestreikt« hatten, ohne Ausnahme hinrichten zu lassen (kein Mensch aus jener Zeit befand sich noch unter ihnen). Bei der Einweihung einer Brücke ließ er die Gäste, die auf der Brücke standen, ins Wasser stürzen.

Eines Tages kam Caligula auf den Gedanken, die Reichen Roms, einen nach dem anderen, der Majestätsbeleidigung anzuklagen, hinzurichten und ihren Besitz einzuziehen. Ein Strom von Geld und Gold floß herein

— es machte ihm große Freude. Er führte einen Turnus von zehn Tagen ein, an denen er die Listen der zum Tode Verurteilten unterschrieb.
Das Maß war voll. Sehr spät. Es ist ein wunderlicher Zug der menschlichen Psyche, wie schnell ein Dolch bei der Hand ist gegen einen, der guten Glaubens fehlgeht, und wie langmütig die Masse gegen einen Bösewicht bleibt, wenn er spektakulär und unbegreiflich ist.
Verschwörungen mußten mißlingen, solange die Prätorianergarde nicht mitmachte. Diesen Henkersknechten stopfte er das Maul mit Gold. Sie bekamen dreifachen Sold. Ein Gewissen hatten sie nicht. Auch der Kommandeur war nicht damit belastet, solange er sich persönlich sicher fühlen konnte — was bei einem Caligula abzusehen war. Tatsächlich mehrten sich die Anzeichen der Gefahr. Jetzt war Komplizen zu suchen nicht mehr so selbstmörderisch, denn auch der stellvertretende Kommandeur und mehrere Hofbeamte zitterten bereits.
Mit dem 24. Januar 41 nahte endlich der Tag der Erlösung. In dem unterirdischen Gang, durch den der Kaiser um die Mittagszeit vom Circus zu seinem Palast zurückkehrte, zog der hinter ihm gehende Kommandeur der Leibwache das Schwert und schlug das Ungeheuer nieder. Der Kaiser war nicht sofort tot und schrie wie am Spieß, bis die anderen Verschwörer ihn erstachen.
Seinen Leib, massig auf dünnen Beinchen, glatzköpfig mit neunundzwanzig Jahren, aber am Körper behaart wie eine Ziege (das Wort Ziege durfte zu seinen Lebzeiten nicht ausgesprochen werden), schleppte man in der dunklen Nacht weg und verscharrte ihn in einem Garten des Esquilin.

Als die Kunde von seiner Ermordung am nächsten Morgen durch die Straßen flog, löste sie neue Angst aus. Totenstille zuerst, dann vereinzelt Klagen: man hielt die Nachricht für eine Falle Caligulas und wollte sich sichern. Erst als die Verschwörer den Konsuln Meldung machten und ihnen den Palast öffneten, brach die Masse in ungeheuren Jubel aus — genau so groß wie vor vier Jahren; na ja, vielleicht nicht ganz so groß, denn wo blieben diesmal die hundertsechzigtausend Schlachttiere?

Patrizier und Equites dachten weniger an die geopferten Tiere, als an die geopferten Menschen, die fast alle aus ihren Reihen stammten. In einer feierlichen »damnatio memoriae« tilgte der Senat den Namen und das Bild Caligulas von allen Münzen und Schriftstücken, aus allen Räumen und Tempeln. Die Lehre, die Caligula den Menschen erteilt hatte, schien dem Senat so furchtbar, daß er entschlossen war, Rom wieder zur Republik zu machen. Ein schwerer Schritt ins »Ungewisse«. Dennoch war man sich fast einig. Während schöne und erhebende Reden erschallten, erscholl draußen, aus der Richtung der Prätorianer-Kaserne, auch etwas, nämlich ein Trompetenstoß, der alles weitere Gerede überflüssig machte: Die Garde rief eigenmächtig einen neuen Kaiser aus!

*

Der neue Kaiser (der Senat duckte sich sofort) hieß Claudius, genau: Tiberius Claudius Germanicus Caesar Augustus. Er war der Sohn des Drusus, Onkel des Caligula. Die Linie sprang also eine Generation zurück. Die Umstände, unter denen der fünfzigjährige Clau-

dius auf den Thron kam, sind die verrücktesten, die sich denken lassen; aber rührend. Die ganze Gestalt ist rührend. Es ist das schwer wieder gutzumachende Unrecht früherer Geschichtsschreibung, ihn mit Mord und Totschlag, mit blutigen Circuskämpfen, Dolch und Gift umrankt und in einen Topf mit Caligula geworfen zu haben. Da an ihm der Name der schrecklichen Messalina haftet, dieser verrückten Sexualtigerin, hat sich zu allem Überfluß auch noch die Filmbranche des »Stoffes« angenommen, von der Stummfilm-Moritat bis zu Cecil B. de Mille. Auch ich kann mich, soweit ich zurückdenke, nur daran erinnern, einen abscheulichen Claudius flimmern gesehen zu haben.
Er war es nicht. Er war ein armer Teufel. In der Jugend hatte er Kinderlähmung überstehen müssen, er hinkte seitdem, hatte Sprachhemmungen und wackelte mit dem Kopf. Als ewig Zurückgesetzter, als Belächelter, als Schwächling wurde er immer verschlossener und immer scheuer. Daß diese Scheu nicht in Haß gegen die ungeschlachte, gedankenlose Umwelt umgeschlagen ist, scheint mir ein Zeichen von sauberem Charakter. Claudius wurde ein Bücherwurm, belesen, gebildet und philosophisch milde. Er suchte, allein oder im Kreise ganz weniger Vertrauter, auch ein bißchen Trost im Wein, im Würfelspiel und kleinen Zerstreuungen, lauter Dinge, über die zu zetern sich vollkommen erübrigt. »Der vollendete Trottel ist er übrigens nicht gewesen«, schreibt Herr Professor Hohl noch 1931. Nein, Euer Magnifizenz, offensichtlich nicht. Sein Umgang waren Professoren, Herr Professor! Er sprach perfekt griechisch, war ein guter Mathematiker und lernbegieriger Mediziner. »Aber eine teilweise erhaltene Senatsrede wirkt in ihrem Prunken mit Geschichtskenntnissen

schon peinlich!« Wie? Der fast vollendete Trottel hatte Geschichtskenntnisse? Und er »prunkte« damit? Der arme Kerl! Seine einzige Freude, sein einziger Stolz floß ihm da einmal in die so beschwerliche, stotternde Rede ein; wie glücklich mag er sich gefühlt haben, daß niemand lachte; daß sie staunten; und daß sie sich alle erhoben, als er hinkend und kopfwackelnd hinausschlurfte — »unser Abortus«, wie ihn seine Mutter Antonia (die Briefschreiberin) seit Kindheit zu titulieren pflegte. Nun — Mutter Antonia war tot. Ihr Augensternchen, Caligula, hatte dafür gesorgt. Das Augensternchen würde auch dafür gesorgt haben, daß Onkel Claudius nicht mehr lebte, wenn er ihn sich nicht als Hofnarren gehalten hätte. Die fürchterlich rohen und gefährlichen Späße, die Claudius im Hause des jungen Ungeheuers ausgehalten hat, müssen die Hölle gewesen sein. Aber er ertrug sie. Je mehr er mit dem Kopf wackelte, desto fester saß er ihm auf den schwachen Schultern. Er wollte nicht sterben, er liebte das Leben, so kümmerlich er auch weggekommen war.
Als die Palastgarde an jenem Januartage Caligula (und noch weitere Familienmitglieder) tötete, verkroch Claudius sich in einem Versteck des Hauses. Ihm schlug das Herz bis zum Halse, als er die Prätorianer mit blutigem Schwert an seinem dunklen Winkel vorbeistürmen sah, wieder zurückkehren, wieder verschwinden und schließlich — das Entsetzlichste — dauernd seinen Namen rufen hörte.
Dann entdeckten sie ihn. Eine Faust zerrte ihn heraus und stieß ihn vor sich her, Offiziere kamen hinzu, alles schrie durcheinander, und inmitten eines Prätorianerhaufens führte man den Fünfzigjährigen in die Kaserne ab.

Er wartete auf sein Todesurteil. Oh, er war innerlich gefaßt, aber was nützt das, wenn der geschundene Körper zittert?
Da geschah das Unglaubliche: Die Offiziere hoben ihn auf die Schultern und riefen ihn zum Kaiser aus!
Claudius, vollkommen ungewiß, ob das Ernst oder Hohn sein sollte, wollte es nicht glauben — alles geschah von nun an wie ein Traum. Die Soldaten legten den Treueid ab und präsentierten den neuen Kaiser dem Volk und dem Senat.
Die meisten sahen ihn zum erstenmal. Seine Mutter Antonia hatte ihn versteckt, Tiberius hatte ihn von allen öffentlichen Pflichten entbunden und Caligula ihn wie einen Affen im Käfig gehalten. Claudius kannte auch niemand unter den Senatoren. Das da vor ihm waren sie also, und jene zwei dort die Konsuln, und offenbar stimmte alles, und er war wirklich Kaiser.
Mit dem Toresschlußmut von Aschenbröteln stürzte er sich in die Arbeit; denn ein Amt faßte er als Arbeit auf. Was konnte es sonst sein? Er hat sich nie als »Ich, Claudius, Kaiser und Gott« gefühlt.
Er war ein guter Amtmann. Er zog neue Straßen durch Italien und Gallien, baute die großen Garnisonen am Rhein zu Städten aus, er ließ den Hafen von Ostia ausbaggern und vergrößern, regulierte den Fuciner See und baute die Claudische Wasserleitung, deren riesige Bögen sich heute noch über die Campania ziehen; er übernahm die Kosten der Kornverteilung, er kümmerte sich um die Rechtsprechung, führte die Erbschaftssteuer ein, gab Erlässe heraus, die den Status der Sklaven erleichterten, er verbot alle Majestätsprozesse, er stand vor der Aufgabe, drei neue Provinzen in Afrika und Thrakien durchzuorganisieren, was er spielend löste,

und schließlich stand er vor einer wirklich gefährlichen Aufgabe: das unruhige Belgien durch die Besiegung der ewigen Drahtzieher, der Briten, zum Frieden zu bringen — keine schöne, keine menschlich angenehme Sache, aber notwendig, nachdem damals Caesar den abenteuerlichen Schritt nach England gewagt hatte. Die Rheinarmee, unter einem Befehlshaber, den er besser auswählte als einst Augustus seinen Varus, setzte nach Britannien über und eroberte 43 n. Chr. in einem glücklichen Feldzug den ganzen Süden. Europa war im Sinne des Siegers befriedet.

So saß und arbeitete er Tag für Tag hinter verschlossenen Türen, der zerbrechliche ältere Herr, »unser Abortus« und einstiger Clown mit dem blutenden Herzen, für das man sich in einem forschen Staat leider nichts kaufen kann. Und abends trank er noch immer sein Viertelchen.

Die einzigen, auf die er sich in seiner Unerfahrenheit verließ, waren seine ehemaligen Freunde: ein paar freigelassene Sklaven. Auf zwei von ihnen, Narcissus und Pallas, stützte sich seine ganze Regierungskunst; sie waren Griechen, hochgebildet und selbstlos.

Diese »Freigelassenenwirtschaft« haben ihm schon die antiken Historiker übelgenommen; das Wort »Weiber- und Freigelassenenregiment« erscheint bis in die heutige Zeit. Es ist ganz fehl am Platz. Der weltfremde Kaiser hat im Gegenteil eine Meisterleistung vollbracht, indem er einen Mann wie Narcissus fand und an sich zog, ihn erkannte und ihm vertraute. Hier hat ein Kaiser zum erstenmal der Weltgeschichte einen Reichskanzler vorgeführt — *das* ist die richtige Bezeichnung. Narcissus war für Claudius das, was Reinald von Dassel für Barbarossa und Marquardt von Annweiler für Heinrich VI. werden sollten; auch Annweiler war Unfreier am Hofe gewesen. Heinrich VI. hatte unter den Grafen und Baronen niemand seinesgleichen gefunden — Claudius sah unter den Senatoren auch keinen. Lauter Nullen.

Die Nullen verziehen ihm das nie. Sie haben sogar unter äußerster Konzentration ihres Hodenstolzes einmal einen Aufstand probiert. Narcissus hat das leicht in Ordnung gebracht.

Er hat noch mehr in Ordnung bringen müssen: auch das Privatleben seines bewunderten Herrn. Und damit kommen wir zum Stichwort Messalina.

Sie war eine Urenkelin der Augustusschwester Octavia; wie alt, ist nicht sicher. Vielleicht war sie um die Zwanzig, als sie die dritte Frau des Kaisers wurde. Sie soll nicht sonderlich hübsch gewesen sein, auch körperlich nicht das römische Ideal. Auf keinen Fall wird sie (wie sie so oft dargestellt wird) eine Bavaria oder Berolina gewesen sein: Nymphomaninnen findet man eher unter Picassos Büglerinnen.

Claudius wurde ihr hörig — nicht für ewig, aber lange genug. Ist das schlimm? Ja, es ist schlimm bei einem allmächtigen Kaiser. Aber es ist menschlich. Claudius war zweimal vorher verheiratet gewesen — als Clown, als Krüppel, als Idiot, geduldet und mit geschlossenen Augen erlitten. Nun war er Kaiser; plötzlich war er nicht mehr unästhetisch, er wackelte anscheinend nicht mehr mit dem Kopf und humpelte nicht. Er war ein Mann geworden! Unbeschreibliche Erlösung aus Schande und Scham. Gierig suchte er immer wieder die Bestätigung und war glücklich, in Messalina eine ebenso Gierige zu finden.

Sie brauchte sich nicht zu überwinden. Aber es lag nicht

an ihm, es lag an ihr. Ihr Geschlechtstrieb, körperlich und gedanklich gleichermaßen, muß abnorm gewesen sein. Sie verlor, sobald sie sich sicher und an der Macht wußte, jede Haltung, fieberte unersättlich nach Befriedigung, nahm Knaben, Schauspieler, Rennfahrer, Kutscher, Bauern, Köhler, Schiffer, Neger, Säufer, zu Hause, in Parks, auf Straßen und schließlich in Bordellen, in denen sie sich einmietete. Daneben war sie gefährlich wie ein Satan, wenn sie Widerstand fand oder Feindseligkeit witterte. Man hat nach ihrem Tode gefälschte Unterschriften des Kaisers gefunden, mit denen sie Frauen, die sie haßte, oder Männer, die sie fürchtete, aus dem Wege räumen ließ.
Eines Tages, als Claudius in Ostia war, feierte sie öffentlich und nach allen gültigen Riten Hochzeit mit einem ihrer Geliebten. Rom, viel gewohnt, war denn doch recht schockiert. Unvorsichtigerweise ließ Messalina dabei auch die Bemerkung fallen, der Herr an ihrer Seite sei der künftige Kaiser.
Als Claudius zurückkehrte, mußte Narcissus einen schweren Gang tun — seinen Herrn um die Unterschrift unter das Todesurteil Messalinas bitten.
Claudius hatte zwei Kinder von ihr, eine sanftmütige schöne Tochter und einen sanftmütigen Knaben. Die Hand verweigerte ihm den Dienst, er wollte verzeihen. Aber der Kanzler war unerbittlich, es ging um das Leben des Kaisers. 48 n. Chr., nach sieben höllischen Jahren, wurde Valeria Messalina hingerichtet.
Narcissus und Pallas rieten zu einer Wiederverheiratung, um die Erinnerung an die unwürdige Kaiserin auszulöschen. Die Wahl fiel nach Überlegungen, die uns rätselhaft sind, auf eine Angehörige des Claudischen Hauses selbst, auf die damals über dreißig Jahre alte

Julia Agrippina, eine Schwester Caligulas! Wen die Götter verderben wollen, den schlagen sie mit Blindheit.
Wahrscheinlich hat sie selbst die Weichen gestellt. Die Heirat mit dem Onkel, der so überraschend der Herr des Imperiums geworden war, scheint ein lang vorbereitetes Ziel gewesen zu sein. Sie war äußerlich imponierend, von sehr regelmäßigem Antlitz, sehr ruhig und beherrscht im Benehmen, und nichts verriet den Vulkan männlicher Leidenschaften, der in ihr brannte. Hat Narcissus nicht gewußt, daß sie, ungeachtet ihrer ersten Ehe, mit ihrem Bruder in Blutschande und völliger geistiger Übereinstimmung gelebt hatte? Oder war für den so oft verwundeten und zum Voyeur gedemütigten Claudius gerade *das* ein Triumph? Es ist sehr gut möglich. Jedenfalls wurde das stille tiefe Wasser Julia Agrippina sein Untergang.
Der Rest ist so banal wie scheußlich.
Sie hat Claudius verachtet. Er war ihr nicht mehr als irgendein tierisches Lebewesen. Sie hielt ihn für einen Kretin und sich selbst für hoch über ihm stehend. Natürlich hat sie an den Mumpitz ihres Bruders mit der Vergöttlichung seiner Schwestern nicht geglaubt, aber ihre männliche Renaissancenatur sah in der Strapazierfähigkeit eines Beines die unerläßliche Voraussetzung für einen Anspruch auf Vollwertigkeit. Claudius hatte ihn in ihren Augen nicht. Sie besaß aus ihrer ersten Ehe mit einem Herrn Domitius ein Kind, einen pausbäckigen Knaben, der inzwischen ein pausbäckiger, musischer, singender, dichtender, tanzender, musizierender Jüngling geworden war; ihn liebte sie bis zur krankhaften Übersteigerung — — vielleicht liebte sie in ihm die eigenen zukünftigen Machtmöglichkeiten

noch mehr. Beide Triebe beherrschten sie vom ersten Augenblick an, wo sie den Entschluß faßte, ihr Kind auf den Thron zu bringen.

Der erste Schritt war einfach. Nur bei Narcissus erregte er Verdacht. Julia Agrippina bewog Claudius, den Beatle-Knaben zu adoptieren. Damit war nach römischem Recht und römischer Anschauung der Jüngling ein rechtmäßiger Sohn des Kaisers geworden. Mit Schrecken sah Narcissus, daß dieser »Sohn« jetzt vor dem leiblichen des Kaisers rangierte, denn er war der ältere. Julia Agrippina sorgte dafür, daß Rom nur noch von ihm als Erben sprach.

Eines Tages (im Oktober 54) war es wieder einmal so weit. Der Kanzler hatte sichere Nachricht, daß Julia Agrippina den zweiten Schritt vorbereitete: die Ermordung ihres Gatten. Narcissus suchte seinen Herrn auf und unterbreitete ihm, was er wußte. Claudius wand sich verzweifelt in seinem Glauben an die Menschen, er klammerte sich an sein Vertrauen wie ein Ertrinkender. Narcissus warnte. Er vermutete den Schlag schon für die nächsten Tage. Claudius bat zu warten, nur eine kleine Frist noch, nur eine kleine Hoffnung noch . . .

Am nächsten Tage war er tot.

Narcissus hatte ein Giftattentat in einem Getränk erwartet und Vorkehrungen getroffen. Falsch. Agrippina hatte Pilze gewählt.

Ein paar Zimmer weiter spitzte Philosoph Seneca bereits die Feder, um der Nachwelt in seiner Schrift »Verkürbissung« ein Zerrbild des blöden Kaisers Claudius zu zeichnen und der Mitwelt den neuen Imperator vorzustellen, der Rom herrlichen Zeiten entgegenführen würde: seinen siebzehnjährigen Schüler Lucius Domitius Nero Claudius Caesar Augustus Germanicus — den »Nero«.

*

Dreizehn Jahre lang hatte Claudius regiert. Vierzehn hielt sich Nero. Eine lange Zeit. Nicht wahr: gefühlsmäßig hätte man gesagt, vier, fünf Jahre. Man erinnert sich an seinen ausbrechenden Wahnsinn, an den Brand Roms und an seinen Selbstmord als raschen Ablauf eines wirren Films. Aber es dauerte in Wahrheit lange, so lange, daß eine halbe Generation wieder umsonst gelebt hatte. Zumindest in Rom.

Nero begann nicht schlecht, er begann nämlich überhaupt nicht. Die Reichsverwaltung lief von selbst, und das kaiserliche Kabinett leitete Philosoph Seneca, jener zwielichtige Mann, der so viele schöne Gedanken ausgesprochen und so viele häßliche Facts vorexerziert hat. Jedoch, er richtete kein Unheil an. Die ersten zwei Jahre verliefen »glücklich«, wenn man von so kleinen Schönheitsfehlern absieht wie der Ermordung des Claudiussohnes, der vom Vater als Nachfolger nominiert gewesen war.

Um das Jahr 55/56 zeigten sich die ersten Anzeichen des Wahnsinns. Nero entdeckte seine Göttlichkeit. Er geriet in einen Höhenrausch. Zunächst befreite er sich von seinen Vormündern; Seneca schmiß er raus, den Präfekten Burrus ließ er töten. Dann war seine Mutter (»herrlichste aller Mütter«, offizieller Titel) dran, denn sie wollte unvorsichtigerweise an Macht ernten, was sie gesät hatte, und schließlich war seine Gemahlin an der Reihe, die sanfte Claudiustochter, die er vorsichtshalber geheiratet hatte. Beide Frauen gingen sehenden Auges und gefaßt in den Tod. Nero heiratete die bildhübsche aber schrecklich ordinäre Poppaea, deren Gatte Otho (bisher sein Kumpan) nach Portugal abgeschoben wurde. Poppaea starb später unter den Fußtritten, die Nero in einem Wutanfall der Hochschwangeren in den Bauch versetzte.

Die Stationen folgen jetzt rasch aufeinander.

64 n. Chr. Brand Roms. Zweidrittel der Stadt in Schutt und Asche. Das Volk bezichtigte den verrückten Tyrannen der Brandstiftung (wahrscheinlich zu Unrecht), und Nero lenkte in heller Angst — er war unbeschreiblich feige — den Verdacht auf eine Sekte, die sich in letzter Zeit in Rom ausgebreitet hatte und sich »Christen« nannte. Es waren jene Leute, die sich, wie man hörte, zu einem gewissen Jesus von Nazareth bekannten. Soweit man ihrer habhaft werden konnte, wurden sie verhaftet und zu Tode gemartert. Die heroische Urgemeinde bestand ihre erste Märtyrerprobe!

65 scheiterte ein Anschlag gegen Nero. Die geschwätzigen Verschwörer büßten es mit dem Tode; auch Seneca.

Im gleichen Jahre begann Nero mit dem Bau eines goldenen Palastes für sich. Der Staatshaushalt geriet an den Rand des Bankrotts.

66 reiste Nero nach dem Osten, dem Land seiner Träume, um sich als größter Dichter und Sänger aller Zeiten feiern zu lassen. Bei dieser Gelegenheit entließ er Griechenland aus dem römischen Staatsverband. (Hier verstanden die Generäle nun keinen Spaß mehr.)

67 erhoben sich die Legionen gegen ihn, zuerst die spanischen unter ihrem greisen General Galba aus dem altpatrizischen Geschlecht der Sulpizier. Der Aufstand griff wie ein Lauffeuer um sich.

68 schwenkten auch die Prätorianer, um ihre edle Haut

zu retten, um. Der Senat nahm daraufhin all seinen kümmerlichen Mut zusammen und erklärte Nero für abgesetzt und vogelfrei. Angesichts einer Kompanie Soldaten, die ihn gestellt hatten, beging Nero, vollständig wirr und entnervt, Selbstmord.

So endete der letzte des mörderischen julisch-claudischen Hauses.

Die Ähnlichkeit mit Caligula drängt sich auf, aber sie ist in Wahrheit nicht groß. Heute weiß man, daß Nero im Gegensatz zu dem Verbrecher Caligula ein infantiler Paranoiker[1] war. Nero lebte in einem albernen, für die Umwelt nur bedingt gefährlichen Kinderwahn. Die Wahrheit ist, daß er ohne die Möglichkeiten der Macht nichts weiter als ein Don Quixote, eine lächerliche, vielleicht gelegentlich rabiate Figur eines verkannten Genies geworden wäre. Vieles deutet darauf hin, daß er wirklich ein begabter Künstler war. Friede seiner Asche, Tod seinen Kreaturen.

*

Die Kreaturen mußten nun hurtig umsteigen. Und wir wollen ihnen folgen, um an Hand dieses Jahres 68/69 einmal zu sehen, in welches Boot wir klettern müssen, um im richtigen zu sitzen; denn das ist das Lebensziel einer echten Kreatur. Wir wollen dazu ein Lexikon zu Rate ziehen, weil Lexika so schön kurz sind.

Nero war tot. Die Truppen riefen den siebzigjährigen Galba zum ersten wahren Soldatenkaiser aus. Also, an Galba müssen wir uns halten. Schlagen wir nach: »Im

[1] Paranoia — eine Primärgeisteskrankheit, bei der auf falschen Voraussetzungen logisch richtige Gedankensysteme und daher auch Handlungen aufgebaut werden — im Gegensatz zu den ungeordneten Wahnvorstellungen der Schizophrenie.

Juni 68 als Kaiser anerkannt. Da sich Otho zurückgesetzt fühlte, entfesselte er im Januar 69 einen Prätorianeraufstand, bei dem Galba ermordet wurde.«
Galba war das falsche Boot. Also, an Otho müssen wir uns halten. Schlagen wir nach: »Otho, ehemals Neros Vertrauter und erster Gatte der Poppaea, ließ Galba erschlagen und sich zum Kaiser ausrufen. Unter dem Druck der Prätorianer anerkannte ihn der Senat. Im April 69 unterlag er in einem Kampf bei Cremona den Truppen des Vitellius, des Oberbefehlshabers der Germanien-Legionen, und tötete sich.«
Fort mit Otho! Wer hätte das gedacht! An Vitellius müssen wir uns halten. Schlagen wir nach: »Vitellius, aus vornehmem Geschlecht, verbrachte seine Jugend am Hofe von Tiberius. Als er Otho, den er als Empörer betrachtete, geschlagen hatte, erhob ihn seine Armee zum Kaiser. Der Senat bestätigte ihn. Da er seinen Soldaten aber jede Freiheit zu Gewalttaten und Plünderungen ließ, rief Rom den Befehlshaber der kleinasiatischen Legionen, Vespasian, zu Hilfe. Es kam im Dezember 69 zu einer Schlacht, Rom wurde gestürmt, Kaiser Vitellius gefangen und getötet.«
Vitellius war das falsche Boot. Wir müssen zum viertenmal umsteigen. Wie heißt der neue Mann? Vespasian?
Kommen Sie noch mit? Die Römer kamen es spielend. Die Gesellschaft war so verrottet, daß ihr die Erniedrigung des Kaisertums zu einer Art Gladiatoren-Ausscheidungskampf kaum zum Bewußtsein kam. Das einfache Volk von Rom merkte nicht viel von der Unsicherheit des Lebens, und die gehobene Gesellschaft jobbte an der großen Börse. Eine neue Art zu leben; swing high, swing low.

Wie lange lag die Virtus zurück? Wie lange die Furier, die Fabier, die Scipionen? Zweitausend Jahre? Patrizier, Plebejer, Marius, Cinna, Bürgerkämpfe, Revolutionen? Revolutionen, ja, wofür denn? Rechts, links? Vokabeln aus der Steinzeit! Sozialismus, Volksherrschaft? Andere Worte für das Volk vernebeln, es in Trab halten, benutzen. Ideologie? Marschmusik der Urgroßväter! Wofür? War es wirklich erst hundert Jahre her, daß Caesar nicht gewagt hatte, konservativ zu scheinen?

Eine völlige Taubheit war ausgebrochen für alles, was noch bis zu Caesar einen Teil der Gedanken bei Tag und bei Nacht ausgemacht und die Unwiderstehlichkeit von Sirenentönen gehabt hatte. Rom war unansprechbar geworden für die abgenutzte, malträtierte Parteipolitik, für Kampf und Aufruhr. Man hatte es ihm gründlich verleidet. Ja, es wußte nicht einmal mehr, was das war. Demagogien setzen ein Kollektivleben mit Kollektivinteressen voraus. Das gab es nicht mehr. Es gab nur noch Individualleben. Man strebte einzeln, man plante einzeln, man hoffte einzeln, man spielte sein Los einzeln. Die Zusammenrottungen fanden nur noch im Bett und im Circus statt. Was waren die Kaiser anderes, als nicht mehr wegzudenkende Gewinnauszahler? Faites votre jeu! Wer wünschte die Schließung des riesigen Spielkasinos?

Niemand.

Den Ernst des Lebens gab es noch. Er lag außerhalb der Stadtmauern. Rom war ein Parasit des Imperiums geworden. Faites votre jeu für die Gesellschaft, panem et circenses für die Masse.

*

Mit Vespasian hatte sich ein ehrlicher Croupier an den Tisch gesetzt. Er zahlte aus, aber er strich auch eisern ein. Nero hatte den Fiskus ruiniert, Vitellius den Rest vergeudet. Vespasian fing mit Null an. Er scheute sich nicht, auch vom kleinen Mann zu kassieren. Da er es aber mit bäuerlicher Verschmitztheit tat und sich verrückte Dinge einfallen ließ, lachte das Volk und zog das Beutelchen. Vespasian war es, der zum erstenmal von jedem, der zum Pipimachen eine der öffentlichen Zellen benutzte, Eintrittsgeld verlangte. Als sein Sohn Titus errötend »Aber Papa!« sagte, antwortete der Alte ihm mit einem Wort, das berühmt werden sollte: »non olet« — Geld stinkt nicht. Die Alexandriner nannten ihn »das Groschengrab«.

Sobald die Kasse wieder stimmte, zeigte er sich generös. Das goldene Haus Neros ließ er einreißen; an seine Stelle baute er für das Volk das größte Amphitheater der Welt: das Colosseum. Er ließ die niedergebrannte Stadt wieder aufbauen, unterstützte die Schwerbetroffenen, schaffte den Luxus der Hofhaltung ab, verkloppte die angehäuften Preziosen seiner Vorgänger und stopfte so peu à peu vierzig Milliarden Sesterzen in den Staat und das Volk.

Vor dem Senat als Einrichtung zeigte er eine erstaunliche Achtung. Er wünschte sogar dessen Vergrößerung auf tausend Mitglieder, die er aus den Provinzen heranzog, um frisches Blut und neue Gedanken einzuführen.

Er war ein schlauer Kerl. Wer seine naturalistische Büste in der Kopenhagener Glyptothek gesehen hat, diesen von tausend Ackerfurchen durchzogenen Kopf, durchschaut ihn mit einem Blick: ein bauernschlauer

Alter, geradlinig, unzugänglich der Schmeichelei, unempfindlich gegen Tadel, ohne jede Eitelkeit, ein Frühaufsteher und Schwarzbrotesser, nicht ungebildet aber amusisch. Bei der Vorstellung, dermaleinst ein »Gott« zu werden, konnte er sich kaum das Lachen verbeißen. Ein kerngesunder Mann. Solche Gestalten findet man auch heute noch. Sie sind in der ersten Generation Bauer, in der zweiten Raiffeisenvorsitzender und in der dritten Generation Präsident der Dresdner Bank.

T. Flavius Vespasianus stammte vom Lande, aus dem Sabinischen. Sein Vater hatte sich bereits zu einem Kleinstadt-»Bankier« heraufgearbeitet. Der Sohn schlug die Verwaltungs- und dann die Militärlaufbahn ein. Unter Nero, an dessen Freundchen er sich übrigens nie gerächt hat, wurde er General — nicht, weil er dem Kaiser so sympathisch war, im Gegenteil, Vespasian war der einzige, der es wagte, bei einem Gesangsabend Neros einzuschlafen und zu schnarchen. Seine Unbefangenheit war entwaffnend. Nero weinte fast; er warf ihn hinaus, aber er machte ihn zum Feldmarschall.

Im Juni 79, im Alter von neunundsechzig Jahren, starb Vespasian. Er ließ sich in seiner letzten Minute vom Lager heben und auf die Beine stellen. »Ein Kaiser muß stehend sterben«, sagte er und hielt aus, bis er tot war.

*

Ein Bauer, der hinter dem Pflug sterben wollte.

Wozu das?

Ja, wozu? So fragen Krämerseelen.

Wenn zu nichts anderem, dann für seine Söhne. Vielleicht, um ihnen eine Erinnerung zu hinterlassen, die gepfeffert war. Beide hatten es nötig, vor allem der ältere, Titus, dem das Volk mit Hangen und Bangen entgegensah.

Titus war damals vierzig Jahre alt, ein großer, massiger Mann, dem man die Lebenslust, das Genießen, Essen, Trinken und Lieben ansah. Er war kein Weichling, er schlief unter einer Decke im Lager genau so gut wie auf dem Palatin, er brauchte zwei Tage nichts zu essen, er ritt fünfzig Kilometer in einem Sitz, er konnte auf Frauen pfeifen und sich tagelang in die Vorbereitung einer Schlacht vergraben. Als sein Vater nach Rom ging, hatte er ihm in Kleinasien die Legionen übergeben und eine abscheuliche Aufgabe dazu: die Niederwerfung des großen Judenaufstandes. Die Juden, seit jeher eines der militantesten Völker und assimilationsfremd, hatten die Erhebung gegen Rom gewagt und mit der Niedermetzelung der Garnison von Jerusalem ein Ausrufungszeichen dahinter gesetzt, das bei der Allmacht der Römer selbstmörderisch war. Der Aufstand war mehr als verständlich, die Römer saugten das Land bis aufs Blut aus. Jerusalem mit seinen zyklopischen Mauern widerstand Titus ein halbes Jahr. Dann schleiften die Römer die Stadt und plünderten sie total aus. Ein grober, unangenehmer Militärknoten, dieser Titus. Aber zuverlässig wie eine D-Zuglokomotive.

War eine Aufgabe, zu der ihn sein Vater bloß mit dem kleinen Finger zu winken brauchte, erledigt, so verwandelte sich Titus in ein Nilpferd. Er sielte sich in allem, was seine dampfende Vitalität befriedigte. Er war auch reich an ausgefallenen Ideen. Die letzte, mit der er seinen Vater überraschte, war sein Wunsch,

Königin Berenike zu heiraten. Vespasian schlug das Meyersche Lexikon nach und las: »Berenike, Tochter des jüdischen Königs Herodes Agr. I., Gemahlin ihres Oheims Herodes von Chalkis, dann Geliebte ihres Bruders, dazwischen Gemahlin des Königs Polemon von Kilikien, Geliebte des Titus.« Vespasian winkte milde ab und empfahl seinem Sohn, irgendeine andere Jüdin als Geliebte mitzunehmen. Das tat das Nilpferd.

Ganz Rom kannte diese Geschichten und fühlte sich höchst unwohl bei dem Gedanken, Titus würde der neue Kaiser werden.

Nun war er es, und die Römer trauten ihren Augen nicht! Ein maßvoller, disziplinierter, unermüdlich freundlicher Mann stand vor ihnen, der niemals schimpfte, niemals fluchte, jeden anhörte. Der als erster seit Augustus ausgiebig und ohne jeden Schutz durch Rom spazierte, um es sich einmal bei Tage anzusehen, wozu er zuvor nur des Nachts Gelegenheit gehabt hatte. Ein gerechter Mann. Es ist, dachten die Römer, zum Verrücktwerden, wie man sich irren kann. War dies ein neuer Augustus, ein dicker?

Natürlich war er *kein* Augustus. Dazu war er zu unbedarft. Wahrscheinlich war er ein neuer Vespasian, dessen Jugend wir ja nicht kennen.

Die Römer waren so entzückt von der angenehmen Überraschung, daß sie ihn »amor et deliciae«, ihre Liebe und reine Freude nannten.

Seine Fürsorge zu erleben hatten sie sehr bald Gelegenheit. Er war genau zwei Monate an der Regierung, als sich die größte Naturkatastrophe der römischen Geschichte ereignete. Am 24. August 79 brach der Vesuv aus und verschüttete Pompeii, Herculaneum

und Stabiae, drei blühende Städte, darunter den Stolz und das Kleinod der Römer: Pompeii.
Ein Ereignis, das inzwischen legendär geworden ist. Unendlich viele Geschichten ranken sich darum. Wie war es wirklich?

*

Der Vesuv, der schöne, friedliche, bis zum Gipfel begrünte und bewaldete Berg, gab nach tausendjähriger Ruhe die erste Vorwarnung im Jahre 62 mit eine plötzlichen starken Erdbeben. Die Geschichtsschreibung erwähnt es selten, in Wahrheit war bereits dieser Vorbote eine Katastrophe. Hilfe vom Staat war nicht zu erwarten, Nero hatte kein Geld. Die reichen Römer, die in dem bevorzugten Luftkurort ihre Winterresidenzen hatten, ließen ihre eigenen Villen zunächst im Schutt liegen, um zuvor die Werkstätten und Läden aufbauen zu helfen. Es dauerte Jahre, bis die Spuren des Erdbebens beseitigt waren. Die Villen wurden jetzt prächtiger als zuvor restauriert, die damals schon berühmten Wandgemälde und Mosaiken ausgebessert, neue geschaffen. Dies alles vertrauend und dankbar, daß das Unheil, das man mit dem grünen Berg nicht in Zusammenhang brachte, vorüber war.
Der Ausbruch des tückischen Riesen am 24. August 79 n. Chr. überraschte Pompeii vollständig; überraschte die ganze Campania. Plinius minor (damals siebzehn Jahre alt, später berühmt durch seinen Briefwechsel mit Kaiser Trajan) hat in zwei Briefen an Tacitus den Hergang berichtet.
Der 24. August versprach, ein schöner Tag zu werden, sonnig und heiß wie die vorausgegangenen. Den ganzen Vormittag wehte ein leichter Wind aus Nordnordwest.

Herzlich uninteressant, nicht wahr? Ja. An diesem Tage aber von furchtbaren Folgen. Wäre der Wind von Osten gekommen, so würde die Katastrophe über dem Meer niedergegangen sein, und die Pompeianer hätten das grausige Schauspiel aus der Ferne von der Stadtmauer und von den Feldern beobachten können. Aber der Wind stand auf Pompeii.

Gegen ein Uhr mittags erschütterte ein leichter Erdstoß die Häuser, die Menschen liefen erschrocken auf die Straße und sahen zu ihrem Entsetzen, daß sich der Vesuv mit einer Feuergarbe geöffnet hatte und eine riesige Rauchsäule ausstieß, die in großer Höhe zu einem Atompilz explodierte. Neue Beben und ununterbrochene Ausbrüche schwefelgelber Qualmwolken riefen jetzt Panik hervor, es war wie der Weltuntergang. Der Rauchpilz bedeckte schon den ganzen Himmel und senkte sich langsam auf die Erde nieder. Es wurde dunkel wie bei einer Sonnenfinsternis, die Luft roch giftig und machte das Atmen zur Qual. Ein Staubregen begann niederzurieseln, und dann prasselten Bimssteine wie Hagel herunter, um wieder mit einem dicken Ascheregen abzuwechseln. Die Schichten zeichnen sich noch heute ab.

Die Menschen warfen sich auf die Pferde oder rissen die Wagen heraus zur Flucht. Andere rannten in die Häuser zurück, um sich vor dem heißen Ascheregen und der Pestluft zu schützen oder weil sie noch ihr Hab und Gut holen wollten. Sie haben es mit dem Leben bezahlt. Der tonnenschwere Steinhagel drückte die Dächer und Decken ein und begrub sie unter sich. Es werden etwa zweitausend Tote gewesen sein; andere Zahlen sind übertrieben. Bei den Ausgrabungen hat man viele von ihnen als Mumien in der sechs Meter hohen Asche wiedergefunden, so, wie sie erstickt oder verschüttet worden waren: die Arme schützend über den Kopf gehoben, unter eine Treppe gekauert, noch eine Preziose in der Hand.

Es wurde stockdunkle Nacht. Mit Fackeln bahnte man sich den Weg auf das freie Feld. Das gelang, denn kein einziger flüssiger Lavastrom hat die Stadt erreicht. Der Vulkanausbruch dauerte zwei Tage und zwei Nächte. Dann erst kam die Sonne wieder durch: Pompeii und Herculaneum waren verschwunden. Ein ödes Steinfeld, kahl wie eine Wüste, zog sich bis zum Vesuv hin. Auch der Berg war nicht wiederzuerkennen. Kein Fleck Grün mehr, die Hänge zerklüftet, der riesige Kegel ein einziger Lavablock. Ein Anblick — nie zuvor gesehen, grausig.

Titus sandte Hilfscorps unter Führung eines Konsularen hinunter, ließ Lebensmittel, Kleidung, Geld verteilen und Unterkünfte errichten, bis die Umsiedlung der Überlebenden (ca. fünfzehntausend) in die Wege geleitet werden konnte.

Stabiae, nur halb zerstört, kehrte mühsam zum Leben zurück; Pompeii und Herculaneum blieben tot, begraben, verschwunden. Im Mittelalter waren sie fast nur noch eine Sage.

Tausendsiebenhundert Jahre lang ruhte Pompeii unter der Erde. Heute ist bis auf wenige Teile alles ausgegraben, und eine Wanderung durch die Straßen ist schöner als ein Gang über das römische Forum, erschütternder und melancholischer. Man geht über die alten Quadern der Bürgersteige, überquert wie einst in der Antike die Fahrbahnen auf den zwei erhöhten Steinen, die die Radspuren freilassen, aber vor den entlangschälenden Regenwassern schützen; man sieht noch die

Sperrsteine am Eingang der Gassen, die zum pompeianischen Forum führten; rechts und links ragen die Hausmauern als Ruinen in die Höhe, bekritzelt mit Kinderzeichnungen oder noch beschriftet mit Wahlparolen; überall stehen die Säulen noch; die Stadtmauern mit ihren Türmen sind noch da, die Gewölbe der Weinkeller, die Öfen der Bäckereien, die Kornmühlen, die Steintische der Schenken, die herrlichen Peristyle der vornehmen Villen mit ihren Fresken, den Brunnen, Fischteichen, Hausgeräten und intimen Dingen, das Amphitheater mit seinen Sitzrängen, die verschachtelten Thermen, ja sogar die Liebeskämmerchen der städtischen Lupanare. Es stehen noch die Giebel der Markthalle, die Mauerreste der »Industrie- und Handelskammer«, des Finanzamtes, der Sporthallen, der Gladiatorenkaserne und des augusteischen Theaters, das fünftausend Personen faßte und mit eine Zeltdach überdeckt werden konnte.
Tröstlich ist das Grün, das überall wieder zum Leben erwacht ist. Hohe Zypressen, Pinien, Palmen, Sträucher und Blumen stehen zwischen den Ruinen, Zeugen der ewigen Wiedergeburt des Lebens.
Wunderschön sind einige Villen, die der Spaten ans Tageslicht gebracht hat. Das Haus der Vettier ist mit seinem herrlichen Innengarten voller Blumen, Plastiken, Springbrunnen und Vasen ein Idyll. Die sogenannte Villa des Faun (nach der Plastik im Peristyl benannt) ist heute noch ein südländisches Märchen. Vielleicht war es die sagenhafte Villa des Maecenas.
Vor den Toren der Stadt lagen das Landhaus des Cicero und ein Sommerpalast, der nach dem Thema seiner kostbaren, leuchtenden Wandmalereien den Namen »Villa der Mysterien« trägt, aber wahrschein-

lich Haus der Julier heißen müßte. Man hat in ihm eine große Statue der Livia, Gemahlin des Augustus, und einen entzückenden Marmorkopf des Marcellus, des jugendlichen ersten Gatten der Julia, gefunden. Im Garten, der noch voller Rosenwurzeln war.

»Wie fremd und wunderlich das ist,
daß immerfort in jeder Nacht
der leise Brunnen weiterfließt,
von Ahornschatten kühl bewacht,
und immer wieder wie ein Duft
der Mondschein auf den Giebeln liegt
und durch die kühle dunkle Luft
die leichte Schar der Wolken fliegt.«[1]

*

Noch ein zweites Unheil traf den guten Kaiser Titus. Eine Feuersbrunst zerstörte zum zweitenmal einen Teil Roms, vernichtete das Kapitol und das Pantheon Agrippas und konnte erst nach drei Tagen gelöscht werden. Die Obdachlosen zählten zu Zehntausenden, Kranke und Verwundete lagen auf den Straßen, Seuchen brachen aus — eine Katastrophe, die Pompeii vergessen ließ. Titus, mitten im Volk stehend, tröstete, beruhigte, half.

Die »Liebe und reine Freude« des Volkes blieb den Römern im Gegensatz zu den bösen Kaisern, die ein zähes Leben zu haben scheinen, nur drei Jahre erhalten. Auf einer Reise in seine sabinische Heimat packte ihn das Fieber der römischen Seuche und warf ihn in dem Haus seiner Vorfahren, in dem er eingekehrt war, nieder.

[1] Die Verse stammen von Hermann Hesse.

Der riesige starke Mann, der abgehärtete, bullige Soldat blieb diesmal nicht Sieger. An den Iden des September 81 n. Chr. starb Titus in der Blüte seiner Mannesjahre. Das Volk trauerte wie um einen Vater und Bruder. Es hat ihn nie vergessen.

*

Ein drittes Mal, nach Augustus und Titus, wiederholte sich das Wunder der Metamorphose nicht. Die Römer hofften vergeblich auf Domitian, der jetzt den Thron bestieg.

Er war zwölf Jahre jünger als sein Bruder Titus, er sah ihm ähnlich, war aber ein ganz anderer Charakter: ehrgeiz-zerfressen von Jugend an, ärgerlich auf den jovialen Vater, neidisch auf den erstgeborenen Bruder, junkerhaft hochfahrend, krankhaft stolz. Er war der Typ des blinden Reaktionärs; alle »Fortschrittler« sind dankbar, daß es ihn gibt, weil er sich so wunderbar als Schreckgespenst verwenden läßt. In Wahrheit ist er nur der Beweis für den Unterschied von reaktionär und konservativ.

Er war kein Dummkopf, die Flavier waren es alle nicht. Seine außenpolitischen Maßnahmen waren sehr gut und manche innenpolitische auch. Er erließ ein Gesetz, das jeden unbescholtenen Bürger vor Diffamierung und Verunglimpfung durch die Asphaltliteraten schützte, er griff bei Fällen von Unzucht der Vestalinnen (die Fälle häuften sich) unerbittlich durch, er ordnete Prozesse gegen parteiische und ungerechte Beamte an — aber froh wurde dieser Dinge niemand, weil Domitian auf der anderen Seite von einer geradezu hysterischen Empfindlichkeit war. Niemand wußte es ihm recht zu machen; die Maxime des Verhaltens ruhte allein in der Brust des Kaisers. Er glaubte, stets gerecht zu sein, wobei er vergaß, die Grundsätze klarzumachen. Seine Wege waren mindestens ebenso unerforschlich wie die sprichwörtlichen Wege Gottes. Er selbst hätte das durchaus logisch gefunden, denn er ließ sich Dominus und Deus ansprechen. Eine Ungeheuerlichkeit für die Römer; sie hatten noch nicht vergessen, daß Dominus einst »Besitzer« geheißen hatte.

Erstklassig war seine Militärpolitik; ich meine also nicht die Erfolge des Heeres in Britannien, Germanien, Dakien (etwa das heutige Rumänien), sondern die außerordentlich kluge Auswertung. Er rief seinen Feldherrn aus Britannien zurück, sobald eine Linie erreicht war, die die größte Sicherheit bot. Er begnügte sich bei dem Vorstoß in Württemberg, als er die Verbindung von Main und Oberdonau durch einen Limes sichern konnte. Und mit den Dakern schloß er sofort Frieden, als er sah, daß er (übrigens er persönlich als Feldherr) nicht durchkam.

Er war ein seltsames Gemisch von vernünftig und unvernünftig, von harmlos und bedrückend. Er war ein Anachronismus.

Eine große Veränderung ging in ihm vor, als im Jahre 89 die Rheinarmee gegen ihn revoltierte (der Grund war ziemlich läppisch: man protestierte nach dem »schmachvollen« Dakerfrieden gegen ihn als obersten Befehlshaber). Argwohn gegen seine Umgebung erwachte, er begann alle, auch seine Familie, mit anderen Augen, mit den Augen des bedrohten Tieres zu sehen. Die Wechselwirkung blieb nicht aus: Es wisperte und flüsterte bald wirklich überall. Um das Jahr 90/91 war Domitian bereits soweit, daß er an Verfolgungswahn litt.

Den Keim einer Verschwörung rottete er blutig aus. Auch Juden und Christen fielen dem Wahn zum Opfer. Als er einen neuen Anschlag auf sein Leben entdeckt zu haben glaubte (oder wirklich entdeckt hatte), räumte er mit der Blindheit eines Gehetzten auch unter seinen Getreuen auf. Er war nicht mehr wiederzuerkennen.

Auch Rom — Senat, Hof und Offizierscorps — war nicht mehr wiederzuerkennen. Alles schwebte in Angst. Als sich Anzeichen bemerkbar machten, daß Domitian sogar seiner Frau mißtraute (zu Unrecht), und als allmählich klar wurde, daß es auch ihr an den Hals gehen würde, da versuchte sie sich zu retten, indem sie das tat, was der Verfolgungswahnsinnige ihr zutraute: sie verbündete sich mit einer Gruppe von Verschwörern und öffnete die Tür einem Mörder, der den Kaiser erdolchte.

September 96. Das Ende des letzten Flaviers.

werden wir eine lehrreiche Entdeckung machen: Rom erlebt hintereinander fünf gute Kaiser, von Nerva bis Marc Aurel, aber es zeigt darüber nicht ein bißchen Freude. Die Stadt, inzwischen ein wahres Chicago, ist ein undankbarer genußsüchtiger Parasit des Reiches geworden. Unter dem Deckmantel »Macht Liebe, nicht Krieg« entzieht sie sich allen Pflichten und jeder Selbstdisziplin. Und da die aufstrebenden Völker auf dieser Erde stets den Krieg der Liebe vorziehen, ist es nur eine Frage der Zeit, wann Rom ausgelöscht wird.

Wie geht es eigentlich der Tante in Tarentum und dem Onkel in Verona? Oder ist das nicht römische Geschichte?

Der Tante geht es gut. Sie hat in der Straße des Neptun immer noch den kleinen Laden für Wolle, den seit dem Tode ihres Mannes ein alter Sklave führt. Ein netter, freundlicher Sklave, ein bißchen wacklig, und deshalb war er billig. Andererseits ist er unschätzbar nützlich, denn in seinen besseren Tagen war er Nomenclator gewesen, kennt also heute noch halb Tarentum von Namen und Angesicht. Wohnen tut die Tante in einer Neubauwohnung am Zubringer zur Via Appia. Das Leben geht halt so dahin, ruhig und ungestört; von Rom merkt man gar nichts. Der Freundeskreis schmilzt zusammen, die neue Generation ist in ihrem Geldraffen, in ihrem Managertum und in ihrer Sittenfreiheit fremd geworden. Zu den Circus-Spielen geht sie nie, ins Theater, wo immer ein fürchterliches Gedränge herrscht, nur noch selten. Man spielt heutzutage lauter Blödsinn. In ihrer Jugend, damals unter Kaiser Nero, Gott, was waren das für schöne Aufführungen und Konzerte! Nero soll ja viel Unrecht getan haben; das kann schon sein, aber er war bestimmt ein feinsinniger Mensch. Sie hat ihn einmal gesehen! Nicht als Sänger, sondern als Wagenlenker. Ein imposanter Mann, sehr fesch. Damals waren alle Mädchen in ihn verliebt, wie er da mit dem goldenen Lorbeer im Haar an den Tribünen vorbeibrauste. Er wurde Sechster, aber die Richter erklärten ihn zum Sieger. Tante weiß nicht mehr, warum, aber sie ist heute noch sehr einverstanden. Na ja — »aus der Jugendzeit, aus der Jugendzeit / klingt ein Lied mir immerdar / oh wie liegt so weit, oh wie liegt so weit / was mein, was mein einst war«. Ein Neffe ist nach Rom gegangen, er ist Fachmann für Aquädukte. Solche Leute sind gesucht, er hat schon eine städtische Anstellung. Der andere Neffe ist in Athen und studiert Philosophie. Hoffentlich ist das nicht eine brotlose Kunst. Die Kaiser mögen die Philosophen nicht; Domitian, Gott hab ihn selig, er soll auch viel Unrecht getan haben, hat gesagt, die Philosophen seien Schwätzer, die alles in der Welt in Frage stellen und dem Volk den Kopf verwirren. Aber es ist ja jetzt Mode, alles zu zerschwatzen. Na ja, für den Rest ihres Lebens wird die Welt ja wohl noch halten, und der Laden geht ganz gut. Und wenn die Kräuterbäder das Rheuma etwas bessern, ist sie zufrie-

den. Nächsten Ersten will sie sich das Hühnerauge rausschneiden lassen.
Onkel in Verona geht es auch gut. Viel besser sogar. Er ist sechsundvierzig. Reserveleutnant. Das *war* früher was! Heute braucht der Kaiser keine Reserve mehr. Aber Schwert und kurzer Schild an der Wand machen immer noch Eindruck. Couleur sozusagen. Vor allem wenn seine Weinbauern mal hereinkommen, wissen sie gleich, was es geschlagen hat; Onkel besitzt die Weinhügel nördlich von Verona am Mons Lessinus. Der »Valpolicella« ist seiner. Onkel hat vierzig Arbeiter auf den Feldern, alles Euganeer, gute Leute. Na, nun sind sie ja auch römische Bürger, und man muß sie mit Samthandschuhen anfassen. Aller Unsinn kommt aus Rom. Das kostet den Kaiser einen Federstrich und den Onkel zehn Prozent Lohnerhöhung. Aber die Leute werden noch Gott den Herrn erkennen lernen, wenn die Entlassungen kommen. Auch Onkel wird nicht drumrum kommen, seit Domitian die Beschränkung des Weinbaus wegen Überpoduktion befohlen hat. Na, vielleicht kann er die Leute auf den Obstplantagen seines Schwagers unterbringen. Also wirklich: Nur Unsinn aus Rom. Anstatt eine größere Garnison nach Verona zu legen, damit überhaupt etwas Leben in die Stadt kommt. Vorher hat es doch gar keinen Sinn, das Amphitheater, von dem sie seit Jahren reden, zu bauen. Man spricht von fünfundzwanzigtausend Plätzen! Verona hat ja kaum mehr Einwohner mit Kind und Kegel. Dieses Geldverpulvern ist typisch für die Kaiser. Onkel ist Eques und Republikaner, alte Tradition. Er sagt immer: So viel Unfug wie ein einzelner können viele gar nicht machen. Unter Titus sagte er das ungeniert laut, aber

in den letzten Jahren — Rom hat lange Ohren. Na, nun ist Domitian ja tot. War kein schlechter Mann, ehe er in jeder Ecke Gespenster sah. Wer weiß, was jetzt kommt. Bin zweihundert Jahre zu spät geboren, sagt Onkel immer, und Marcus, sechzehn Jahre, sein zweiter Junge, lacht dann, holt aus seinen Schulbüchern den Plutarch heraus, schlägt das Kapitel Marius auf und sagt: das wär's etwa damals gewesen, Vater. Die Jungens sind alle monarchistisch, seltsam; genauso Gnaeus, der schon Hauptmann in Colonia Agrippina am schönen Rhein ist. Sie wollen von Politik nichts mehr wissen. Der Staat, so wie er ist, genügt ihnen. Sie wollen Ruhe und ihr Leben genießen. Gnaeus schreibt interessante Briefe aus Colonia Agrippina. Onkel hat da immer noch so eine Art Feldlager vor Augen gehabt, aber es ist ja eine richtige Stadt geworden; Gnaeus schreibt, sie sei viel größer als Verona, und der Rhein sei eine Wucht. Häuser wie in Verona, zwei- und dreistöckig, Ladenstraßen, Tempel in Massen, Arena, Forum, Kasinos, Puffs, alles da. Na ja, die leben von ihrem Sold ganz gut, und Todeskommandos sind das alles nicht mehr. Eigentlich schön, daß das Imperium so fest dasteht. Es lebt sich gut, wir wollen mal der Wahrheit die Ehre geben, es lebt sich sehr anständig, auch in Verona. Onkel bewohnt ein großes Gartenhaus, mit zwei Sklavenfamilien, zwei Mägden, einem Inspektor, einem Buchhalter; das sind mit ihm, Tante, zwei Schwiegereltern und Marcus vierzehn Gestalten! Onkel hat seine Bibliothek, sein Spielzimmer, seinen Tierzwinger, seine drei Pferde, den Reisewagen, die kleine Kutsche, die zwei Sänften. Da ist der Hausarzt mit seinen ewigen Besuchen, da geht man ins Theater, da geht man zu einer Dichterlesung, da lädt man zum Abendessen, da fährt man im heißen August in die Berge, im Frühling auch mal nach Bononia oder gar nach Rom, von wo man eigentlich immer enttäuscht zurückkehrt. Eine verrottete Stadt. Daß sie nicht nackt auf den Straßen rumlaufen, ist ein Wunder. Gibt es da überhaupt noch eine Ehe, die in Ordnung ist? — — na ja, Verona ist nicht Rom, es lebt sich hier schon recht gut. Und wenn nicht diese miserablen Zähne wären, dann lebte es sich noch viel ungestörter. Diese Zähne! Vor allem unten! Daß die gottsverdammten Ärzte immer noch nicht weiter sind! Entweder hilft Kamille und Myrrhe, oder sie reißen sie raus. Aber es muß doch möglich sein, am Zahn selbst was zu machen! Onkel mag die Ärzte nicht. Als ihm sein Arzt einmal bei einer lebensgefährlichen Erkrankung sagte, er müsse Vertrauen haben, denn er habe ja auch zum Kapitän eines Schiffes Vertrauen, hat Onkel ihm geantwortet: Ja, der ist aber auch mit drauf auf dem Kahn. Dabei ist Onkel nicht etwa ein Zyniker wie es heute Mode ist, das soll nur niemand glauben. Onkel ist herzensgut, er haßt alle blutigen Spiele und diese rohen Sachen, die immer mehr ausarten, je mehr Pöbel hinrennt. Er liebt den stillen Horaz, und sein Wahlspruch ist: sic hortum cum bibliotheca habes nihil deerit. Zu seinem vierzigsten Geburtstag hat er sich zehn Kirschbäume geleistet. In Puteola, da, wo früher mal das Landhaus des Lucullus stand, ist eine Baumschule. Aber sündteuer! Und die Fracht! Zweiundzwanzig Tage unterwegs. Sie stehen wunderbar, und im nächsten Jahr werden sie zum erstenmal Kirschen tragen! Man stelle sich vor: Kirschen! Dann wird Onkel ein kleines Vollmondfest geben und eine Bowle brauen.

Ach, verdammt, kann er ja gar nicht. Die Bowle ist noch nicht erfunden; es gab noch keinen Zucker.

*

Wie staunte Onkel, als die Nachricht aus Rom kam, wer neuer Kaiser geworden war! Der alte Republikaner hätte die Kunde eigentlich mit einer gewissen Genugtuung aufnehmen müssen, denn der neue Imperator besaß alles andere als das Air eines Monarchen; er fühlte sich auch nur als eine Art Alterspräsident. Aber Onkel war unbegreiflicherweise ebenso wenig glücklich wie das ganze Land. Eine Krone ohne Glanz, fühlte er, ist noch ärgerlicher, als eine Krone an sich schon.

Tatsächlich vollzog sich die Thronbesteigung unter absurden Gesichtspunkten, und es stünde gerade den modernen Geschichtsbüchern gut an, etwas mehr verwundert zu sein, als sie es sind. Es ist der Augenblick, wo die Monarchie selbst den dynastischen Gedanken tötet und etwas anderes als Prinzip erfindet. Wichtig genug zum Staunen, denn es hat sich nie mehr in der Weltgeschichte wiederholt.

Der neue Herr der Welt hieß Nerva, und er war seines Zeichens ein harmloser Senator, der bis zu diesem Tage als braver Beamter allmorgendlich zur Curia gewandert war, den Sekretär mit dem unerledigten Aktenstoß hinter sich und am rechten Zeigefinger noch etwas Tinte. Er stammte aus einer Juristenfamilie und war zu diesem Zeitpunkt etwa siebenundsechzig oder achtundsechzig Jahre alt. Er hätte sich niemals träumen lassen, mehr als Konsul zu werden, was er übrigens schon zweimal gewesen war, nämlich im Jahre 71 unter Vespasian (da war ein Konsulat noch was) und im Jahre 90 unter Domitian. Noch nie im Leben hatte er so viel gekatzbuckelt wie damals: Jawohl, Eure Göttlichkeit, zu Befehl, mein Gebieter.

In dieser Rolle hatte ihn ganz Rom gesehen. Gewiß, auch Claudius war der Hofnarr Caligulas gewesen, aber immer »von Geblüt«. Nerva hatte kein »Geblüt«; für die Patrizier war er ein x-beliebiger Plebejer, für die Steinreichen war er ein Bürohintern, für den Senat der »alte Kollege«. Und nun war er Marcus Cocceius Nerva Caesar Augustus. Zum Verrücktwerden! Aber er wurde nicht verrückt, er veränderte sich überhaupt nicht.

Als die Gemahlin Domitians damals Kontakt mit einer Verschwörergruppe aufgenommen hatte, war der Senat durch Vertrauensleute davon verständigt und in der Hoffnung bestärkt worden, daß es diesmal klappen würde. Man wußte, daß Domitian keinen Nachfolger designiert hatte, allein schon, weil ihm der Gedanke an seinen Tod so unerträglich war. Der Senat, mit dem Instinkt des Angsthasen und zugleich mit der Ordnungsliebe des Amtsschimmels, hatte als erstes Ausschau gehalten nach jemandem, den man bei der Ermordung Domitians holterdipolter dem Volk und der Prätorianertruppe als Nachfolger vorsetzen konnte. Aber es gab weit und breit keinen legitimen und zugleich akzeptablen Anwärter. Da fiel der Blick der Versammlung auf die vertrauenswürdige, in ihrem schönen weißen Haar so repräsentable Gestalt des alten Nerva, und sie faßten den unglaublichen Entschluß, diesen Mann aus ihrer Mitte zum Kaiser zu machen.

Er wurde es. Die Prätorianer hielten still; das Volk schaute etwas blöde, das war alles.
Nerva hat den Senat nicht enttäuscht. Er betrachtete sich im Grunde zeitlebens als dritten Konsul mit besonderen Vollmachten. Er tat nie etwas ohne den Senat — außer einmal, und das war geradezu ein Geniestreich von ihm. Es war im Jahre 87. Die Legionen zeigten seit kurzem ihren Mißmut gegen den unimposanten Bürochef Nerva, worauf sofort auch die Prätorianer die Gelegenheit ergriffen, gegen die Knickrigkeit des neuen Herrn zu protestieren. Sie waren das ständige Schmieren ihrer Gunst gewohnt, die Qualität der Kaiser war ihnen völlig gleichgültig, die Finanzlage interessierte sie nicht; patriotische Gesichtspunkte lagen ihnen meilenweit fern. Eines Tages kam es zur offenen Revolte.
Zunächst bemächtigten sie sich der Domitianmörder und schlugen sie tot, und dann ergoß sich dieser Söldnerpöbel auf die Straßen und war im schönsten Zuge, Nerva herauszuholen. Aber der gewitzte Parlamentarier fand blitzschnell einen Ausweg. Er kam den Prätorianern zuvor, rief das Volk zu einer »wichtigen Nachricht« zusammen, verkündete eine in aller Eile zurechtfrisierte Siegesmeldung aus den Provinzen und schloß wie en passant daran die Mitteilung, um deretwillen er in Wahrheit die Menge zusammengerufen hatte: Er, der alte Mann, habe soeben einen Nachfolger erwählt, als Sohn adoptiert und zum Caesar ernannt! Das Volk, der ahnungslose Senat und die inzwischen angerückten Prätorianer zu Füßen Nervas standen verwirrt vor der überraschenden Wendung. Niemand konnte sich denken, welcher Name jetzt fallen würde und welcher Name die Prätorianer vom Platz fegen

könnte. *Ein* falsches Wort, eine falsche Wahl, ein falscher Name, und Nerva mußte das Schicksal des alten Galba erleiden.

Der Name, den er nannte, war allen bekannt. Kein zweiter Nerva, sondern ein Feldherr, ein großer Feldherr; ein gefährlicher Feldherr, der nicht mit sich spaßen ließe, wenn Nerva auch nur ein Haar gekrümmt würde, meine Herren Prätorianer: Trajan!

Das Volk schrie auf vor Vergnügen, die Senatoren stießen einen tiefen Seufzer der Erleichterung aus, die Prätorianer schluckten kurz, ehe sie in den Beifall einstimmten. Ungehindert stolzierte der alte Nerva nach Hause, geschützt und umstrahlt von der Glorie, dem Reich einen berühmten Soldaten und bewunderten Sohn des Volkes als Nachfolger geschenkt zu haben.

Es war tatsächlich eine Leistung. Nerva begründete damit das Prinzip der Adoptivkaiser; was besonders deutlich wurde, weil die nächsten drei Kaiser keine Söhne hatten und also dem neuen Weg folgen mußten.

Nervas zweite beachtliche Tat, die etwas harmlos aussieht, aber menschlich sehr liebenswert und für diese Zeit erstaunlich ist, war die Errichtung einer Staatsstiftung zur Erziehung und Ausbildung armer Kinder (alimentarii pueri et puellae).

Nach anderthalbjähriger Regierung, vom September 96 bis Januar 98, legte sich Nerva ergeben hin und verabschiedete sich von dieser Welt; nicht unzufrieden mit sich, womit er vollständig recht hatte.

*

Trajan war zu der Ehre der Adoption gekommen wie die Jungfrau in dem berühmten Sprichwort. Die Nachricht erreichte ihn in seinem Hauptquartier in Köln. Er war, seit seinem Konsulat vor vielen Jahren, so selten in Rom gewesen, daß Trajan den alten Nerva vielleicht nicht einmal wiedererkannt hätte. Er wunderte sich also des Todes. Er war berühmt, gewiß, aber das ist doch nie ein Grund gewesen, Kaiser zu werden. Komisch. Da er tausendfünfhundert Kilometer entfernt am Rhein saß, erriet er den Grund nicht; er wußte nicht, daß die Prätorianer dem guten Alten das Messer an die Kehle gesetzt hatten. Er kannte aber zur Genüge die allgemeine Lage: daß Nerva keinen Sohn hatte; daß man einem Beamtenapparat wie dem Senat die Ernennung von Kaisern unmöglich ein zweites Mal überlassen durfte, wenn man den Nimbus nicht endgültig zerstören wollte; und daß die Prätorianer eine Erpresserbande waren, denen irgendjemand einmal das Handwerk legen mußte. Dieser letzte Gedanke übrigens könnte bei genauem Hinsehen einer der Gründe gewesen sein, daß Trajan sich nach dem Tode Nervas unendlich Zeit ließ und erst fast zwei Jahre darnach in Rom erschien: eine hübsche Versuchung für die Prätorianer, die er im Falle einer Revolte garantiert einen Kopf kürzer gemacht hätte. Er schwebte nicht in psychoanalytischen Regionen. Terror kann man nur mit Terror brechen. Der Satz ist alt.

Marcus Ulpius Traianus Nerva Caesar Augustus Imperator, jetzt fünfundvierzig Jahre alt, war in Italica, einem Städtchen bei Sevilla geboren. Mit ihm bestieg zum erstenmal ein Provinziale den Thron. Aber man braucht das nicht überzubetonen, denn er war natürlich kein Spanier, sondern Römer. Italica galt als eine der ältesten römischen Siedlungen. Trajans Vorfahren waren angesehene Leute in ihrer Stadt gewesen, was allerdings herzlich wenig besagt. Sein Vater jedoch scheint bereits aufgefallen zu sein, denn Vespasian rief ihn nach Rom, erkannte seine militärischen Fähigkeiten, ließ ihn zum General aufsteigen und machte ihn schließlich zum Statthalter in Syrien — und Vespasian verstand etwas von Menschen und Soldaten. In Sohn Marcus Traianus erreichte die Familienbegabung die Spitze. Er war leidenschaftlicher Soldat, seine ganze neunzehnjährige Regierungszeit wurde davon geprägt zur Freude aller militaristischen Geschichtsschreiber, aber phänomenalerweise ebenso zur Freude aller pazifistischen. Die einen, weil sie ein Schlachtendatum für die wahre Historie halten, die anderen, weil sie so herrlich über das »sinnlose Blutvergießen« herziehen können. Beide Anschauungen sind albern, ganz besonders die erste.

Trajan, und mit ihm alle Römer, soll es als »unerträglich« empfunden haben, daß das »stolze Imperium« an die unruhigen Daker seit Domitian einen Tribut zahlte, er habe aus diesem Grunde den dreijährigen dakischen Krieg begonnen. Die Geschichtsbücher plappern das bis heute nach. Trajan hat solche kindischen Empfindungen nie gehabt. Wahr ist, daß er die ungesicherte untere Donau als das künftige Einfallstor nach Italien fürchtete, womit er vollkommen recht hatte, und daß er bezweifelte, Rom würde noch einmal einen Feldherrn wie ihn zum Kaiser haben, womit er ebenfalls recht hatte.

Das war weitblickend und sinnvoll (was wenigstens ein schwacher Trost für die Sterbenden ist), und es endete alles, auch später der schwierige Krieg gegen

die Parther, siegreich. (Was die Wunden der Hinterbliebenen etwas schneller heilen läßt.)
Unter Trajan erreichte das römische Imperium seine größte Ausdehnung. Die Geschichte lehrt, daß von der Größe eines Reiches oder von Eroberungen das Glück der Bürger nicht abhängt. Aber die Geschichte lehrt auch, daß, wer A gesagt hat, auch B sagen muß, sonst frißt ihn die Katz.
Daß die Katz eines Tages kommen würde, davon wird Trajan überzeugt gewesen sein, denn er sah Rom durchaus klar. Er wußte, daß es keinen Schuß Pulver mehr wert war. Rom und das Reich waren zwei verschiedene Dinge geworden. Rom war ein ständig plärrender, nichtsnutziger Balg, dem die Onkel und Tanten vom Lande ewig das Maul vollstopfen mußten. Von den Millionen Einwohnern der Stadt lebten die oberen Hunderttausend von Besitzungen außerhalb der Mauern oder vom Rebbach ihrer Ämter. Der Mittelstand lebte vom Mundgerechtmachen und Verkaufen des Fressens, und hunderttausend Proleten ließen sich überhaupt ohne Beschäftigung ernähren. Im Imperium würde nicht ein einziger Stuhl gewackelt haben, wenn sich eine Million Stadtrömer in Luft aufgelöst hätte.
Trajan verachtete Rom und war zugleich dazu verdammt, es zu lieben: das heißt, er war in der Lage, die wir Deutsche heute so gut kennen.

*

Trajan hat für die kleinen Leute viel getan; nicht weil sie noch als »arm« gelten konnten, sondern weil sie etwas mehr Sicherheit für ihr Alter verdienten. Er hat

auch die Stadt, das Stadtbild, mit einem riesigen Bauvorhaben verändert: er ist der Erbauer des größten Forums des römischen Reiches.
Das alte, antike Forum romanum, immer noch offizieller Mittelpunkt, hatte schon zu Caesars Zeiten nicht mehr ausgereicht, die Menschenmenge zu fassen. Caesar hatte, jenseits der heutigen Via fori imperiali, einen zweiten Platz angelegt. Augustus fügte einen noch größeren hinzu. Das Forum des Trajan wurde das größte; es war von Bibliotheken und Wandelhallen umgeben, flankiert von einem Halbkreis von sechsstöckigen Ladengalerien mit hundertfünfzig Geschäften, die man in den Hang des schwach ansteigenden Quirinals hineingebaut hatte. (Den Quirinal dürfen wir uns nicht mehr als grünes Hügelchen vorstellen, Rom war bis auf den letzten Fleck von Mietshäusern verwarzt.)
Ja, er war ein guter Kaiser.
Der nächste, Hadrian, war auch ein guter Kaiser.
Der übernächste, Antoninus Pius, auch.
Und der überübernächste, Marc Aurel, war geradezu der »Philosoph auf dem Kaiserthron«, wie ich höre.
Können Sie verstehen, daß ich ganz nervös werde, wenn ich daran denke, was mir in den nächsten Seiten bevorsteht?
Nein?
Sehen Sie, es ist furchtbar, aber wahr: Das Gute ist leicht ein bißchen langweilig. Ich liebe das Gute, ganz gewiß, besonders wenn ich ihm begegne. Wenn es aber sehr weit zurückliegt, dann entdecke ich in meinem Herzen eine Undankbarkeit, die mich erschreckt und schleunigst veranlaßt hat, darüber nachzudenken. Bei dieser Tätigkeit habe ich herausgefunden, wo der

Haken liegt. Es gibt nämlich zweierlei »Gutes«, ich bin nicht von selbst darauf gekommen, sondern durch Wilhelm Busch. Es gibt ein faßbares und ein nicht faßbares Gutes. Ahnt' ich es doch! Nehmen wir zum Beispiel Antoninus Pius, zu dem wir bald kommen werden. Was hat er getan? Hat er die Sozialversicherung, die verbilligte Rückfahrkarte oder das dreizehnte Monatsgehalt eingeführt? Hat er die Krankenhäuser erfunden? Nichts dergleichen. Er war »unfaßbar« gut. Sein »Gutsein« bestand in dem, was Wilhelm Busch wissenschaftlich so formuliert hat: Das Gute, dieser Satz steht fest, ist stets das Böse, das man läßt.

Trajan war ein faßbar guter Kaiser. Hadrian schon weniger. Und Antoninus und Marc Aurel waren unfaßbar gute Kaiser. Und das ist es, so schwant mir, was uns beide, Sie als Leser und mich als Chronisten in den nächsten Seiten vor eine harte Aufgabe stellen wird. Ich kann Sie jedoch damit trösten, daß nach Marc Aurel gleich wieder ein unbeschreiblicher Saustall losgehen wird, in dem wir uns sofort wieder wie zuhause fühlen werden.

Nach dieser notwendigen Abschweifung könnte ich Ihnen nun das Todesdatum Trajans mitteilen, das immer (mit Ausnahme bei Lexika) am Ende eines Lebens steht. Ich würde mich damit aber einer kleinen Unterlassungssünde schuldig machen. Ich muß noch kurz Trajans äußerliche Erscheinung erwähnen.

Wenn Sie durch die Korridore italienischer Museen gehen (antike Plastiken sind meistens in Korridoren abgestellt), so finden Sie mit Sicherheit das leicht erkennbare Porträt dieses Kaisers, eventuell seine ganze Statue. Bis zum Jahre 1587 hätten Sie seine goldene

Statuette auch auf der Spitze der Trajanssäule in Rom bewundern können, dann hat man den Heiden, der der christlichen Toleranz leider nie teilhaftig gewesen ist, heruntergeholt und eingeschmolzen zu etwas Besserem. Heute können Sie an seiner Stelle Sankt Petrus bewundern.

Trajan scheint ziemlich groß gewesen zu sein. Er trug die Haare kurz wie Titus, und sie fielen ihm als Pony-Frisur in die breite Stirn. Seine Augen wirkten in den Lidern etwas verschwollen. Er hatte einen Schnutenmund und ein Balkonkinn. Darüber saß eine lange, fleischige Tapirnase. Das alles ist sehr anheimelnd. Oh Welt, mißtraue den Schönlingen! Lasse sie nie höher steigen als bis zum Bundeskanzler!

Trajan starb auf der Heimkehr von einem Feldzug im fernen Cilicien im August 117 n. Chr.

*

Er starb, ohne einen Nachfolger designiert zu haben. Daß er im letzten Moment noch Hadrian adoptiert haben soll, ist, wie man heute annimmt, eine kleine Notlüge des Senats mit Hilfe von Witwe Trajan gewesen. Hadrian stammte ebenfalls aus Italica, war ein entfernter Verwandter Trajans, hatte unter ihm als Militärquästor gedient und jahrelang mit ihm zusammengelebt. Er war der Familie also wohlbekannt. Bekannt in seiner persönlichen Sauberkeit, Friedfertigkeit und Tüchtigkeit. Daß Trajan in ihm den künftigen Kaiser gesehen hat, ist möglich. Vielleicht hat er eben darum die militärischen Dinge noch bereinigen wollen. Er hielt ihn sicher für kein Genie.

117 stieg Hadrian auf den Thron, 138 stieg er wieder

herunter. Er starb nach langer, anscheinend sehr schmerzhafter Krankheit in Baian, von dessen Schwefelquellen er sich vergeblich Linderung versprochen hatte. Er hat nie gejammert, er war körperlich so hart, wie er seelisch weich war. Für unsere heutigen Begriffe unterstrich sein martialischer kurz gekräuselter Bart diese Härte. Für die damaligen Begriffe unterstrich er jedoch genau das Gegenteil: die seelische Empfindsamkeit, denn es war der Bart der griechischen Philosophen, und die waren keine Sportler. Seit Hadrian trug in Rom nun jedermann Bart, der zur high society gehören wollte.

Hadrian ist menschlich sehr ergiebig, als Objekt der Geschichte nicht. Er hat niemals »die Wölfin gezähmt«, denn die Wölfin war zu diesem Zeitpunkt schon alt, fett, faul und räudig.

Er war ein getreuer fleißiger Verwalter des Reiches, das er zwölf Jahre lang kreuz und quer durchreist hat, um sich nicht auf Berichte und auf Hörensagen verlassen zu müssen. Er fühlte sozial, ohne verschwiemelt zu sein. Von hervorragenden Juristen ließ er einen umfassenden Rechtskodex schriftlich ausarbeiten, auf den die Juristerei des ganzen Abendlandes zurückgeht. Es hat in seinem Leben zwei aufregende Ereignisse gegeben: den Aufstand der Juden unter ihrem berühmten Führer Bar Kochba und die Begegnung mit Antinoos. Den Aufstand in Palästina schlug er mit einer Härte nieder, die einem Octavian alle Ehre gemacht hätte. Allerdings war etwas vorausgegangen: Auf Cypern, einer jüdisch-phönizischen Kolonie, hatten, sofern die alten Quellen die Wahrheit sagen, die Juden in einem Massaker zweihunderttausend Griechen und Römer abgemurkst und noch einmal so viel in der Cyrenaica. Die Zahlen sind allerdings schwer zu glauben. Hadrian schleifte fast alle Städte Palästinas und machte die Juden für eintausendachthundert Jahre heimatlos.

Das andere Ereignis, die Begegnung mit Antinoos, bestand er nicht als Sieger. Sie ist das eigentliche Romanthema Hadrians. Antinoos war ein belangloser zwanzigjähriger Junge aus Bithynien (am Bosporus), von müder, schläfriger Schönheit und energieloser Melancholie. Der Kaiser, von den emanzipierten, zügellosen römischen Frauen seit langem abgestoßen, entbrannte in einer geradezu verzehrenden Leidenschaft zu ihm. Was ihn so völlig in seinen Bann schlug, war nicht nur die Schönheit (es gibt ca. dreihundert Bildnisse von Antinoos; seine Züge sind so griechisch geometrisch, daß sie an Langweiligkeit grenzen), sondern es war vor allem die Wesensverwandtschaft. Auch Hadrian war ein Melancholiker, ein Verlorener im Getriebe der Welt, ein Pessimist und schwermütiger Wanderer zwischen Tag und Traum. Antinoos schmolz vor Hadrian hin und Hadrian vor Antinoos. Der eine, Hadrian, vor dem Ebenbild Apolls, der andere vor der Faszination der Kaiserkrone, vor der Liebe eines Jupiter.

Hadrian nahm den Jungen zu sich. Jahrelang melancholierten sie sich an und wurden der Prototyp der zahlreichen heutigen Hadriane und Antinoose, die leider so wenig von der spielerischen Heiterkeit der Griechen haben. In ganz Hellas sind nicht so viele Tränen geflossen und Weltschmerzseufzer zischend der Brust entwichen wie bei ihren Nachfolgern im Zwanzigsten Jahrhundert. Wie schade. Sündigt, Freunde, aber sündigt fröhlich!

Eines Tages nahm Antinoos sich das Leben. Der Grund war wohl, daß er, den damaligen mystischen Anschauungen folgend, mit seinem Opfertod das Leben des Kaisers verlängern wollte.
Er erreichte das Gegenteil. Hadrians Gemüt verdüsterte sich zusehends, er hat den Tod seines Lieblings nie verwunden. Er gründete die Stadt Antinoopolis zu Ehren des Toten, gab einem Sternbild seinen Namen (heute Sternbild des Adlers), baute ihm Tempel und erhob ihn zu den Göttern.
Die letzten acht Jahre ähnelte Hadrian dem menschenscheuen, mißtrauischen, abweisenden alten Tiberius. Und als seine Krankheit, eine Infektion aus dem kleinasiatischen Feldzug, ausbrach, wurde er vollends ein stumm leidender, mißliebiger, ja geradezu verhaßter Eremit. Was die wenigsten Geschichtsbücher berichten: Als er starb, war der Senat drauf und dran, über ihn wie einst über Caligula und Nero die damnatio memoriae auszusprechen. Sein Nachfolger Antoninus schlug noch rechtzeitig die zum Schwur erhobenen Hände herunter.

*

Das war die erfreulichste Leistung von Antoninus, dem das Volk später den Beinamen »Pius« gab. Er verhinderte die Absicht des undankbaren, in seiner Eitelkeit gekränkten Senats, erstens, weil er bei bestem Willen keinen Grund zu einer so fürchterlichen Verurteilung sah, und zweitens, weil er dankbar sein wollte. Und da hatte er recht. Er baute auch Hadrians Grabmal zuende und bestattete ihn dort in allen Ehren. Die »Moles Hadriani« ist die heutige Engelsburg.

Titus Aurelius Fulvius Boionius Arrius Antoninus Hadrianus Caesar Augustus Imperator, einer Senatorenfamilie aus Nimes entstammend, war zweiundfünfzig Jahre alt, als er zur Regierung kam, nach der er sich bestimmt nicht gedrängt hat. Hadrian, der übrigens nur zehn Jahre älter war, hatte ihn adoptiert und sorgfältig auf sein Amt vorbereiten lassen. Antoninus war der Inbegriff des guten, langweiligen Kaisers. Unter ihm möchte ich zur Not gelebt haben; für die Unterhaltung hätte ich selbst gesorgt.
Sogar seine Ehe war über alle Maßen gut. Er reiste nicht, er war immer gemütlich zu Hause. Er liebte seine Frau in rührender Treue und Sorge und verewigte ihr Andenken in dem berühmten Faustinatempel auf dem alten Forum.
Als Antoninus, fünfundsiebzigjährig, im Jahre 161 n. Chr. starb, hinterließ er seinem Erben, den er noch auf Befehl Hadrians adoptiert hatte, einen würdigen Ruf und sieben Millionen Denare im Staatssäckel.
Es gäbe noch viel Gutes über ihn zu berichten. Wir aber wollen es uns verkneifen, denn Marc Aurel wartet schon, und der wird länger.

*

Mit Marc Aurel wurde *der* Mann Kaiser, den Hadrian gemeint hatte und für den Antoninus nur den Stuhl warm halten sollte. Antoninus war als Zwischenlösung gedacht gewesen. Daß er den Stuhl dreiundzwanzig Jahre lang warm halten würde, konnte niemand ahnen. Marc Aurel war daher schon vierzig Jahre alt, als er 161 Kaiser wurde — ein würdig aussehender, vollbärtiger Mann. Sie können ihn auf dem Campidoglio (italienische Verballhornung des Wortes Kapitol) betrachten. Dort sitzt er als erste Reiterstatue der römischen Geschichte hoch zu Roß, die rechte Hand grüßend ausgestreckt, das Pferd im versammelten Schritt, Vorbild aller späteren Reiterstandbilder. Das Denkmal war einst vergoldet und stand auf einem Platz mitten in der Stadt. Es hat die gefährlichen Jahrhunderte der Nichtchristen-Verfolgung durch einen erfreulichen Irrtum überlebt: die Kirche hielt es für das Bildnis des frommen Kaisers Konstantin, sonst hätte man den Kopf sicher mit dem des Heiligen Petrus vertauscht. Erst in der Renaissance erkannte man Marc Aurel, und Michelangelo setzte das Denkmal vor seinen Konservatorenpalast auf dem Kapitol. Dort grüßt der Kaiser nun unentwegt in die Fotoapparate von hunderttausend Touristen unter ihm. Aber auf welchem Platz der Welt täte er es nicht?

Marcus Aurelius Annius Verus Antoninus Caesar Augustus Imperator, um einige Ecken mit Hadrian verwandt, stammte aus einer vornehmen Familie, ebenfalls aus Spanien. Hadrian war überzeugt gewesen, mit ihm einen guten Griff getan zu haben, und er hat sich nicht geirrt. Die ersten Jahre waren etwas gehemmt durch die Mitregentschaft von Marc Aurels Adoptivbruder Lucius Verus, den Antoninus nach dem Prinzip »doppelt genäht hält besser« ebenfalls als Sohn angenommen hatte. Lucius Verus war ein Tropf. Er beschränkte sich zum Glück darauf, nur wenig Unfug zu machen. 169 tat er das beste, was er tun konnte, er segnete das Zeitliche.

Marc Aurel war nun allein und konnte loslegen mit seiner Güte. Inzwischen hatte sich eine der tausend Parthererhebungen sowie ein kurzer Krieg gegen die aufständischen Donaumarkomannen zur Zufriedenheit durch Friedensschlüsse erledigt — so glaubte der friedliebende Kaiser jedenfalls, setzte sich hin und verfaßte ein erstaunliches literarisches Werk, seine zwölfbändigen »Selbsterkenntnisse«, das Erkenne dich selbst des *Menschen* Marc Aurel, nicht des Herrschers. Aber es kann der Beste nicht in Frieden leben, wenn es dem bösen Nachbarn nicht gefällt. Schon wieder mußte der gute Kaiser auf das Streitroß steigen, denn die Markomannen, die späteren Bayern, hatten mit erhobenen Bierseideln erneut die Grenzen überschritten. Ein unwiderstehlicher Drang scheint sie aus ihrer Heimat Böhmen nach München gezogen zu haben. Auf diesem Zweiten Markomannen-Feldzug ereilte Marc Aurel im Feldlager in der Nähe von Wien im Jahre 180 der Tod.

Sie werden nun sicherlich fragen, was Marc Aurel Gutes getan hat. Ich bin in Verlegenheit. Er hat viel Pech gehabt. Die Kriege wollte er nicht, aber die Ränder des Reiches bröckelten eben, und er mußte sie halten. Aus dem Partherfeldzug brachte das Heer die Pest heim. Es wurde die schlimmste Epidemie des Altertums; ganze Landstriche Italiens verödeten. Der Zweite Markomanneneinfall war blutig ernst: die Germanen witterten den Fäulnisgeruch Roms.

Gut war Marc Aurel als Mensch. Jedoch das ist keine große Leistung, wenn es nicht ansteckend ist.

»Wie kam ich nur aus jenem Frieden
ins Weltgetös?
Was einst vereint, hat sich geschieden,
und das ist bös.
Nun bin ich nicht geneigt zum Geben,
nun heißt es: Nimm!

Ja, ich muß töten, um zu leben,
und das ist schlimm.
Doch eine Sehnsucht blieb zurücke,
die niemals ruht.
Sie zieht mich heim zum alten Glücke,
und das ist gut.«

(Guillelmus Frutex Caesar Augustus
Imperator spiritualis).

Und nun wollen wir eine kleine Pause machen, um uns für das Bevorstehende zu stärken.

ist voll von Mord und Totschlag — aber das genügt bei einem Volke leider nicht als Beweis, daß es geschichtlich noch lebt. Und tatsächlich, es lohnt sich nicht mehr, noch länger etwas zu verfolgen, was nicht mehr das Rom der Antike ist.

Als Marc Aurel mit dem Prinzip der Adoptivnachfolger, an das man sich gewöhnt hatte, brach und seinen Sohn Commodus als Erben einsetzte, glaubte er wahrscheinlich, dem Kaisertum in dem dynastischen Gedanken eine starke Stütze zu geben. Er irrte sich. Dem Volk war das schnuppe, und der Senat, überhaupt die gesamte Nobilität, war unangenehm berührt. Jetzt, so empfand man, war man also wieder bei dem gefährlichen alten Zopf angelangt, und das im aufgeklärten Jahre 180!

Das alte Trauma der Patrizier! Eine Einbildung, aber auch Einbildungen tun weh.

Die und der Plebs fanden dagegen den neuen Imperator Klasse: und daß er die strahlende Jugend verkörperte, entzückte sie. Rom war senil geworden, ließ sich die Haare lang wachsen und geilte sich an der Jugend auf. Die Jugend antwortete darauf ohne Zögern mit Arroganz und Verachtung. Keiner hatte wie sie eine so weiche Haut, keiner wie sie so gesunde Zähne, keiner wie sie so pralle Hoden. Alles konnten die alten Säcke kaufen und erreichen, Jugend nicht. Jugend war nicht mehr ein biologischer Zustand, Jugend war ein Beruf. Commodus war neunzehn Jahre alt. Verheißungsvoll?

Caligula war vierundzwanzig gewesen, Nero siebzehn. Der spätere Elagabal vierzehn!

*

In Commodus wiederholte sich der Fall Nero, nur auf einer viel trostloseren Basis. Neros infantiler Ehrgeiz war gewesen, ein Pindar, ein Anakreon zu werden. Commodus' Ehrgeiz lag auf anderem Gebiet: Er war überzeugt, ein neuer Herakles zu sein. Sein Marmorbildnis im Konservatorenpalast in Rom zeigt ihn mit einem Löwenrachen auf dem Kopf und der Keule des Herkules über der Schulter. Seine Gesichtszüge sind die eines Schwächlings, der Ausdruck der Augen irre.
Aber er war nicht irre im medizinischen Sinne, er war nur ein Aas. Er wünschte den Wachtraum eines verwöhnten, bösartigen Lümmels zu leben und seine eingebildete Einmaligkeit mit gefährlicher Gewalt durchzusetzen. Die Schmeicheleien, die er verlangte, grenzten ans Bodenlose. Jeder schiefe Blick, jedes Lächeln, jede Widerrede war lebensgefährlich. Die Menschen, die deshalb sterben mußten oder verschwanden, sind nicht zu zählen. Er mordete, wie Kinder Puppen zerschlagen — aus unvoraussehbaren Anlässen.
Der Senat bekam Krämpfe, als Commodus die Eroberungen und Friedensabschlüsse Marc Aurels aufgab, Gesetze aufhob, Heerführer kassierte, Vermögen einzog und bald endgültig mit den Senatoren brach. Er verschwendete keine Minute darauf, zu regieren, er wünschte aber auch nicht, daß andere regierten; es reizte seine Wut.
Er befahl, das Imperium Romanum in die Bezeichnung Orbis Commodianus zu ändern und nannte Rom nur noch Colonia Commodiana.

Das Neujahrsfest 192 — zwölf Jahre war der Verrückte bereits an der Macht — beging er als Gladiator, das heißt, er stach aus gesicherter, gittergeschützter Stellung wilde Tiere ab, ein lächerliches Schauspiel, das seine aktuelle Mätresse Marcia zu einem verächtlichen Lachen hinreißen ließ.
Commodus sah es. Ihr Schicksal war besiegelt. Um der Ermordung zuvorzukommen, verschwor sich Marcia mit den Prätorianern, die den Kaiser noch in der Kaserne erdrosselten.

*

Das war der Sohn des guten Marc Aurel.
Das Jahr 193 brachte Rom fünf neue Kaiser. Der alte Senator Pertinax, einstiger Freund Marc Aurels, bezog am 1. Januar 193 den Palatin und wurde im März von den Prätorianern ermordet.
Jetzt wurde die Krone meistbietend versteigert. Aus der Auktion ging ein reicher Herr Didius Julianus als Sieger hervor. An der Donau riefen darauf die Legionen den General Septimius Severus zum Kaiser aus, das Heer im Osten dagegen den Pescennius Niger und die Truppen in Britannien den Oberbefehlshaber Clodius Albinus.
Als Septimius Severus vor Rom erschien, ließ der Senat seinen Didius Julianus hinrichten. 194 wurde Pescennius Niger erschlagen, etwas später Clodius Albinus getötet, der Nobelste der ganzen Bande.
Septimius Severus, der Überlebende, hielt sich achtzehn Jahre lang. Sein Sohn Caracalla, ein reiner Verbrecher, wurde 217 von den Prätorianern ermordet.
Sein Adoptiverbe, ein Halbsyrer, war ein Scharlatan, ein harmloser Irrer, der in Syrien Priester des Sonnen-

gottes Heliogabal gewesen war, nach dem er sich auch Elagabal nannte. Er war ein vierzehnjähriger Tempel-Kinäde (bitte im Lexikon nachschlagen), kam mit seinem Fetisch nach Rom und gedachte, die Stadt in einen großen religiös-sexuellen Kinderspielplatz zu verwandeln. »Regieren« tat seine Großmutter, bis die Prätorianer ihn nach fünf Jahren totschlugen.

Jetzt kam sein Vetter Alexander Severus. Wieder ein Vertreter der herrlichen Jugend. Er war vierzehn Jahre alt und ein indianerspielender Knabe. Aber allmählich wurde er älter, ohne ein Mann zu werden. 235 entledigten sich die Soldaten seiner, indem sie ihn ins Jenseits beförderten.

Die Invasionen der »Barbaren« setzten ein. Die Germanen rollten den Limes auf, die Goten die untere Donau, die Perser Kleinasien. Die Götterdämmerung kündigte sich an.

235 eroberte sich Maximius, ein thrakischer Bauernsohn, den Thron — die Rache Thrakiens für Spartakus! Drei Jahre später sorgte der Senat dafür, daß er erschlagen wurde.

Der nächste war Gordianus minor, ein reizender, vornehmer Versuchsmensch von dreizehn Jahren, Püppchen der Plebs. Gedungene Bravos ermordeten ihn auf Geheiß des nächsten Kaisers. Sein Vater, Mitregent und anachronistischer Ehrenmann, nahm sich das Leben.

Der neue Mann hieß Philippus und war der Sohn eines Araberscheichs.

*

So, und nun mag ich nicht mehr.

Von vierzig Kaisern starben nur vierzehn eines natürlichen Todes.

Auf dem geheiligten alten Forum wurde der ahnungslose alte Galba erschlagen. Dorthin schleppte man auch, halbnackt und mit einem Kälberstrick um den Hals, Vitellius, ehe man ihn erstach und seine Leiche in den Tiber warf. Caligula wurde im Circusgang ermordet; vier Kaiser auf dem Palatin. Commodus und Elagabal in den Kasernen der Gladiatoren und der Garde. Das Schwert, die Schlinge, die Fäuste und das Gift sind die Kaisermacher eines dem Untergang geweihten Volkes gewesen.

Hören Sie die Wölfin keuchen?

Halb blind, halb gelähmt ahnt sie die Meute derer jetzt kommen, die sie ein halbes Jahrtausend lang gedemütigt hatte.

Vae victis.

ACHTZEHNTES KAPITEL

Quae medicamenta non sanant, ferrum sanat; quae ferrum non sanat, ignis sanat.
Hippokrates

Victis?
Wieso victis? Wer nicht Krieg führt, kann nicht untergehen, nicht wahr, meine jungen Freunde?
Die barbarischen Zeiten der Kriege, der Opfer und gestohlenen Leben, der lügnerischen Fahnen, der unrentablen Ehre und des Blut-und-Bodens waren vorbei; auf den Müll mit ihnen!
Rom war bei seiner Gegenwart angekommen; es sah nicht vorwärts, es wußte von keinen Jahrhunderten mehr, es sah nur noch den Augenblick und fühlte nur noch den Herzschlag des Jetzt.
Rom durchlebte die Stunde der Wahrheit, die auf die Frage Auskunft gibt: Was ist der Mensch, der die Vergangenheit und die Zukunft verleugnet? Was ist der Mensch im luftleeren Raum? Wie bitter ist die Süße der Geschichtslosigkeit?

*

Wenn man, von der Peripherie Italiens kommend, sich über Land Rom näherte, so begann man seine Ausstrahlung schon mehrere hundert Kilometer vorher zu spüren. Die Bauernhäuser hielten die Tore geschlossen, die Güter waren bewehrt, die Pferde in bewachten, verborgenen Arealen. Kurz vor Rom verwandelte sich das Bild gegen früher dann ganz stark. Hier heraus kamen schon die jungen weinseligen Römer zu Wagen

oder in Karriere zu Pferde, fröhlich und beschäftigungslos, immer zu lustigen Streichen aufgelegt, bald Pferde kaschend, bald ein Mädchen reihum erlegend, bald die Truhen und Kästen inspizierend oder ein Scheunchen anzündend, daß es nur so prasselte. Die Bauern der Umgebung bildeten Schutztruppen, die am Abend und in der Nacht wachten.
Mit jedem Schritt näher an die Mauern der Stadt wuchs die Unsicherheit. Einbrüche, Diebstähle, Raubüberfälle waren an der Tagesordnung und entzogen sich längst der Zählung. Man war in Rom diesen Zustand so gewohnt, daß niemand mehr davon sprach. Bei dem Jähzorn, der vor allem bei den Halbwüchsigen fast immer eine Folgeerscheinung ihrer Immunität ist und große Ähnlichkeit mit einem Mini-Cäsarenwahnsinn hat, genügte schon ein scharfes Wort, ein schiefer Blick, um eine wilde Reaktion hervorzurufen. Die Straßen und Plätze waren zu allen Stunden voll von müßigen, sich langweilenden Jugendlichen und von Pöbel. Das Elternhaus wurde zur Tankstelle und menschlichen Garage.
Die Polizei trug ganz unnütz Tag um Tag Verbrecher jeden Alters zusammen; die Richter, von einem nicht mehr erklärbaren Wahn des Allesverstehens befallen, ließen die Verhafteten wieder frei, um die Menschenwürde nicht zu kränken. Sie hatten auch Angst, Angst vor der Rache an der Familie und Angst vor der »öffentlichen Meinung« des Rinnsteins. Ädile, die eingriffen, wurden mit Steinen beworfen. Nicht die Gesetze bestimmten das Leben, sondern die augenblicklichen Zustände bestimmten die Rechtsprechung. Die Entscheidungen der Richter waren ein Hohn auf die Gesetze. Gerade die Älteren wetteiferten, einen Meter *vor* der Entwicklung zu marschieren.

Der Staat war der Feind des ehrlichen Bürgers geworden. Er honorierte Ordnung nicht mehr, er ließ dem Krankhaften allen Schutz angedeihen und nannte das human. Der Anständige war ihm als lebender Vorwurf suspekt und wurde diffamiert, um nicht zum Ankläger werden zu können. Die Staatskasse verschwendete die Steuergelder in die Unterhaltung der Volksluxusbäder und ernährte die Masse der untätigen Proletarier von der Wiege bis zur Bahre. Die Inflation griff rapide um sich. Ein Denar, längst nicht mehr aus Silber, hatte zur Zeit des Commodus wenigstens noch den Wert von einigen Pfennigen. Hundert Jahre genügten, um ihn zu einem tausendstel Teil sinken zu lassen. Der Staat gab dieses Schundgeld an die Beamten und Angestellten des ganzen Reiches aus und zwang sie, es zum Nennwert anzunehmen, lehnte aber selbst, sobald es zu ihm zurücklief, die Annahme als Falschgeld ab. Er war zum Verbrecher geworden. Geldgeschäfte ruhten bald vollständig, der Handel mit fremden Ländern hörte auf. Rom fiel auf die Stufe der Naturalienzahlungen zurück. Wer gutes, altes Geld hatte, versteckte es. Alles flüchtete in Sachwerte, in leicht transportable, in Gold, Perlen und Edelsteine.

Carpe diem. Tagtäglich strömten die Massen in die Circusse, Arenen und Theater. Schon Titus hatte das von seinem Vater gestiftete Colosseum mit hunderttägigen Spielen eingeweiht, bei denen fünftausend exotische Tiere ihr Leben lassen mußten. Jetzt, zur Spätzeit, herrschte dort fast pausenlos Betrieb. Es faßte über fünfzigtausend Zuschauer. Aber die anderen Arenen kamen hinzu. Der Circus Maximus faßte nach dem letzten Umbau hundertfünfundachtzigtausend Menschen. Sicher waren ständig dreihundert- bis vierhunderttausend unterwegs auf der Jagd nach dem »bißchen, was unsereins hat«, dem Vergnügen. Zehntausende von Gladiatoren ließen ihr Leben, Hunderttausende von Tieren wurden abgeschlachtet. Im Colosseum fanden riesige Jagden zwischen aufgebauten Felskulissen statt. Den Circus setzte man unter Wasser und trug Seeschlachten aus, bei denen sich die Gegner zu Hunderten echt töteten. Das Wasser war rot von Blut. Die Menge tobte und schrie, fraß und stank. Der Blutgeruch zog in Schwaden durch die Straßen.

Eine neue Note kam in »das bißchen, was unsereins hat«, als die Christen- und Judenverfolgungen begannen. Die meisten der Opfer wurden im Circus Maximus den wilden Tieren vorgeworfen. Die Christensekte galt als geheimnisumwittert; man dichtete ihr Zauberei und sexuelle Orgien an und erwartete immer aufs neue zitternd vor Spannung die knallharten Volksfeste. An solchen Tagen — und es waren zeitweilig hundert im Jahr — brachen fast die Tribünen vor Menschenmassen, Männern und Frauen.

An solchen Tagen war auch Hochbetrieb bei den Freudenmädchen und Mietkerlen, die sich in Scharen bei den Arenen zusammenzogen, denn es galt als einer der delikatesten Genüsse, noch mit dem Blutdunst in der Luft und dem Schreien der Opfer im Ohr einen Akt zu vollziehen.

Rom war voller Dirnen. Ihr Strich waren die Tuskische Gasse und das Subura-Viertel. Die besseren, teureren sah man auf dem Forum, in den Säulenhallen der Tempel und Bibliotheken und in den Separées der Circusse. Es wimmelte von Bordellen, die, mit obszönen Hausschildern gekennzeichnet, Kammern (von luxuriösen mit erotischen Positionen geschmückten Zimmer-

chen bis zu Zwei-Quadratmeter-Löchern) für jedermann zur Verfügung stellten oder Bestellungen außer Haus annahmen. Auch die riesigen Thermen, Eintritt frei, waren voll von Spezialisten und Spezialistinnen, Dienern des Marquis de Sade und des Herrn von Sacher-Masoch. Die Kinäden trugen die Gewänder der Mädchen, manche waren operiert und wimmerten, wie Petronius beschreibt, bei jeder Berührung. Schwarze Semiten wechselten mit zierlichen, mandeläugigen ägyptischen Knaben und blonden Kelten ab.
Blond war sehr begehrt. Auch Frauen setzten sich Germanenhaar-Perücken auf und banden sich blonde Dreiecke vor.
Die Aufstachelung und Befriedigung begann bereits bei den Kindern, stürmisch begrüßt als Befreiung von Frustration.
Unerwünschte Neugeborene wurden von den Müttern erstickt oder irgendwo weggeworfen. Man fand sie vor den Toren auf Schritt und Tritt. Mehrere kaiserliche Erlasse drohten schwere Strafen an, aber die Entwicklung war längst darüber hinweggegangen. Eine Ehe, die in Ordnung war, galt als sicheres Zeichen dafür, daß der Mann ein Tölpel und die Frau ein Blaustrumpf war. Es existierten zwar Ehegesetze, irgendwo lagen sie, aber es ist unwahrscheinlich, daß ein Richter sie noch kannte. Die neue Zeit hatte sich ein neues Gewohnheitsrecht geschaffen: die »Konsens-Ehe«, die den Personenstand der Frau nicht veränderte und nicht mehr berührte. Man pflegte die Ehefrau eines anderen »abzuklopfen« wie eine Partnerin beim Tanz. Niemand oder kaum jemand aus der fortschrittlichen Gesellschaft verdarb das Spiel. Man bildete sexuelle Supermärkte zu dritt, zu viert, ein Gedicht spricht

von einer »Kette von fünf«. Wenn das nicht mehr zog, nahm man Haschisch aus dem Orient zu Hilfe.
»Die Frauen aus der Gesellschaft und die aus der Plebs sind in ihrer Verderbtheit völlig gleich. Die vornehme Dame ist nichts anderes als die Dirne im Schmutz der Straße. Manche verschwenden sich und ihr letztes Geld an Eunuchen und bartlose Knaben; andere suchen ihren Kitzel bei den brutalen Kerlen und groben Sklaven, und manche können nur noch Wollust empfinden beim Anblick von Blut.«
Eine Delikatesse war, dem Entmannen von Kriegsgefangenen zuzusehen. Und Apuleius beschreibt nicht zufällig die Sodomie zwischen einer Dame und einem brünstigen Eselshengst.
Mit einer Blume im Haar und Belladonna im Ärmel ging man durch das Leben. Die Jagd nach der Erbschaft war so groß wie die Jagd nach dem Sinnenglück. Es gab eine Hochzeit in Rom, die alles in den Schatten stellte, was die Freiheit bisher geboren hatte: Es heirateten — das ganze Volk war auf den Beinen — ein Mann, der bereits zwanzig Ehefrauen unter die Erde gebracht und beerbt hatte, und eine Dame, die schon zweiundzwanzig Ehemänner von Geld und Leben befreit hatte. Jedermann wußte es, und man schloß Wetten ab, wen es diesmal erwischen würde. Nach einigen Wochen zügelloser Orgien stand das unvorsichtige Opfer fest: die Frau war tot. Als der Ehemann, Palmwedel schwingend, hinter der Bahre durch die Straßen zog, feierte ihn die Menge wie einen Gladiator.

* * *

Das wär's.
Rom ging sang- und klanglos unter. Es wurde nicht

wie Hellas besiegt, zerfetzt, verschlungen; es verunglückte nicht in der Kurve, es prallte mit niemand zusammen, es stürzte nicht ab und bekam keinen Herzschlag.
Es verfaulte.
Man hätte es retten können. Aber man gab ihm Opium, statt zu schneiden.
Hören Sie, was die Ruinen, was die Säulenstümpfe auf dem Forum romanum rufen?
Schönen Gruß an die Enkel.